Hamburger Rechtsstudien

herausgegeben von Mitgliedern der Rechtswissenschaftlichen Fakultät der Universität Hamburg

Heft 45

Erwerberhaftung bei Unternehmensveräußerung

Rechtsvergleichende Studien zur Verdinglichung des Gläubigerrechts

von

Dr. iur. GEORGIOS KOUMANTOS

Hamburg
Cram, de Gruyter & Co.
1955

— D 18 —

Satz und Druck: Saladruck, Berlin N 65.

Inhaltsübersicht

Zweites Kapitel: Die Passiven als funktioneller Bestandteil des Unternehmens

Zweiter Teil: Die positivrechtlichen Lösungen

Drittes Kapitel: Abgrenzung des Problemkreises

Dritter Teil: Die allgemeine Problematik der Erwerberhaftung

Neuntes Kapitel: Die Veräußerung

Einleitung

Den meisten Rechtsordnungen ist die Haftung des Erwerbers eines Unternehmens für die Geschäftsschulden des Veräußerers gemeinsam. Mögen auch die Modalitäten der Haftung voneinander abweichen, es handelt sich hier doch um ein allgemeines Rechtsinstitut, das den Bedürfnissen des Wirtschaftslebens Rechnung trägt.

Die vorliegende Arbeit hat den Zweck, diese Erscheinung rechtstheoretisch zu erforschen und neben der deutschen die übrigen europäischen Rechtsordnungen vergleichend heranzuziehen. Dabei stehen die Rechte Deutschlands, Frankreichs, Italiens, Österreichs, der Schweiz und Griechenlands im Vordergrund. Das griechische Recht in den Kreis der Betrachtungen einzubeziehen, lag dem Verfasser besonders nahe, weil das griechische ZGB von 1946 die letzten Äußerungen eines westeuropäischen Gesetzgebers zu den hier untersuchten Problemen enthält und weil der Verfasser selbst aus Griechenland stammt. Die Rechtsvergleichung sieht diese Arbeit nicht als ausschließliche Aufgabe an. Daher enthält sie auch insoweit keine umfassende Materialsammlung. In der Heranziehung auch der übrigen wesentlichen europäischen Rechtsordnungen neben der deutschen sieht der Verfasser indessen eine Aufgabe, die den europäischen Juristen grundsätzlich angesichts der heutigen Entwicklung zu einer europäischen Gemeinschaft gestellt ist.

Es wird versucht, die gesetzlichen Bestimmungen über die Haftung des Unternehmenserwerbers in die allgemeine privatrechtliche Systematik einzuordnen. Dabei ergeben sich — ausgehend von der wirtschaftlichen Funktion dieser Regeln — neue Gesichtspunkte, die hier zunächst nur unter dem Schlagwort „Verdinglichung obligatorischer Rechte“ zusammengefaßt werden sollen. Überall hatte der Verfasser auch die praktischen Auswirkungen seiner rechtstheoretischen Konzeption im Auge; denn nur auch für die Rechtswirklichkeit brauchbare rechtstheoretische Lösungen tragen eine Berechtigung in sich.

Im ersten Teil der Arbeit werden die Kreditbeziehungen des Unternehmens unter dem Gedanken geprüft, daß das Unternehmen neben dem Wert seiner Einzelelemente einen Mehrwert aufweist, der auf seiner Organisation beruht und eine mögliche Kreditgrundlage darstellt. Erst die Erwerberhaftung aber macht diese Kreditgrundlage vollkommen. Die Haftung des Unternehmenserwerbers bedeutet — vom Unternehmen her gesehen — eine Zugehörigkeit der

Passiven zum Unternehmensganzen. Aus der Perspektive der Unternehmensgläubiger gesehen, handelt es sich um eine „Verdinglichung" ihrer Gläubigerrechte. Im zweiten Teil der Arbeit wird — nach einer Abgrenzung des Problemkreises — der Verdinglichungsgedanke in der Rechtsgeschichte und in den meisten modernen Rechtsordnungen Westeuropas verfolgt. Der dritte Teil wendet sich Einzelproblemen der Erwerberhaftung in rechtsvergleichender Schau zu. Dabei wird der Versuch gemacht, den Gedanken der Verdinglichung der Gläubigerrechte für die Lösung konkreter Probleme auszuwerten.

Es bedarf schließlich noch folgender Erklärung: In dieser Arbeit werden gewisse Rechtsinstitute des deutschen Rechts, welche dem deutschen Juristen geläufig sind, absichtlich etwas breiter behandelt, weil sie für den griechischen Leser Interesse besitzen.

Mit dieser Arbeit möchte der Verfasser auch besonderen Dank seinem hochverehrten Lehrer, Herrn Prof. Dr. Hans Möller, abstatten, dessen wertvolle Unterweisungen sehr zum Zustandekommen und zur Ausgestaltung der Arbeit beigetragen haben. Der Dank des Verfassers gilt weiterhin Herrn Privatdozenten Dr. Reimer Schmidt für seine fachliche Anleitung und seinen freundschaftlichen Beistand. Zugleich wünscht der Verfasser an dieser Stelle seinen Lehrern, den Herren Professoren Raape, Würdinger, Bötticher, Genzmer und Felgentraeger, seinen tiefen Dank auszusprechen für die juristische Weiterbildung. welche er nach Abschluß seiner Studien in Griechenland im Laufe von $2^1/_2$ Jahren an der Universität Hamburg erhalten hat.

Erster Teil:
Unternehmen und Kredit

Erstes Kapitel
Unternehmensmehrwert und Kredit

I. Seit Jahrhunderten beschäftigt sich die Rechtswissenschaft mit dem Problem der juristischen Natur des Unternehmens[1], ohne jedoch eine einheitliche und endgültig befriedigende Auffassung erreicht zu haben. Mögen aber die Meinungen über dieses allgemeine Problem noch so grundverschieden sein, eins dürfte doch als festes und unumstrittenes Ergebnis der heutigen rechtswissenschaftlichen Forchung angesehen werden: Das Unternehmen als Ganzes ist etwas, was seinem Wesen, seiner Funktion und seinem Werte nach das Wesen, die Funktion und den Wert seiner einzelnen Elemente weit übersteigt[2].

Was insbesondere den Wert des Unternehmensganzen betrifft, so dürfte bereits ein Blick auf das Verkehrsleben beweisen, daß der Wert (z. B. der Verkaufswert) eines Unternehmens gar nicht mit dem Wert der Summe seiner Bestandteile zu vergleichen ist[3]. Das Unternehmen tritt als ein neues Geschöpf auf, angesichts dessen die verschie-

---

[1] Soweit ersichtlich, sind die ersten diesbezüglichen Veröffentlichungen im Rahmen des gemeinen Rechts die Aufsätze von Tabor (1826 s. unten S. 60 Anm. 294); Hassenpflug (1827) und Anonymus (1827). — Nach der damaligen Terminologie sprachen diese Aufsätze von „Handlungen", was dem heutigen „Handelsgeschäft" entspricht und einen engeren Begriff als den des „Unternehmens" darstellt, vgl. unten S. 142. Bemerkenswert ist allerdings, daß alle drei Aufsätze vom Problem der Haftung des Unternehmenserwerbers ausgehen.

[2] So Glaser S. 1—2; Domke S. 4 f., 10; Karawas S. 480; Gieseke S. 40/610; Jessen S. 63; v. Ohmeyer S. 10 f.; Helle S. 40, 46; Ruth S. 109; Sakellaropoulos S. 7—8; Brecher S. 12 Anm. 26; Müller-Erzbach S. 72; (Ehrenberg) — Pisko S. 198; Escarra Nr. 427; Garrigues S. 52; Simon S. 120; Schmalenbach S. 7.

[3] Wenn Enneccerus-Nipperdey § 133 I das Unternehmen als eine „Summe von Rechten und tatsächlichen Beziehungen" juristisch bezeichnen, so verkennt diese Ausdrucksweise die Grundlage des Unternehmensmehrwerts. — Eine positivrechtliche Anerkennung des Unterschieds zwischen dem Wert des Unternehmensganzen und dem Wert seiner Einzelelemente bietet der § 133 Ziff. 5 AktG., der die Möglichkeit erwähnt, daß „die für die Übernahme eines Unternehmens bewirkte Gegenleistung die Werte der einzelnen Vermögensgegenstände" übersteigt. — Im Schrifttum ist auch die Meinung vertreten worden, daß selbst der selbsterworbene Mehrwert ein bilanzfähiges Aktivum darstellt, Müller-Erzbach, Schutz, S. 541 ff.; v. Gierke, § 36 I b.

denen Ausdrücke wie z. B. „Organismus“[4] oder „Verkehrswesen“[5] oder auch „corpus mysticum“[6] trotz ihrer juristischen Unbestimmtheit doch einer Wirklichkeit entsprechen.

Dieser Unternehmensmehrwert ist eine so bedeutende Erscheinung, daß man auf den Gedanken kommen könnte, ihn als das entscheidende Merkmal zur Kennzeichnung des Unternehmenstatbestandes anzusehen[7]. Eine solche Auffassung wäre jedoch falsch. Es gibt nämlich Tatbestände, denen man den Unternehmenscharakter nicht absprechen dürfte und die trotzdem dieses Merkmal nicht aufweisen[8]. Es handelt sich allerdings um Grenzfälle, wie folgendes Beispiel zeigt: Ein Unternehmensinhaber stellt den Betrieb seines Unternehmens ein und verkauft dessen Bestandteile einzeln. Sollte in diesem Fall ein Mehrwert da sein, dann würde der Inhaber das Unternehmen als Ganzes verkaufen, wenigstens dann, wenn er keine persönlich-psychologischen Gründe hat, den weiteren Betrieb seines Unternehmens durch einen anderen vermeiden zu wollen.

Solche Grenzfälle sind übrigens von geringerer praktischer Bedeutung: ein sterbendes Unternehmen, wenn es auch immer noch als Unternehmen angesehen werden muß, interessiert die Rechtsordnung in der Regel weniger. Wenn auch derartige Grenzfälle aus rein systematischen Gesichtspunkten davon abhalten, den Unternehmensmehrwert zum begriffsnotwendigen Merkmal jedes Unternehmens zu erheben, so muß andererseits nochmals die Bedeutung dieser beinahe allgemeinen Erscheinung unterstrichen werden[9].

II. Es ist nicht schwierig, dieses Phänomen des Unternehmensmehrwertes von den allgemeinen juristischen und volkswirtschaftlichen Begriffsbestimmungen aus zu erklären.

Wenn gewöhnlich die Rechtswissenschaft den Wert als „den Grad der Brauchbarkeit eines Gegenstandes gemessen an Geld“ definiert[10], so darf dabei nicht vergessen werden, daß der Grad der Brauchbarkeit von der Zweckbestimmung des Gebrauches abhängt und durch diese erhöht werden kann. Die verschiedenen Gegenstände, die das Unternehmen bilden, werden in ihrer Gesamtheit einem Zweck dienstbar gemacht, der von den einzelnen Gegenständen nicht einmal teilweise hätte erfüllt werden können[11]. Dieser Zweck ist eben die Erzeugung anderer Werte. Dadurch erfüllt das Unternehmens-

---

[4] So z. B. Isay mit weiterer Begründung S. 46; Mellerowicz S. 19; Bigiavi S. 103. — Schon Otto v. Gierke S. 40 f., allerdings unter dem besonderen Gesichtspunkt des herrschaftlichen Personenverbandes.

[5] So z. B. Domke S. 12; Bruckhuisen S. 14.

[6] Vgl. die Verweise bei Domke S. 27.

[7] Jessen S. 63.

[8] So auch Ghidini S. 165 f.

[9] Dem Begriff des Unternehmensmehrwerts können die des Unternehmensminderwerts und des Unternehmensunwerts gegenübergestellt werden, welche Fälle decken sollen, die durch die Mitheranziehung der Passiven entstehen können. Vgl. unten S. 56 ff.

[10] Enneccerus-Nipperdey, § 134 I.

[11] Mellerowicz S. 18.

ganze als wertschöpfende Einheit eine Funktion innerhalb des allgemeinen Produktionsverfahrens, welche ihm eigen ist, den Einzelelementen aber fremd[12].

Es dürfte schon offensichtlich sein, daß durch diese funktionsbedingte Brauchbarkeit das Unternehmen seinem Inhaber einen höheren Nutzen leisten kann[13] als die einzelnen Gegenstände, die es umfaßt. Dem entspricht auch sein höherer Wert im Vergleich zu der Summe seiner Einzelgegenstände.

Aber auch aus einem anderen Gesichtspunkt, der von der Volkswirtschaftslehre besonders betont zu werden pflegt[14], kann das Phänomen des Unternehmensmehrwerts erklärt werden. Der Wert eines Gutes wird von seiner Seltenheit entschieden mitbestimmt. Während aber die Einzelgegenstände, die ein Unternehmen umfaßt, gewöhnlich vertretbarer Natur sind, ist das Unternehmen selbst, in seiner organisierten und funktionierenden Zusammenfassung, wohl eine jeweils einmalige Erscheinung, eine Verwirklichung der schöpferischen Idee seines Begründers. Sofern es also auf die Seltenheit des wirtschaftlichen Gutes ankommt, darf man von einer absoluten Seltenheit[15] des Unternehmensganzen sprechen, die eben seinen Mehrwert verursacht[16].

III. Nach diesem Versuch einer synthetischen Erklärung des Unternehmensmehrwerts kann nun die Frage auf die Ebene einer analytischen Betrachtungsweise gestellt werden. Die Frage würde dann lauten: Was kommt eigentlich zu den einzelnen Elementen hinzu, so daß man von einer Werterhöhung des Ganzen im Vergleich zu den Bestandteilen sprechen darf?

Das hinzukommende, werterhöhende Moment sind die Chancen[17]. Die Chancen bedeuten für das Unternehmen, wie im allgemeinen, „die Möglichkeit einer günstigen Veränderung des status quo“[18]. Da aber das Unternehmen, wenn auch nicht begriffsnotwendig, so doch im normalen Ablauf des Wirtschaftslebens als eine nutzbringende Einrichtung angesehen werden darf, kann man die

---

[12] Ravà S. 113 f.

[13] Vgl. ALR Teil I, Titel 2 § 11: „Der Nutzen, welchen eine Sache ihrem Besitzer leisten kann, bestimmt den Wert derselben“. Der Kritik Friedrichs' S. 881 gegen diese Begriffsbestimmung ist nicht beizupflichten: der Nutzenbegriff ist erforderlich für jede Erklärung des Wertbegriffes, wenigstens in wirtschaftlichen Zusammenhängen. Vgl. Mellerowicz S. 47.

[14] Vgl. Böhm S. 853 f.

[15] Jans S. 37.

[16] Gewisse Äußerungen dieser Unternehmensseltenheit werden, wegen ihrer Natur als konkreter Identifizierungsformen, besonders vom Gesetz hervorgehoben und geschützt: so z. B. Firma HGB § 17 ff., Warenzeichen, WZG, Etablissementsname, UWG insb. § 16 und indirekt auch Patente, PatG, Muster, GeschmMG, Gebr.-MG usw. Die allgemeine Seltenheit des Unternehmens, auf dem organisatorischen Gedanken des Unternehmens beruhend, kann durch die Denkform des Immaterialgutes erfaßt und juristisch behandelt werden; s. unten S. 9 ff.

[17] Isay S. 30 f.; Bruckhuisen S. 11; Eckhard S. 5; Müller-Erzbach S. 73.

[18] Möller S. 114.

Behauptung aufstellen, die Chancen wiesen innerhalb des Unternehmens einen so hohen Wahrscheinlichkeitsgrad auf, daß sie praktisch zu den gegenwärtig vorhandenen Werten gezählt werden dürfen[19].

Diese Besonderheit des Chancenbegriffs im Rahmen des Unternehmens wird dadurch begründet, daß das Unternehmen kein zufälliger oder bloß statischer Inbegriff von Werten ist, sondern einen organisierten Wertinbegriff darstellt. Die Organisation ist das systematische Zusammenbringen der verschiedenen Unternehmenselemente angesichts des produktiven Zwecks des Unternehmens[20].

Die Bedeutung der Organisation für die Existenz des Unternehmens ist schon mehrfach im Schrifttum betont worden[21]. Dabei wurden allerlei Versuche gemacht, um dieses Organisationsmoment näher zu beschreiben und in seinen Einzelerscheinungsformen darzulegen. Es braucht hier nicht auf die verschiedenen dazu geäußerten Meinungen eingegangen zu werden: es handelt sich um eine Frage der empirischen Beschreibung, die nie mit absoluter logischer Vollständigkeit beantwortet werden kann. Es genügt hier, um der Veranschaulichung willen, eine der möglichen Systematisierungen zu erwähnen.

Am besten unterscheidet man die Organisation in innere Einrichtungen und in Geschäftsbeziehungen nach außen. Die ersteren bestehen aus der zweckmäßigen Vereinigung und Zusammenfügung der zur Verfügung des Unternehmens stehenden Produktionsfaktoren, d. h. — juristisch gesprochen — der Rechte, zu denen auch solche gegen Arbeitnehmer gehören. Die Geschäftsbeziehungen nach außen geben der inneren Einrichtung die Möglichkeit eines wirtschaftlichen Wirkens. Es sind Bezugsquellen, Absatzgelegenheiten, Kreditbeziehungen, Beziehungen zu der übrigen Wirtschaft und zum Staat. Für diese beiden Richtungen der Organisation ist der Zeitfaktor insofern von Bedeutung, als er die Tradition des Unternehmens begründet: die Tradition, welche sich an die Organisation nach außen

---

[19] Dadurch würde das qualitative Unterschiedsmerkmal zwischen Chancen und Anwartschaften (vgl. Möller S. 113 f.) im Falle des Unternehmens faktisch wegfallen. Der quantitative Unterschied bleibt jedoch bestehen und wird (unten S. 7 ff.) zur Grundlage der Lösung einer wichtigen Frage gemacht.

[20] Über die objektivierte Organisation, von der hier ausschließlich die Rede ist und ihre Unterscheidung von der Organisationstätigkeit des Unternehmers vgl. Oppikofer S. 5 ff.

[21] Vgl. z. B. Oppikofer S. 7 f.; Hoffmann S. 19; Jans S. 16; Karawas S. 479 f.; Ghidini S. 4; v. Ohmeyer S. 8; Valery S. 211; Bigiavi S. 103; Sakellaropoulos S. 3; Müller-Erzbach S. 72; (Ehrenberg)-Pisko S. 198; Escarra Nr. 463; Casanova S. 4, 5; Garrigues S. 51. — Der neueste über unser Thema vorhandene Gesetzesentwurf, nämlich der mexikanische, betont auch das Moment der Organisation oder, nach seinem Ausdruck, der Koordination: „se entiende por emprese o negociacion mercantil el conjuncto coordinado de trabajo, de elementos materiales y de valores incorporeos, pare ofrecer al publico, con proposito de lucro y de manere sistematica, bienes o servicios“, vgl. E. Goldschmidt Anm. 5.

knüpft, ist der Ruf des Unternehmens[22], die Tradition, die sowohl die innere wie auch die äußere Organisation betrifft, sind die Geschäftserfahrungen[23].

Im Zusammenhang mit dem Organisationsmoment des Unternehmens muß eine Frage besonders behandelt werden. Es ist in der Rechtswissenschaft umstritten, ob die Organisation einen selbständigen Wert innerhalb des Unternehmenskomplexes darstellt oder ob sie nur dazu beiträgt, den Wert der übrigen Elemente dieses Komplexes zu erhöhen. Anders ausgedrückt, ob die Organisation außerhalb der sonstigen Unternehmenselemente steht oder ob sie eine Beziehung dieser Elemente untereinander, eine Eigenschaft derselben darstellt[24].

Die Frage muß in beiden Richtungen bejaht werden: die Organisation ist zugleich ein selbständiger Wert und ein werterhöhendes Moment[25].

Zum Beweis dieser Ansicht kann zunächst die Unterscheidung zwischen Chancen und Anwartschaften fruchtbar gemacht werden. Wie schon oben gesagt, ruft die Unternehmensorganisation die Unternehmenschancen hervor. Die Chancen lassen in verschiedenen Formen eine günstige Veränderung der gegenwärtigen Lage erhoffen; der Form der Neuentstehung einer Wertbeziehung entspricht der Begriff der Anwartschaft[26], während die anderen Formen[27] einfach durch den Ausdruck Chancen gekennzeichnet werden. Wenn man nun den Chancen dadurch Rechnung tragen kann, daß man die be-

---

[22] In den angelsächsischen Rechten wird der Ruf des Unternehmens („good will") im weitesten Sinne geschützt und für veräußerbar erklärt. Vgl. Becher S. 541 f.; Borchardt Bd. XI S. 91 ff.; Whigam-Jones-Moody S. 223; Kerr S. 719, 722 ff.; Dillavou-Howard S. 236.

[23] So im Grunde Jans S. 22 f. Ähnlich Mellerowicz S. 111. — Eine andere Einteilung schlägt Isay S. 30 f. vor, der die Chancen direkt in drei Gruppen unterscheidet: Organisation, Geschäftserfahrungen, Geschäftsbeziehungen. — Die „Geschäftsgeheimnisse" sind an sich kein besonderes Element der Organisation: sie bedeuten nur das Interesse des Unternehmers an dem Geheimhalten der Organisationselemente insbes. der Geschäftserfahrungen und der Geschäftsbeziehungen, so auch Carnelutti S. 23—24.

[24] So mit besonderer Entschiedenheit Oppikofer insbes. S. 7 (vgl. dazu die zutreffenden Bemerkungen Ruths S. 108 f.); Helle insbes. S. 35.

[25] Gültner S. 26 f.; Mellerowicz S. 18 mit zutreffender Begründung. — In steuerrechtlicher Hinsicht werden die immateriellen Werte grundsätzlich als werterhöhende Eigenschaften, ausnahmsweise (§ 133 Ziff. 5 AktG) als selbständiger steuerbarer Vermögenswert angesehen, Domke S. 15 Anm. 5. Beispiel des Grundsatzes der Einzelbewertung im Steuerrecht § 66 RBewG, vgl. Mellerowicz S. 205 ff.

[26] Rechtslogische Untersuchung zum Anwartschaftsbegriff bei Würdinger, Anwartschaft, insbes. S. 42 ff.; die Inhaberschaft eines Unternehmens macht die allgemeine Erwerbsaussicht zu einer Rechtsaussicht und erfüllt damit einen Teil des zum Erwerb erforderlichen Tatbestandes. — Üblich ist die Definition der Anwartschaft als eines „werdenden Rechts" vgl. Lehmann § 12 II 4. Die Definition ist zu eng, wenn man darunter nur den Fall verstanden wissen will, wo der zur Entstehung eines Rechts erforderliche Tatbestand schon in der Hauptsache gegeben ist. — Eine andere ebenso enge Auffassung s. bei Heck § 111, I, II, wo auch vom numerus clausus der Anwartschaften die Rede ist. Vgl. auch Sieg S. 256 ff.

[27] Eine Wertbeziehung wird wertvoller, eine Unwertbeziehung fällt weg oder wird weniger unwertvoll, Möller S. 113.

treffenden Beziehungen höher bewertet, so muß man doch den Fall der erhofften Neuentstehung einer Wertbeziehung (Anwartschaft) als einen selbständigen Wert ansehen, einen Wert, der nicht in die schon bestehenden Beziehungen eingeschlossen werden kann[28]. Die Organisation, die sowohl die Anwartschaften wie die übrigen Chancen hervorruft, ist also gleichzeitig einerseits wegen der Anwartschaften als selbständiger Wert, andererseits wegen der übrigen Chancen als werterhöhendes Moment anzusehen.

Aber auch aus empirischen Gesichtspunkten könnte man zu demselben Ergebnis gelangen. Dabei dürfte die Überlegung überzeugend sein, daß die organisatorische Idee des Unternehmers sich nicht in den schon durchgeführten Beziehungen unter den verschiedenen Unternehmenselementen erschöpft, daß sie vielmehr weiterer potentieller Verwirklichungen fähig ist. Die Organisation verkörpert sich jeweils nur teilweise in diesen Beziehungen, als bewegende Kraft aber des Unternehmens übersteigt sie die Gegenwart und schließt die Möglichkeit unübersehbarer Entwicklungen in sich[29]. Dazu kommt die Tatsache, daß manchmal ein Unternehmen als bloße Organisation mit ganz unerheblicher gegenständlicher Grundlage existieren oder veräußert werden kann[30]. In diesen Fällen kann der Wert des Unternehmens nicht als der Wert seiner Einzelgegenstände, erhöht durch die Organisation, sondern als der Wert seiner Einzelgegenstände plus dem Wert der Organisation verstanden werden[31].

---

[28] Diese Gedanken sind eine Fortführung der grundlegenden Ausführungen von Möller insbes. S. 111 ff., 67 ff. und passim.

[29] Brecher S. 100. — Die Bedeutung des Faktors „Zukunft" (Weiterbetrieb) für den Unternehmenswert hat schon die RAbgO § 139 anerkannt, Domke S. 23 Anm. 15a i. f. Vgl. auch Mellerowicz S. 111—112; Schmalenbach S. 1—2. Sie kommt am deutlichsten im Rechtsinstitut der Betriebsunterbrechungsversicherung zum Ausdruck: der Schadensersatz für die Einzelsachen kann nicht den Schaden decken, der durch die vorläufige Einstellung des Betriebes entsteht, vgl. Birck S. 8 ff.; H. P. Kraemer S. 7 f.; E. Krämer S. 2—3; Bossert S. 73; Hax S. 30 ff.

[30] Beispiele: Auskunfts- und Stellenvermittlungsbüros, Zeitungsunternehmungen, Agenturen, Kommissions- und Maklergeschäfte. Vgl. (Ehrenberg)-Pisko S. 196; Mellerowicz S. 108; Eckhard S. 4. — Auf solchen Beispielen versucht (Ehrenber)-Pisko S. 198, 200, 202 seine Auffassung zu begründen, wonach das Unternehmen nur eine „Organisation der Produktionsmittel" und eine „gesicherte Absatzgelegenheit", während die übrigen Unternehmenselemente bloßes Zubehör wären. Diese Meinung ist deswegen abzulehnen, weil sie in die Unternehmenseinheit ein Über- bzw. Unterordnungsverhältnis einzuführen versucht, welches empirisch nicht immer gerechtfertigt ist.

[31] Ein Beweis für die Selbständigkeit des Organisationswertes dürfte allerdings dem § 133 Ziff. 5 AktG nicht entnommen werden: zwar betont diese Vorschrift, daß der Unterschied zwischen dem Unternehmenswert und dem Wert der einzelnen Unternehmensgegenstände „nur gesondert unter die Posten des Aktivvermögens aufgenommen werden darf", dies geschieht jedoch nur, weil sonst die durch die Organisation bedingte Werterhöhung der Einzelelemente in der Bilanz nicht berücksichtigt werden darf; die Einzelelemente müssen immer zu den Anschaffungs- bzw. Herstellungskosten angesetzt werden. Vgl. § 133 Ziff. 1—3 AktG. Diese Bestimmungen bezwecken die Vermeidung einer allzu optimistischen Bilanz, die die Öffentlichkeit täuschen könnte und dürfen als allgemeiner Grundsatz des Aktiengesellschaftsrechts angesehen werden, vgl. Art. 43 des griech. Gesetzes 2190 (1920) „betreffend die Aktiengesellschaften".

Die Einzelgegenstände des Unternehmens ihrerseits erfahren auch dank dem Organisationsmoment eine Wertsteigerung. Weil sie eben durch ihre Eingliederung in das Unternehmensganze nicht zu Genuß-, sondern zu Produktionszwecken gebraucht werden, erhalten sie einen Gebrauchswert, der etwas vom gesamten Mehrwert des Unternehmens reflektiert und über den bloßen Verkaufswert hinausgeht[32]. Handelt es sich um Einzelgegenstände, z. B. um Waren, die nicht der Produktion i. e. S. dienen, sondern dazu da sind, um verkauft zu werden, dann erklärt sich diese Wertsteigerung durch die Tatsache, daß die verkauften Waren gewissermaßen das Unternehmen repräsentieren und in sich einen Teil seines gesamten Mehrwerts verkörpern, indem sie dem Käufer die Bürgschaft des guten Rufes des Unternehmens als zusätzliche Qualitätssicherung mitbringen[33].

IV. Diese doppelte Eigenschaft des durch die Organisation bedingten Unternehmensmehrwertes, der teilweise selbständig bleibt und teilweise sich in den Einzelgegenständen verkörpert, erinnert an ähnliche Erscheinungen im Bereich der Immaterialgüterrechte. Es muß auf diese wesentliche Ähnlichkeit hingewiesen werden, obwohl hier auf die einzelnen Probleme der juristischen Konstruktion des Unternehmens nicht eingegangen werden kann.

Die geistige Schöpfung oder die technische Erfindung, welche Gegenstand des Immaterialgüterrechts sind, verkörpern sich in Sachen oder Sachinbegriffen verschiedener Art[34]. Gleichzeitig aber sind sie etwas, was ihrem innersten Wesen nach eine Bedeutung weit über diese Verkörperung hinaus hat, und dies ganz unabhängig von ihrer Vervielfältigungsmöglichkeit: ein literarisches Werk, eine Erfindung, eine künstlerische Idee erschöpfen sich nicht in dem Manuskript, der Maschine oder dem Bild. Wie in diesen geistigen Schöpfungen verwirklicht sich auch in der organisatorischen Unternehmertätigkeit der menschliche Geist und zwar in allen seinen Phasen, nämlich als Gefühl, als Vernunft und als Wille. Die Bedeutung jeder dieser Phasen des Geistes kann in den verschiedenen Richtungen der schöpferischen Tätigkeit verschieden sein und so spielen das Gefühl bei dem Künstler und die Vernunft bei dem technischen Erfinder eine größere Rolle, während der Unternehmer als Organisator hauptsächlich den Willen verwirklicht[35]. Es handelt sich jedoch dabei um eine Gradverschiedenheit, die nichts an der Tatsache der Grundähnlichkeit unter den verschiedenen Richtungen ändert.

---

32 Müller-Erzbach S. 73; Müller-Erzbach, Erhaltung, S. 359 ff.; Escarra Nr. 427.

33 Gültner S. 26 f.; vgl. auch v. Schanz S. 190. — Die ganze Frage der Wertsteigerung der Einzelgegenstände ist in einem unveröffentlichten Gutachten von Prof. Möller (14. Nov. 1952 in Sachen: Firma Burmeister, Oszmer & Co, Hamburg, gegen Berlinische Versicherungsanstalt) näher untersucht worden und das Ergebnis stimmt mit dem im Text ausgeführten überein: es gibt Sachen, die als Sachen einen Wert besitzen, der über den Materialwert weit hinausgeht und der im Rahmen einer Sachversicherung Bedeutung gewinnen kann.

34 Carnelutti S. 48.

35 Carnelutti S. 49; vgl. Brecher S. 121—122.

So erscheint der Unternehmer dem Urheber gleichgestellt[36]. Während aber die positive Rechtsordnung frühzeitig[37] die Rechtsstellung des Urhebers usw. geregelt und geschützt hat, ist sie noch nicht zu einer umfassenden ausdrücklichen Regelung der Rechtsstellung des Unternehmers gelangt[38]. Das darf jedoch nicht zu einer Verkennung des Wesens dieser Rechtsstellung führen. Wenn das Unternehmen eine geistige Leistung des Unternehmers darstellt, muß es den ähnlichen geistigen Leistungen gleichbehandelt, konkreter ausgedrückt: das Unternehmen muß als Immaterialgut aufgefaßt werden[39].

Dieses Immaterialgut aber, welches dem Wesen des Unternehmens am besten zu entsprechen vermag, weist gewisse wichtige Besonderheiten im Vergleich zu den anderen Immaterialgütern auf, von denen hier zwei kurz erwähnt werden müssen: Die eine betrifft die Art der Verwirklichung der schöpferischen Idee, die andere die Voraussetzungen des Schutzes.

a) Die anderen Immaterialgüter gehen von der Gedankenwelt ihres Schöpfers auf die Welt der Wirklichkeit durch ein einheitliches Verkörperungsverfahren über; die geistige Idee wird verwirklicht, indem sie verkörpert wird. Sie existiert nunmehr in zwei Stufen: in der ursprünglichen, überkörperlichen Bedeutung und in der sie verkörpernden Sache. Anders bei der organisatorischen Idee des Unternehmers: sie kann nicht nur verkörpert, sondern auch konkretisiert oder vergegenständlicht werden. Das Unternehmensimmaterialgut kann also — und damit wird ein erstes Teilergebnis gewonnen — in vier verschiedenen Stufen existieren:

aa) als „allgemeines" Immaterialgut, welches die ursprüngliche organisatorische Idee des Unternehmers-Organisators umfaßt und an das Unternehmen als Ganzes knüpft[40];

---

[36] So spricht z. B. Fehr S. 248 von unternehmerischem „Kunstwerk" und Jans S. 37 vom Unternehmen als „geistiger Schöpfung". Vgl. Ghidini S. 2 f., der betont, daß es vom Standpunkt der Schöpfung (nicht der Durchführung) zwei produktive Tätigkeiten gibt: der Wissenschaftler und Erfinder einerseits, der Organisatoren andererseits.

[37] Eine Erklärung des Zusammenhangs zwischen der technischen Entwicklung und der Anerkennung der Immterialgüter s. bei Carnelutti S. 27 f.; vgl. auch Müller-Erzbach, Schutz, S. 530 ff.

[38] Ghidini S. 2—3.

[39] Dafür Jans S. 37; Isay S. 23 ff.; v. Gierke § 14 III (nicht ohne Schwankungen); Brecher S. 93—94; Escarra Nr. 474. — Dagegen: Helle S. 39; Oppikofer S. 120.

[40] Geschützt durch UnlWG insb. §§ 1, 15 und durch BGB § 823 I. — Diese erste Stufe, die Phase der Allgemeinheit des Immaterialguts, verkennt Gültner, wenn er sagt (S. 30) man sollte nicht von einem Recht an der Organisation, sondern von „Rechten an den einzelnen Immaterialgütern" sprechen. Die von ihm angeführten praktischen Folgen dieses Unterschieds sind nicht ausschlaggebend: die Immaterialgüter, die nicht vom Gesetze konkretisiert worden sind (siehe im Text unter b) können nicht ohne das Unternehmensganze übertragen werden. So auch Mellerowicz S. 111—112. — Das allgemeine Immaterialgut ist die Form der juristischen Erfassung der sog. „tatsächlichen Beziehungen oder Eigenschaften des Unternehmens". (Vgl. insb. über die Kundschaft unten S. 45 ff.) Ihr Wert wird

bb) als „konkretisiertes" Immaterialgut, d. h. als die verschiedenen von der Rechtsordnung besonders anerkannten geregelten und geschützten Immaterialgüter, wie Firma, Patent, Warenzeichen, Geschäftsgeheimnisse, die auch dem Unternehmensganzen angehören[41];

cc) als „verkörpertes" Immaterialgut, welches die dem Unternehmen angehörenden Sachen durchdringt[42];

dd) als „vergegenständlichtes" Immaterialgut, welches die im Unternehmen begründeten (obligatorischen oder dinglichen) Rechte und Pflichten als Bestandteile der Unternehmenseinheit umfaßt[43].

Diese spezielle und konkret aufgegliederte Anwendung des Immaterialgütergedankens ermöglicht eine einheitliche Erfassung des Unternehmensganzen in allen seinen — körperlichen und unkörperlichen — Bestandteilen durch dieses Immaterialgüterrecht[44]. Dieses Ergebnis muß unten nochmals nachgeprüft werden, insbesondere hinsichtlich seiner Richtigkeit im Hinblick auf die Unternehmensschulden. Eine weitere Ausführung über die viel umstrittene Frage der bestmöglichen juristischen Auffassung des Unternehmens würde abseits des Zieles dieser Arbeit liegen. Hier muß vielmehr auf die zweite Besonderheit des Immaterialgüterrechts am Unternehmen hingewiesen werden.

---

immer anerkannt und betont, ihre juristische Erfassung und Behandlung aber stehen immer unter dem Zeichen der Zweideutigkeit des Ausdrucks „tatsächlich". Wie der Übergang vom Tatsächlichen zum Rechtlichen durchgeführt wird, ist bisher nicht in befriedigender Weise beantwortet worden. Vgl. allerdings einen dahingehenden Versuch bei v. Gierke § 14 II 1.

[41] Geschützt durch HGB insb. § 37, PatG insb. §§ 47 ff., WZG insb. § 24 ff., GebrMG insb. §§ 15 ff., UnlWG § 17 usw.

[42] Grundsätzlich bleibt die heutige Rechtsordnung bei der rechtlichen Selbständigkeit der durch das Unternehmensganze umfaßten Sachen; jedoch machen sich gewisse rechtliche Auswirkungen der Zugehörigkeit dieser Sache zu einem Unternehmen schon bemerkbar, vgl. z. B. GeschRaumMG § 8.

[43] Das in der vorigen Anm. Gesagte trifft auch hier zu. Ausnahme z. B. im Falle der Beeinträchtigung eines Arbeitsverhältnisses, UnlWG § 12. — Der im Text unter cc) und dd) angedeutete Verwirklichungsprozeß hieße, nach dem Ausdruck Ruths (S. 108) „die tote Materie mit geistigem Inhalt zu erfüllen". Von der Auffassung Oppikofers S. 7 ff., über die dieser Ausdruck verwendet worden ist, unterscheidet sich jedoch die hier vertretene Meinung dadurch, daß nach dieser der „geistige Inhalt" der Organisation sich nicht in seinem verwirklichten, in die „tote Materie" eingebrachten Teil erschöpft. — Ein Ausfluß des im Text ausgeführten Unterschieds zwischen dem Immaterialgüterrecht am Unternehmen und dem Immaterialgüterrecht überhaupt ist der von Helle S. 38 f. zur Grundlage seiner Ablehnung eines Immaterialgüterrechts am Unternehmen gemachte Unterschied, nämlich daß die „Individualität" des Unternehmens nicht nur an geistige Elemente, sondern auch an das Vorhandensein bestimmter Sachen, Rechte usw. geknüpft ist. Solche Unterschiede dürften nicht die wesentliche Ähnlichkeit der beiden Erscheinungen verbergen.

[44] Daß das Immaterialgut so verstanden werden muß, daß es die ganze Unternehmenseinheit umfaßt s. bei Jans S. 37—38. — Übrigens ist das immaterielle (geistige) Band, welches die verschiedenen Unternehmenselemente zusammenhält, nur quantitativ bedeutender beim Unternehmen als bei jedem anderen Gegenstand; daß ein solches immaterielles Band auch die Einheit der sog. „einfachen Sachen" begründet s. bei Brecher S. 37 (mit erkenntnistheoretischer Begründung). — Über die möglichen Ausflüsse des Immaterialgüterrechtsgedankens auf die soziale Form des Unternehmens s. Mossa, Prospettive, S. 88.

b) Die anderen Immaterialgüter werden, sei es nach Spezialgesetzen, sei es nach § 823 I BGB als „sonstiges Recht“, immer dann geschützt, wenn eine Verletzung desselben vorliegt und der Verletzer sich nicht auf einen der allgemeinen Gründe berufen kann, welche die Widerrechtlichkeit seiner Handlung ausschließen können[45]. Dagegen ist das Immaterialgüterrecht am Unternehmen nicht so ohne weiteres geschützt: solange ein Außenstehender als Mitbewerber auftritt und seine Handlung zu Wettbewerbszwecken vornimmt, hat er ein Recht auf den freien Wettbewerb; er kann das fremde Unternehmen durch seine Konkurrenz beeinträchtigen und sogar vernichten. Nur wenn seine schädigende Handlung entweder nicht zu Wettbewerbszwecken vorgenommen wird[46] oder aber einen Mißbrauch des Rechts auf freien Wettbewerb darstellt[47], wird sie zu einer rechtswidrigen, nicht schon dann, wenn sie einfach das „sonstige Recht“ des Trägers des Rechts am Immaterialgut verletzt.

Damit dürften die oft aufgestellten Behauptungen widerlegt sein, daß die Anerkennung eines Immaterialrechts oder überhaupt eines absoluten Rechts am Unternehmen die Ausschaltung des Wettbewerbs und die Schaffung von Monopolstellungen zur Folge haben müßte[48].

V. Es wurde oben betont, daß die Organisation, welche den Unternehmensmehrwert bedingt, nicht nur ein werterhöhendes Moment der Unternehmensbestandteile, sondern auch ein selbständiger Wert ist. Diese Selbständigkeit des Organisationswertes dürfte allerdings nicht dahin verstanden werden, daß sie etwa außerhalb des Unternehmensganzen steht oder gar vom Dasein der Einzelbestandteile des Unternehmens unabhängig ist. Vielmehr ist der Unter-

---

[45] z. B. BGB § 227 (Notwehr), § 228 (Notstand), § 229 (Selbsthilfe).

[46] Ausschluß der Anwendbarkeit des § 1 UnlWG und Anwendbarkeit des § 823 I BGB. — Über die Notwendigkeit einer Anwendung des § 823 I BGB zum Schutz des Unternehmens vgl. Helle S. 31.

[47] Ähnlich im Ergebnis Helle S. 49. Das Kriterium des Rechtsmißbrauchs ist für die dogmatische Erfassung dieser Materie am besten geeignet und wird auch im Art. 1 des neuen schweizerischen Gesetzes gegen den unlauteren Wettbewerb verwendet, vgl. Germann S. 8 f. Ähnlich in Frankreich, vgl. Josserand S. 231—240. Die Rechtsordnungen, die einen allzu engen Begriff des Rechtsmißbrauchs angenommen haben (so z. B. die deutsche, § 226 BGB vgl. Soergel (-Siebert) Anm. zu § 226; Lehmann § 15 I 2) können damit nicht auskommen und müssen deswegen auf das Kriterium des Verstoßes gegen die guten Sitten zurückgreifen, so § 1 UnlWG; vgl. auch Soergel (-Siebert) Anm. C I 2 zu § 242, wo gezeigt wird, daß auch das Kriterium „Treu und Glauben“ nutzbar gemacht werden kann.

[48] A. M. Germann S. 9, 10, 24, der hinzufügt, der Gedanke des Rechtsmißbrauchs zum Schutze des Unternehmens genüge und mache ein besonderes Recht daran überflüssig. Dies mag in den Rechtsordnungen richtig sein, die das Prinzip der Generalklausel zur Bestimmung des Delikttatbestandes verfolgen. (Schweiz, OR Art. 41, Frankreich, Code civil, Art. 1382, Griechenland, ZGB Art. 914), und daher die Vermögenslage der Person überhaupt zum Schutzgegenstand haben. Nach dem deutschen System der Einzeldelikte ist dagegen das Vorhandensein eines besonderen Rechts oder Rechtsgutes als Schutzgegenstandes eine Voraussetzung der Anwendbarkeit des § 823 I BGB, vgl. Gieseke, Diritto, S. 113—114.

nehmensmehrwert eine Eigenschaft, die unmittelbar durch die Unternehmenseinheit entsteht und von ihr abhängt[49].

Außer dem Unternehmen gibt es viele Einheiten, die mehr wert sind als die Summe ihrer Komponenten. Auch wenn wir von dem Fall absehen, in dem sich der wirtschaftliche Wert einer Sache nur an die Menge mehrerer an sich wertloser physischer „Sachen" knüpft[50], so dürfte nicht der Fall außer Acht bleiben, in dem eine Sammlung (z. B. von Büchern, Briefmarken, Kunstbildern, Zeitungen usw.) als solche höher bewertet wird als die einzelnen Stücke, die ja eventuell ganz wertlos sein könnten[51]. Was nun aber diese Einheiten von der Unternehmenseinheit unterscheidet, ist die Tatsache, daß jene eine statische Einheit darstellen, deren Organisation sich höchstens in einem systematischen Nebeneinandersein erschöpft und deren Zweck grundsätzlich der Genuß ist. Das Unternehmen dagegen stellt eine dynamische, funktionell organisierte und zweckgebundene[52] — kurz eine produktive Einheit dar. Der Produktionszweck bestimmt die Form der Organisation und bildet das Ziel, welches durch das dynamische Streben des Unternehmens erreicht werden soll.

Diese Besonderheit der Unternehmenseinheit hat zur Folge, daß sie einen viel größeren Mehrwert als die Einheit der sonstigen Sachenkomplexe herbeiführt. Insbesondere wegen der Erheblichkeit des auf der Unternehmenseinheit beruhenden Unternehmensmehrwerts hat diese Einheit für das Wirtschaftsleben und für das Recht eine wichtige Bedeutung erlangt. In kurzem Überblick könnte man durch folgende Erwägungen diese Bedeutung genauer feststellen und beweisen:

a) für den Unternehmer ist die Unternehmenseinheit die notwendige Grundlage seiner gewerblichen Betätigung und seines Gewinnes[53];

b) für den Unternehmer sowie auch für das Volksvermögen stellt der Mehrwert ein Aktivum dar, welches durch die Zersplitterung der Unternehmenseinheit zugrunde gehen würde[54];

c) für die allgemeine Volkswirtschaft kann der Fortbestand eines Unternehmens als funktionierender Einheit von größter Bedeutung sein, indem er wegen des heutigen engen Zusammenhangs

---

[49] So v. Godin S. 4; vgl. Savatier S. 66; Helle S. 46.

[50] Man spricht in diesem Falle von Sacheinheit im Rechtssinne, vgl. Palandt Anm. 3 e vor § 90. — Über die erkenntnistheoretischen Voraussetzungen der Sacheinheit und der Einheit einer Sache vgl. Brecher S. 36 ff., insbes. S. 54 Anm. 90.

[51] Man denke an eine Sammlung z. B. von Streichholzschachteln oder Bieruntersätzen.

[52] Fehr S. 248 f.; v. Ohmeyer S. 14 Anm. 29. Ein interessantes positivrechtliches Beispiel der dynamischen Grundlage des Unternehmensmehrwertes bietet das griechische Gesetz 4112 (1929); nach diesem Gesetz (Art. 5) wird das Darlehen, welches durch eine Hypothek an einer Fabrik gesichert ist, fällig, wenn das Unternehmen sechs Monate lang seinen Betrieb eingestellt hat, vgl. Tsimaras S. 252; Ligeropoulos S. 17 Anm. 19.

[53] Oppikofer S. 2 f.; Domke S. 3 f.

[54] Oppikofer S. 2 f.; Müller-Erzbach S. 73; Müller-Erzbach, Erhaltung, S. 359 ff.; (Ehrenberg)-Pisko S. 213—214.

unter den verschiedenen Wirtschaftseinheiten den Weiterbetrieb anderer Unternehmungen bedingen kann[55];

d) für die Arbeitnehmer ist das Unternehmen eine bestehende Arbeitsgelegenheit, deren Verlust sie der Gefahr der Arbeitslosigkeit aussetzen würde[56];

e) endlich kann die Unternehmenseinheit von größter Bedeutung für die Unternehmensgläubiger sein[57], wie im Ablauf dieser Arbeit eingehender erörtert werden wird.

Dieser allgemeinen[58] wirtschaftlichen Bedeutung der Unternehmenseinheit entspricht das Bestreben der Rechtsordnung, dieselbe möglichst zu schützen und zu erhalten[59]. Zwar ist dieses Ziel noch lange nicht erreicht und in mancher Hinsicht erscheint die Rechtsordnung angesichts der Unternehmenseinheit völlig unzureichend, so z. B. was den Fall der Beerbung eines Einzelunternehmens durch mehrere Miterben[60] oder den Fall der Zwangsvollstreckung in ein Unternehmen betrifft[61].

In manchen anderen Fällen aber hat sich der Gedanke der Unternehmenseinheit schon in erheblichem Maße durchgesetzt[62]. Der ganze Normenkomplex, der formell die Erhaltung der Handelsgesellschaften bezweckt, findet seine eigentliche wirtschaftliche Begründung im Streben nach der Erhaltung des in ihrer Form betriebenen Unternehmens[63]; weiter sind für den Schutz des Unternehmens als Einheit wichtige Rechtssätze eingeführt worden und zwar einerseits vom Ge-

[55] Oppikofer S. 1 f.; Müller-Erzbach, Erhaltung, S. 359 ff.

[56] Oppikofer S. 2 f.; Müller-Erzbach, Erhaltung, S. 366; Domke S. 7. — In arbeitsrechtlichen Zusammenhängen und aus sozialpolitischen Gesichtspunkten ist der Gedanke der Unternehmenseinheit sehr weit getragen worden, vgl. Mossa S. 107; Ballinger S. 22. Dies dürfte jedoch nicht zu einer Verkennung der Interessengegensätze innerhalb der sog. „Betriebsgemeinschaft“ führen.

[57] Domke S. 5 f.

[58] Wegen dieser Ausstrahlungen der Bedeutung der Unternehmenseinheit auf breite Volkskreise kann man das Unternehmen als eine „soziale Produktionseinheit“ ansprechen.

[59] Es wird sogar von einem Prinzip der „Erhaltung des Unternehmens“ gesprochen, Heymann S. 26—27.

[60] Nur bezüglich landwirtschaftlichen Unternehmungen hat der Gesetzgeber Maßnahmen zum Schutze ihrer Einheit beim Erbfall getroffen; so z. B. die Einrichtung des Erbhofes in Deutschland (vgl. dazu Hedemann, § 32 III c) und der Art. 1889 I griech. ZGB, wonach „Ist in dem zu teilenden Nachlaß ein landwirtschaftliches Unternehmen vorhanden, welches ein wirtschaftliches Ganzes bildet, so kann das Gericht bei gerichtlicher Auseinandersetzung das ganze zu teilende Unternehmen demjenigen von den Miterben zuerkennen, der zur nützlichen Bewirtschaftung als der Fähigste beurteilt wird. Die Zuerkennung erfolgt auf dessen Antrag und unter Zahlung des Marktwertes des Unternehmens zur Zeit des Todes des Erblassers“.

[61] Gieseke S. 41/611—42/612.

[62] Zum speziellen Thema der „Bahneinheit“ s. die ausdrückliche Anerkennung der Einheit des Eisenbahn- und Kleinbahnunternehmens in Art. 112 EGBGB und dazu Palandt zu demselben Paragraphen.

[63] Jans S. 9; Gieseke S. 40/610—41/611; Müller-Erzbach, Erhaltung, S. 359 ff., insb. S. 371; vgl. auch Casanova S. 5 f. Solche Vorschriften sind z. B. HGB §§ 138—142, 161 II, AktG §§ 233 ff., 253 ff.

setzgeber selbst[64] die Generalklausel des unlauteren Wettbewerbs[65], andererseits von der Rechtslehre und der Rechtsprechung die Anwendbarkeit des § 823 I BGB auf den Fall der Verletzung des Unternehmens als Ganzen[66]. Endlich kann der Gedanke der Unternehmenseinheit schon innerhalb der geltenden Rechtsordnung seine Fruchtbarkeit zeigen: der einheitlichen Behandlung des Unternehmens im Falle einer Veräußerung[67], ja selbst der Anerkennung eines absoluten Rechts am Unternehmen stehen keine Rechtssätze entgegen[68]. Und darüber hinaus kann das Prinzip der Unternehmenseinheit für Rechtstheorie und -praxis die Rolle eines Wegweisers durch manche sonst zweifelhaften Fragen der Gesetzesauslegung spielen, wie auch in dieser Arbeit gezeigt werden soll.

Die Zukunft wird vielleicht dem Gedanken der Unternehmenseinheit neue Bedeutung geben und zwar nicht nur durch Ausfüllung der existierenden Lücken in der positiven Rechtsordnung. Wie Hedemann vorausgesehen[69], wie Mossa immer wieder betont[70], wie junge Rechtserscheinungen bestätigt[71] und wie das neue italienische Zivilgesetzbuch teilweise schon verwirklicht hat[72], könnte der einheitliche Unternehmensbegriff zur Grundlage des ganzen rechtlichen und sozialen Neuaufbaues gemacht werden[73].

VI. Der folgende Exkurs zeigt, wie die Praxis oft gezwungen ist, dem Unternehmensmehrwert Rechnung zu tragen. Die betriebswirtschaftliche Praxis nämlich sollte als eine empirische Bestätigung der vorangegangenen theoretischen Ausführungen angesehen werden.

Oft taucht im Verkehrsleben die Notwendigkeit auf, eine genaue Feststellung des Wertes des Unternehmens als Ganzen vorzunehmen. Dies geschieht zunächst in steuerrechtlichen Zusammen-

---

[64] Auch die KO enthält wichtige Vorschriften, die die Unternehmenseinheit voraussetzen und schützen; s. (Ehrenberg)-Pisko S. 214—215, 239 ff.; so fällt nach § 1 das Unternehmensganze in die Konkursmasse (vgl. Mentzel Anm. 47 zu § 1; Jaeger I Anm. 4 zu § 1) und kann nach § 134 als Ganzes vom Verwalter veräußert werden (Mentzel Anm. 5 zu §§ 133 u. 134; Jaeger II Anm. 2 zu § 134). — Die Vorschriften, die indirekt den Schutz des Unternehmens und seinen Fortbestand bezwecken, können weder gezählt noch aufgezählt werden; vgl. z. B. für die „richterliche Vertragshilfe" Soergel (-Siebert) Anm. F zu § 242; Saage, passim; für das Investitionshilfegesetz Fischerhof S. 919 ff.

[65] UnlWG § 1.

[66] Siehe die ständige Rechtsprechung des RG und nun des BGH mit der neulichen erweiternden Tendenz in Soergel (-Lindermaier) Anm. A I 6 b zu § 823 und dazu BGH in NJW 1952 S. 660 f. — Vgl. aus dem Schrifttum Isay S. 12 f.; Jans S. 49; Helle S. 31; Brecher S. 130; (Ehrenberg)-Pisko S. 218 ff.; Gieseke, Diritto, S. 115 ff.

[67] Mossa, Appendice, S. 3.

[68] So Oppikofer S. 73; v. Ohmeyer S. 20; v. Gierke aus „deutschrechtlichen" Gesichtspunkten § 14 III, Handelsunternehmen, S. 16. — A. M.: Enneccerus-Nipperdey § 133 II, III; R. Goldschmidt S. 4.

[69] Hedemann, Das bürgerliche Recht, S. 17.

[70] Mossa, neuerdings Prospettive, S. 88 und passim.

[71] Z. B. die Erbhofseinheit vgl. Jans S. 3 und oben S. 14 Anm. 60.

[72] Cod. civ. ital. Art. 2135—2140, 2188—2221, 2555—2574.

[73] Mossa, passim; Fanelli S. 14.

hängen, in diesem Fall aber wird die Bewertung des Unternehmensganzen meistens von spezifischen steuerrechtlichen Gesichtspunkten und Vorschriften beherrscht, deren Zweckgebundenheit einer Verallgemeinerung entgegensteht[74]. Deswegen sollte sich die Erörterung auf den Normalfall der privatrechtlichen Bewertung beschränken, z.B. auf den Fall der Bewertung zwecks Veräußerung bzw. Erwerbs eines Unternehmens[75].

Bei der Bewertung eines Unternehmens wäre das Nächstliegende, die Werte seiner Einzelteile zu schätzen und zu addieren. Diese Methode würde nicht zu befriedigenden Ergebnissen führen, und zwar aus folgenden Gründen:

a) der Wert einer Sache darf nicht einfach als Reproduktionskostenwert angesehen werden; er hängt vielmehr davon ab, was die betreffende Sache einbringen kann; und diese Ertragsfähigkeit einer Sache ist verschieden, je nachdem, ob sie sich inner- oder außerhalb eines funktionierenden Unternehmens befindet[76];

b) auch wenn man den Wert einer Sache innerhalb des Unternehmensganzen richtig bewerten könnte, wäre damit nicht die Summe dieser Werte dem Wert des Unternehmensganzen gleich: da würden vielmehr die immateriellen Werte des Unternehmens fehlen[77], die sich keinesfalls nach dem Reproduktionskostenprinzip feststellen lassen, und zwar

aa) weil gewöhnlich die dazu nötigen Unterlagen fehlen;

bb) weil sie zum großen Teil während der Anlaufzeit des Betriebsprozesses entstehen und daher eine genaue Zurechnung unmöglich ist;

cc) weil sie so sehr von der Geschicklichkeit des Organisators abhängen[78];

c) die Einheit des Unternehmens — die eben bewertet werden soll — wird nicht durch die zufällige (summenmäßige) Vereinigung der Einzelteile begründet, sie ist vielmehr durch den produktiven Zweck bedingt, dem, vom betriebswirtschaftlichen Standpunkt aus, der Ertrag entspricht[79].

Als Ergebnis dieser Überlegungen tritt das betriebswirtschaftliche Prinzip zutage, daß der Wert des Unternehmensganzen nur der Ertragswert sein kann[80]. Der Ertragswert bestimmt sich als die Differenz zwischen Ertrag und Aufwand, diskontiert auf einen be-

[74] Vgl. Jans S. 13 Anm. 1.

[75] Die nachstehende Ausführung folgt grundsätzlich Mellerowicz, dessen kürzliches Werk über den „Wert der Unternehmung als Ganzes" wohl den heutigen Stand der Betriebswirtschaftswissenschaft in diesem Problem wiedergibt.

[76] Mellerowicz S. 25, 18; Schmalenbach S. 6—7.

[77] Schmalenbach S. 7.

[78] Mellerowicz S. 38—39.

[79] Mellerowicz S. 19.

[80] Mellerowicz S. 19 und passim; Schmalenbach S. 25.

stimmten Stichtag[81]. Die Differenz zwischen dem Ertragswert und dem Sachwert stellt den Mehrwert des Unternehmens dar[82].

VII. Der Mehrwert des Unternehmens stellt also innerhalb des Gesamtvermögens des Unternehmensinhabers ein sicheres, ja sogar manchmal das durchaus überwiegende Aktivum dar. Wenn man nun bedenkt, daß das heutige Wirtschaftsleben, dessen Grundeinheit das Unternehmen ist, auf dem Kredit aufgebaut ist, so läge der Gedanke nahe, diesen Unternehmensmehrwert — gleich jedem anderen Wert — Kreditzwecken nutzbar werden zu lassen[83]. Dem steht aber die Tatsache im Wege, daß unsere heutige Rechtsordnung grundsätzlich keine passende Form bietet, welche die Nutzbarmachung des Unternehmensmehrwerts als Kreditgrundlage ermöglicht.

Bevor auf eine kurze Darstellung der heute in Frage kommenden Kreditformen eingegangen und ihre Untauglichkeit für den eben aufgestellten Zweck zu beweisen versucht wird, wäre eine genauere Nachprüfung der auf diesem Gebiet kollidierenden Interessen am Platze. Eine solche Erörterung der gesamten Interessenlage wird die scharfen Kriterien anbieten können, die als Maßstab zur Beurteilung der vorhandenen Lösungen dienen werden[84].

Die hier gegeneinander stehenden Interessen können in drei Gruppen eingeteilt werden: Interessen des eventuellen Kreditgebers, Interessen des eventuellen Kreditnehmers und Interessen der Öffentlichkeit.

a) Was die Interessen des eventuellen Kreditgebers betrifft, so müßten hier zwei besonders betont werden:

aa) Zunächst verlangt der eventuelle Kreditgeber — neben anderen günstigen Bedingungen der Kreditgewährung, wie z. B. hohen Zinsen — hauptsächlich S i c h e r h e i t[85]. Zwar ist die Kreditgewährung oft auch für den Kreditgeber ein Bedürfnis, indem er sie als „Kapitalanlage" ansieht[86]; er entschließt sich jedoch grundsätzlich nicht, diese Verwertung seines Kapitals vorzunehmen, solange er nicht sicher sein kann, daß sein Geld oder die sonstigen auf Kredit gewährten Werte nicht verloren gehen werden, bzw. daß er sie zum bestimmten Zeitpunkt zurückbekommen wird, und zwar so, daß seine Aussichten möglichst wenig vom guten Willen des Kreditnehmers abhängen. Dabei braucht man nicht unbedingt an eine Realsicherheit zu denken; wie unten gezeigt werden wird, könnte sogar eine Realsicherheit ihm u. U. als ungünstig erscheinen. Er würde sich oft mit einer Personalsicherheit begnügen, nur müßte dann diese

[81] Mellerowicz S. 19; ähnlich Azulay S. 11.

[82] Mellerowicz S. 28 f., der vom „Geschäftswert" spricht; Geller S. 71 ff., der, entsprechend seiner Theorie, vom Wert des „Intensitätsfaktors" im Gegensatz zum Wert des „Kapazitätsfaktors" spricht. — Ähnlich auch v. Godin S. 7.

[83] Glaser S. 35—36.

[84] Vgl. die Ausführungen von Hedemann, Werden und Wachsen, S. 50 ff., der allerdings nur die entgegengesetzten Interessen der Kreditnehmer und der Verkehrssicherheit betont.

[85] Hedemann, Schuldrecht, § 40 I a.

[86] Hedemann, Schuldrecht, § 40 I a.

Sicherheit eine wohl begründete, möglichst von dem Willen und den zufälligen oder freiwilligen Vermögensverschiebungen seines Kreditnehmers unabhängige sein.

bb) Ein zweites Anliegen des eventuellen Kreditgebers geht dahin, daß die Kreditgewährung als solche — sei es in der Form eines Darlehens, sei es in anderer Gestalt — für ihn nur einen Anspruch, aber keine Verpflichtungen begründen darf. Er übernimmt das Risiko des Verlustes, will aber dabei keine weitere Verantwortung, keine Nebenpflichten zu einem Tun oder Unterlassen übernehmen[87].

b) Der eventuelle Kreditnehmer hat seinerseits zwei wichtige Interessen bei der Kreditaufnahme zu befriedigen:

aa) Erstens will er, wie schon oben dargelegt, für seine Vermögenswerte und je nach seinen Bedürfnissen einen möglichst hohen Kredit erlangen[88]. Kredite bedeuten für ihn eine Vermehrung seines Kapitals und ein größeres Kapital bedeutet, ceteris paribus, eine erhöhte Gewinn- und Konkurrenzfähigkeit. Daher ist er bereit, alle seine Vermögenswerte auszunutzen, um sich den gewünschten Kredit zukommen zu lassen. Darunter hat aber der Mehrwert seines Unternehmens einen bedeutenden Platz: dieser Mehrwert muß auch zur Befriedigung seines Kreditbedürfnisses ausgenutzt werden können.

bb) Dazu kommt ein zweites ebenso wichtiges Interesse des eventuellen Kreditnehmers: wenn ein Unternehmensinhaber nach Kredit sucht und Kredit nimmt, so tut er das doch meistens deswegen, um seinem Unternehmen die erforderliche finanzielle Grundlage zu geben, die ihm ermöglichen würde, seinen Betrieb fortzuführen bzw. zu erweitern. Sollte die Kreditnahme zugleich die Einstellung oder die zeitweise Veräußerung seines Unternehmens bedeuten, dann hätte der Kredit für ihn seinen wirtschaftlichen Sinn verloren: erstens würde der Kredit in diesem Falle nicht der Finanzierung seines Unternehmens dienen, denn er hat ja im Moment keins, und zweitens würde er mit dem — wenn auch nur zeitweisen — Verlust seines Unternehmens die Quelle verloren haben, woraus er die Mittel für die Befriedigung seines Kreditgebers schöpfen könnte. Der gewährte Kredit würde dann ein Kredit zu Privat-, Verbrauchszwecken sein. Folglich hat der eventuelle Kreditnehmer ein berechtigtes Interesse daran, daß die Kreditgewährung ihn nicht an der Fortführung seines Unternehmens hindert, also hauptsächlich, daß sie keine Besitzänderung mit sich bringt[89].

c) Die Öffentlichkeit hat auch ein zweifaches Interesse hinsichtlich der Kreditgewährung an Unternehmungen:

aa) Zunächst tritt das Publikum (das „Volk") als Glied des gesamten Produktions- und Konsumptionsprozesses auf. Als solches hat es ein Interesse am normalen Funktionieren des Wirtschaftslebens und in-

[87] Die praktische Bedeutung dieses Belanges wird in den nachfolgenden Ausführungen klargestellt. — Vgl. Glaser S. 35—36.

[88] Hedemann § 53 I; Hedemann, Werden und Wachsen, S. 51.

[89] Glaser S. 35—36.

sofern stimmen seine Interessen mit denen der zwei anderen Interessentengruppen überein: die Kreditgeber sollen möglichst sicher und ungehindert, die Kreditnehmer möglichst hoch und sinngemäß den Kreditverkehr verwirklichen können.

bb) Unter einem besonderen Gesichtspunkt aber ist die Öffentlichkeit auch als eventueller künftiger Kreditgeber oder, noch allgemeiner, als eventuell künftig in Geschäfts- bzw. Rechtsbeziehungen zu dem betreffenden Unternehmen stehend anzusehen. Hier tritt am deutlichsten das Bedürfnis nach Verkehrssicherheit in den Vordergrund[90]. Die Außenstehenden haben ein berechtigtes Interesse daran, sich über die finanzielle Lage des Unternehmens, dem sie Kredit gewähren wollen, oder welches sie z. B. kaufen wollen, genau informieren zu können. Zwar kann diesem Bedürfnis der Verkehrssicherheit nicht soweit Rechnung getragen werden, daß keine (finanziellen) Geschäftsgeheimnisse mehr bestehen dürfen[91], aber immerhin darf auch der Außenstehende nicht in völliger Unkenntnis z. B. einer Überschuldung gelassen bleiben. Der Befriedigung des Bedürfnisses nach Verkehrssicherheit dient die Publizität der das Unternehmen betreffenden Grundbeziehungen[92], darunter auch der Kreditgewährung.

Zusammenfassend: eine Lösung des Problems der Finanzierung[93] der Unternehmungen müßte

a) Sicherheit b) Ausschließung der Eventualität von Nebenpflichten	für den Kreditgeber
c) Möglichkeit einer Verwertung des Mehrwerts d) Erhaltung des Besitzes am Unternehmen	für den Kreditnehmer

e) Verkehrssicherheit für das Publikum gewähren.

Von diesen fünf Forderungen, die der Kreditgewährung gestellt werden, interessiert hier besonders die der Verwertung des Unternehmensmehrwerts, welche aber so geschehen muß, daß sie nicht die anderen teilweise entgegengesetzten Interessen einfach ignoriert.

Aber schon gegen das Prinzip der Verwertung des Unternehmensmehrwerts ist ein Einwand laut gemacht worden, der hier besonders beachtet werden muß. Es wurde nämlich behauptet, daß das Unternehmen als Ganzes keine Grundlage des Kredits bilden kann, weil es der Zwangsvollstreckung nicht als Ganzes unterliegt[94]. Wegen des Prinzips der Spezialexekution würde sich der Kreditgeber einfach

---

[90] Hedemann, Werden und Wachsen, S. 51 f.

[91] Zum Geschäftsgeheimnis und zu der Geheimhaltungspflicht der Banken vgl. Loukopoulos, passim.

[92] Vgl. Müller-Erzbach S. 66.

[93] Es handelt sich hier um die Finanzierung seitens Außenstehender und zwar in der weiteren Gestalt der Kreditgewährung. Über die Selbstfinanzierung s. unten S. 41—42.

[94] Helle S. 23.

täuschen, wenn er nach dem Gesamtwert des Unternehmensganzen die Höhe seines Kredits bestimmen würde, denn im kritischen Moment der Vollstreckung würde er ja doch nur die einzelnen selbständig greifbaren Elemente des Unternehmens seiner Befriedigung nutzbar machen können.

Es kann nicht bezweifelt werden, daß die Möglichkeit einer Zwangsvollstreckung auf das Unternehmensganze — etwa wie sie in Österreich oder in Griechenland anerkannt ist[95] — tatsächlich die erforderliche und wünschenswerte Ergänzung der Verwertung des Unternehmensganzen als Kreditgrundlage sein würde[96]. Das Unternehmensganze kann jedoch auch dann eine nutzbare Kreditgrundlage sein, wenn es kein Exekutions-, sondern nur Haftungsobjekt ist. Die Zwangsvollstreckung in das Unternehmensganze würde eine doppelte Funktion erfüllen: einerseits würde sie den Schuldner um den Gesamtwert seines Unternehmens bringen, andererseits den Gläubiger mit diesem ganzen Wert befriedigen. Die Haftung des Unternehmensganzen erfüllt nur die erste von diesen beiden Funktionen, nämlich sie entzieht dem Schuldner den Wert seines Unternehmens ohne damit den Gläubiger zu befriedigen. Durch die Androhung dieser Entziehung aber wird sie meistens den Schuldner dazu bringen, den Gläubiger rechtzeitig und freiwillig zu befriedigen[97], bzw. nicht den gefährlichen Kredit anzunehmen.

Man könnte höchstens an einen Grenzfall denken, in dem die Zwangsvollstreckung auf die einzelnen Unternehmenselemente eigent-

---

[95] Österr. EO §§ 341 — 344. — Griech. Gesetz Nr. 2810 von 1954.

[96] Eine Pfändung und Zwangsversteigerung des Unternehmens („fonds de commerce") ist auch nach dem französischen Gesetz von 1909 vorgesehen (Art. 16 ff.), jedoch ohne große praktische Bedeutung, denn im Falle des Schuldnerverzugs greift gewöhnlich das Konkursverfahren ein und die Versteigerung des Unternehmens findet nach seinen Vorschriften statt, vgl. Ripert Nr. 560. Die Zwangsversteigerung des Unternehmens ist in Frankreich von der Commission de la réforme du Code de Commerce (1948) abgelehnt worden, weil sie eine ungerechtfertigte Gleichstellung des Personal- und des Pfandgläubigers herbeiführt, vgl. Travaux de la Commission S. 395. — Auch in Griechenland ist eine Pfändung und Zwangsversteigerung des Unternehmensganzen nicht vorgesehen und nicht möglich (vgl. griech. ZPO Art. 885, 901, 954, 955, die alle das Prinzip der Spezialexekution voraussetzen). Das griechische Warenzeichengesetz (Gesetz Nr. 1998 von 1939, Art. 23 § 1) aber schreibt vor: „die Pfändung und Zwangsversteigerung eines Warenzeichens darf nur mit der des Unternehmens in seiner Gesamtheit erfolgen". Diese Vorschrift bereitet der Theorie eine große Verlegenheit (vgl. Mantzoulinos III; Karawas S. 501) und könnte nun dahin ausgelegt werden, daß nur derjenige durch Zwangsversteigerung ein Warenzeichen erwerben kann, der vom Unternehmen, wenn auch nur stückweise, so viele Bestandteile erworben hat, daß er dasselbe Unternehmen fortführen kann, (a. M.: Karawas S. 501). Diese Vorschrift des griechischen Warenzeichengesetzes kann als eine vorausgreifende Andeutung auf die künftige Entwicklung der Gesetzgebung angesehen werden!

[97] Dadurch z. B., daß er sein Unternehmen freiwillig als Ganzes verkauft und mit dem Entgelt seine Schuld tilgt. Formalisiertes Beispiel: ein Unternehmen ist 60 wert (als die Summe der Werte seiner Einzelelemente) und dazu 40 Organisations-(Mehr-) Wert; der Unternehmer hat 80 Kredit bekommen. Im Falle der Zwangsversteigerung bekommt der Kreditgeber 60 und der Unternehmer verliert Werte in Höhe von 100. Wenn er das Unternehmen freiwillig gegen 100 verkauft, so kann er den Gläubiger völlig befriedigen und 20 für einen neuen Start behalten.

lich dem Schuldner keinen erheblichen Wert entziehen würde, weil die sachliche Grundlage des Unternehmens gering ist und sein Organisationswert sich kaum in dieser Grundlage verkörpert, vielmehr ist er am engsten mit der Persönlichkeit des Unternehmers verbunden[98]. Der Inhaber z. B. eines Auskunftsbüros würde kaum etwas verlieren, wenn der Gläubiger eine Zwangsvollstreckung auf die einzelnen greifbaren Elemente seines Unternehmens vornehmen würde: neue Möbel kann er ja immer kaufen und den Organisationswert seines Unternehmens (Ruf, Beziehungen, Erfahrungen usw.) wird er sowieso behalten. In solchen Fällen aber wäre eine Gesamtvollstreckung schon aus anderen Gründen unmöglich, nämlich deswegen, weil die persönlichen Organisationselemente auf keinen Fall der Persönlichkeit entzogen werden können. Übrigens bilden diese Fälle einer völligen Nichtobjektivierung[99] des Organisationswertes bloße Ausnahmen, die von dem eventuellen Kreditgeber selbst berücksichtigt werden sollten; die Geltung des Prinzips der Spezialexekution muß ihm ja bekannt sein.

Natürlich ist die Sicherheit des Kreditgebers überhaupt viel größer, wenn eine Zwangsvollstreckung in das Unternehmensganze möglich ist. Das ist in Österreich und in Griechenland der Fall, wo das Unternehmen als solches ein besonderes selbständiges Exekutionsobjekt bildet[100]. Die Zwangsvollstreckung erfolgt in Österreich durch Zwangsverpachtung oder Zwangsverwaltung[101], in Griechenland dagegen nur durch Zwangsverwaltung[101a]. Diese Regelung hat eine doppelte erfreuliche Wirkung[102]:

a) — was hier besonders interessiert — sie bietet den Gläubigern die Möglichkeit einer Befriedigung aus dem Ertrage des Unternehmens-Gesamtwerts;

b) sie gestattet dem Schuldner die Fortführung seines Unternehmens nach der Befriedigung der Gläubiger, während eine (Gesamt- oder Teil-)Versteigerung ihn zwingen würde, ein neues Unternehmen zu begründen.

Übrigens hängt nicht nur eine völlig befriedigende Nutzbarmachung des Unternehmensmehrwertes zu Kreditzwecken von der Möglichkeit einer Gesamtzwangsvollstreckung in das Unternehmen ab; die Abhängigkeit ist vielmehr eine zweiseitige. Wenn die österreichische Exekution auf das Unternehmensganze sich nicht völlig bewährt

---

[98] Vgl. die angeführten Beispiele S. 8 Anm. 30.

[99] Oppikofer S. 7 will in diesen Fällen den Unternehmenscharakter schlechthin absprechen; die entgegengesetzte Meinung ist schon oben S. 8 dargelegt worden.

[100] v. Ohmeyer S. 27 und passim, wo auch Versuche einer Darstellung der bürgerlichrechtlichen Problematik der Exekution in das Unternehmen. Vgl. auch Passow S. 79; Hubmann S. 71—72; Geller S. 132—133, 143—144, 151, 168 mit vehementer Kritik gegen das ganze Rechtsinstitut der Zwangsvollstreckung in das Unternehmen. — Zum jungen griechischen Gesetz: Perdikas S. 81 ff.; Apostolopoulos S. 1137 f.

[101] EO § 341.

[101a] (Griech) ZPO Art. 878.

[102] v. Ohmeyer S. 83—84; a. M.: Isay S. 201.

hat[103], so hängt das wohl auch damit zusammen, daß die österreichische Rechtsordnung keine genügende Möglichkeit einer Verwertung des ganzen Unternehmenswerts zu Kreditzwecken vorsieht: der Unternehmer kann nicht auf das Unternehmen Geld aufnehmen und deswegen ist er den Erpressungen des Gläubigers ausgesetzt[104].

Wenn man die verschiedenen dem Verkehr zur Verfügung stehenden Kreditformen[105] überprüft, so wird man feststellen können, daß sie alle gegen die eine oder die andere, meistens sogar gleichzeitig gegen mehrere von den oben[106] angeführten Forderungen des Kreditverkehrs verstoßen.

Für den Unternehmer-Kreditnehmer sind am ungünstigsten die älteren, schon vom römischen Recht herkommenden, im BGB geregelten oder doch wenigstens bekannten Kreditformen: Faustpfand (der einzelnen Sachen), Hypothek, Eigentumsvorbehalt. Ihr Hauptmerkmal ist, daß sie die Verwertung des Unternehmensmehrwerts praktisch nie ermöglichen. Deswegen war die Geschäftswelt immer bestrebt, eine Verbesserung der Lage des Kreditnehmers und eine Ermöglichung der Verwertung des Unternehmensmehrwerts herbeizuführen; als Ergebnis dieser Bestrebungen können die neueren Kreditformen angesehen werden: Verpfändung des Unternehmensganzen, Sicherungsabtretung der Buchforderungen, Sicherungsübereignung des Unternehmens.

VIII. a) Das Faustpfand ist vielleicht die Kreditform, die am wenigsten den Belangen des Unternehmensinhabers Rechnung zu tragen vermag. Hier handelt es sich zunächst um die Verpfändung der einzelnen zum Unternehmen gehörigen Sachen und Rechte[107]; es liegt auf der Hand, daß eine solche Zerstückelung der Unternehmenseinheit nie eine Nutzbarmachung ihres Gesamtwerts ermöglichen könnte. Nicht nur die reinen Organisationswerte — die selbständig unübertragbar und demnach auch unverpfändbar sind — gehen dadurch für den Kredit verloren, sondern auch die einzelnen verpfändbaren Elemente (Sachen und Rechte) des Unternehmens werden für diese Kreditform zu einem viel niedrigeren Wert geschätzt als dem Wert, den sie innerhalb des funktionierenden Unternehmensganzen besitzen[108]: statt des Gebrauchswerts im Unter-

[103] Geller S. 162—171; Isay S. 199—200.

[104] Isay S. 202; es ist jedoch zu bemerken, daß das österreichische Recht den Unternehmer doch nicht so ganz hilflos hinsichtlich seiner Kreditbedürfnisse läßt. Zwar kennt das österreichische Recht kein Registerpfand (worauf Isay ausschließlich abstellt), die von ihm aber vorgesehene Haftung des Unternehmenserwerbers für die Unternehmensverbindlichkeiten ist ein wirkungsvolles Mittel zur Kreditsicherung, s. unten S. 125 ff. — Ähnliches gilt für die in Griechenland vor kurzem eingeführte Zwangsverwaltung am Unternehmen.

[105] Einen ausführlichen Bericht über die Kreditsicherungsmöglichkeiten im angelsächsischen Recht s. bei Dillavou-Howard S. 343—391.

[106] S. 17—19.

[107] Die Verpfändung des Unternehmensganzen wird später erörtert werden, s. unten S. 28 ff.

[108] Glaser S. 1—2.

nehmen wird der Verkaufswert der einzelnen Stücke zur Kreditgrundlage gemacht.

Aber auch aus einem anderen Grund ist diese Kreditform für die Finanzierung der Unternehmungen völlig ungeeignet. In den meisten heutigen Rechtsordnungen gilt bekanntlich der Grundsatz des Faustpfands: die Bestellung eines Pfandrechts erfolgt durch Besitzübertragung an den Gläubiger (BGB § 1205)[109]. Eine Pfandrechtsbestellung durch constitutum possessorium ist ausgeschlossen[110]. Das heißt praktisch für den Unternehmer, daß die Bestellung eines Pfandrechts nicht nur eine rechnerische Zerstückelung des Wertes seines Unternehmens, sondern auch eine tatsächliche Zersplitterung der reellen Einheit desselben bedeuten würde, so daß er in den meisten Fällen zugleich mit der Pfandrechtsbestellung den Weiterbetrieb seines Unternehmens einstellen müßte[111]. Dies wird fast immer dann der Fall sein, wenn er seine Ladeneinrichtung, seine Büromöbel, seine Waren, seine Maschinen usw. zu Pfand geben muß. Nur in den wenigen Ausnahmefällen, wo der Unternehmer wertvolle Gegenstände besitzt, die außerhalb der funktionierenden Einheit seines Unternehmens liegen[112], könnte die Bestellung des Pfandrechts die Fortführung des Unternehmens unberührt lassen[113].

Dieser zweite Nachteil einer Verpfändung der einzelnen Sachen und Rechte des Unternehmens, nämlich die Besitzübergabe, ist viel auffallender als die Unmöglichkeit einer Nutzbarmachung des Unternehmensmehrwerts: nicht nur kann der Unternehmer keinen höheren Kredit bekommen, sondern auch für den ganz geringen muß er praktisch auf seinen Gewerbebetrieb verzichten. Daher hat auch die Rechtsordnung versucht, diesem zweiten Nachteil entgegenzuwirken, indem sie in einigen Ausnahmefällen ein besitzloses Pfandrecht[114] anerkannt hat.

---

[109] Vgl. Westermann § 128 I, II; Hedemann § 50 I; Staudinger-Kober Vorbem. 6 zu § 1204; Cosack-Mitteis § 94 I, II; Weinhausen S. 28 f.; Palandt Anm. 3 zu § 1205; Rozumek S. 182 ff.; Boehmer II 2 S. 143 f. — Ähnlich in den meisten Rechtsordnungen, vgl. Code civil Art. 2076; schweiz. ZGB Art. 884; griech. ZGB Art. 1211. — Das griech. ZGB schreibt aber in Art. 1214 vor, daß eine Pfandrechtsbestellung durch bloße Einigung ohne Übergabe erfolgen kann, wenn sie in ein öffentliches Register eingetragen wird. Der Art. 71 des EG zum griech. ZGB bestimmt, daß ein besonderes Gesetz dieses Register regeln wird, und dieses Gesetz ist noch nicht verabschiedet worden.

[110] Staudinger-Kober Vorbem. 6 zu § 1204; Heck § 102 4a; Hedemann § 50 I a; Koch S. 72.

[111] Vgl. Ligeropoulos S. 6 f.; Heck § 102 4 a; Boehmer II 2 S. 165.

[112] z. B. Sachen seines Privatvermögens oder Wertpapiere als Kapitalanlagen für seine Unternehmensreserven.

[113] Es wird hier von gewissen kaufmännischen Verpfändungsformen wie z. B. Lombardsgeschäften (vgl. Cosack-Mitteis § 93 I 3 a; v. Gierke § 65 II 2; Müller-Erzbach S. 661—663; Müllendorf, passim insbes. S. 24 ff.; Rozumek S. 44 ff.; Kaeferlein S. 172 ff.; Obst I S. 360 ff.) abgesehen: bei diesen sind die durch Wertpapiere vertretenen Waren gewöhnlich noch nicht in das Unternehmen völlig tatsächlich eingegliedert und deswegen ist ihre Verpfändung nicht besonders schädlich.

[114] Schon die gesetzlichen Pfandrechte des BGB setzen keinen Besitz voraus; für sie genügt meistens eine gewisse räumliche Beziehung, vgl. BGB §§ 559, 585, 590,

Als Beispiele solcher Ausnahmen, die deswegen den Grundsatz durchbrechen, weil sie einem in Kreditnot sich befindenden Unternehmen helfen sollen oder aber weil die objektiven Eigenschaften des zu verpfändenden Gegenstandes eine Ähnlichkeit zu den Liegenschaften aufweisen, seien hier aufgeführt: die Schiffshypothek, eine Sicherungshypothek, die durch Eintragung in das Schiffsregister entsteht[115]; das sog. „Kabelpfandrecht", bei welchem als Pfandobjekt die den Verkehr mit dem Ausland vermittelnden Hochseekabel dienen und das Pfandrecht durch Eintragung ins Kabelbuch entsteht[116]; das Pfandrecht am Inventar eines landwirtschaftlichen Pachtbetriebes, welches durch Niederlegung des Vertrages beim Amtsgericht entsteht[117].

Diese Beispiele beweisen, daß der Gedanke des Registerpfands an beweglichen Sachen dem deutschen Recht nicht vollkommen fremd ist. Dieser Gedanke ist jedoch nicht so weit geführt, daß er ein Registerpfand am Unternehmensganzen ermöglicht, wie dies im französischen Recht der Fall ist[118].

Es gibt endlich noch einen dritten Grund, weswegen das Faustpfand an den einzelnen Sachen und Rechten des Unternehmens nicht den Belangen der Interessenten entspricht: den Pfandgläubiger treffen gewisse Pflichten hinsichtlich der Pfandsache, nämlich Verwahrungspflicht[119] und Erhaltungspflicht[120]. Dadurch „wird der Gläubiger zum Schuldner"[121], was unter Umständen ihm recht unangenehm sein könnte. Außerdem unterliegt er der Gefahr, daß das verpfändete Objekt nicht im Eigentum des Schuldners steht, sondern dem Eigentümer gestohlen worden, verlorengegangen oder sonst abhanden gekommen ist, in welchem Fall der Gläubiger kein rechtswirksames Pfandrecht erwirbt, nicht einmal dann, wenn er in gutem Glauben ist[122, 123].

704; die gesetzlichen Pfandrechte des HGB dagegen setzen meistenteils Besitz voraus, vgl. §§ 397, 410, 421, 440. — Vgl. auch das Gesetz vom 17. 1. 49 zur Sicherung der Saatgut- und Düngemittelversorgung.

115 Schiffsrechtegesetz vom 15. 11. 1940, vgl. Hedemann § 52 I d; Westermann § 119; Abraham S. 188 ff.; Wüstendörfer S. 84.

116 Gesetz vom 31. 3. 25. — Vgl. Westermann § 126 I 1; Staudinger-Kober Vorbem. 9 zu § 1204; Kaeferlein S. 250.

117 Pachtkreditgesetz vom 9. 7. 1926. — Vgl. Westermann § 139; Staudinger-Kober Vorbem. 9 zu § 1204; Palandt Anm. 7 vor § 1204; im griechischen Recht: Verpfändung der Früchte eines Landgutes nach dem Gesetz 2184 von 1920 über „den landwirtschaftlichen Verpfändungsschein" und jetzt ähnlich in der französischen Zone Deutschlands, vgl. Palandt Anm. 7 vor § 1204. Diese Regelungen haben das französische „warrant agricole" (Ges. vom 30. April 1906) zum Vorbild.

118 Siehe unten S. 94 ff. — Rechtspolitische Betrachtungen des Registerpfandrechts überhaupt, Weinhausen S. 127—152; Weinberg, passim; Lehmann, Gläubigerschutz, S. 72—77; Ligeropoulos S. 33 ff.; Boehmer II 2 S. 196.

119 BGB § 1215.

120 Entwickelt durch die Rechtsprechung, vgl. Westermann § 129 II 4 a; Koch S. 73; beschränkend Staudinger-Kober Anm. 2 zu § 1215; ablehnend Palandt Anm. 2 zu § 1215.

121 Westermann § 129 II 4 b; vgl. Boehmer II 2 S. 145.

122 BGB §§ 1207 und 935; Weinhausen S. 30 f.

b) Der Voraussetzung einer Besitzübergabe entbehrt überhaupt ihrer prinzipiellen Grundgestaltung nach die Hypothek. Auch kann sie in einigen Fällen das Unternehmensganze samt Mehrwert umfassen[124]. Ihr Anwendungsbereich aber zur Finanzierung der Unternehmungen scheint sehr beschränkt zu sein, eben weil sie nur an Grundstücken haften kann[125].

Die Hypothek als Kreditsicherungsform für die Unternehmungen scheidet in den meisten Fällen deswegen aus, weil die Mehrzahl der Unternehmungen nicht auf eigenen Grundstücken betrieben werden. Dies ist nicht einmal in der Landwirtschaft der Fall, viel weniger aber in Industrie- und Handelsunternehmungen. Auch wenn das Grundstück als räumliche Niederlassung des Unternehmens ein wirtschaftlich wichtiges Element des Unternehmensganzen[126] ist (so z. B. bei manchen Ladengeschäften), so braucht es sich doch nicht im Eigentum des Unternehmers zu befinden; vielmehr genügt es, wenn das Grundstück auf Grund eines Mietverhältnisses in das Unternehmensganze eingegliedert worden ist.

Wenn aber das Unternehmensgrundstück nicht im Eigentum des Unternehmers steht, dann kann er dieses nicht zu Kreditzwecken nutzbar machen. Höchstens könnte man an zwei mögliche Kombinationen denken:

aa) der Unternehmer hat zwar nicht das Eigentum am Unternehmensgrundstück, kann aber über ein anderes Grundstück verfügen, auf welches er eine Hypothek aufnimmt, um den dadurch erlangten Kredit für sein Unternehmen zu verwenden. Dieser Fall dürfte in der Praxis nicht selten sein; er stellt eben keine Kreditgewährung auf Grund des zu finanzierenden Unternehmens, sondern auf Grund außerhalb des Unternehmens liegender Vermögenswerte dar — was praktisch bedeutet, daß das Unternehmen an sich nicht für kreditfähig angesehen wird, sondern daß seine Finanzierungsmöglichkeit vom zufälligen Vorhandensein eines anderen Vermögensstückes abhängt. Übrigens kann in einem solchen Fall keine Rede von einer Nutzbarmachung des Unternehmensmehrwerts sein;

bb) der Unternehmer hat nicht das Eigentum am Unternehmensgrundstück, veranlaßt aber den Eigentümer, es mit einer Hypothek zur Sicherung des dem Unternehmer gewährten Kredits zu be-

---

[123] Die Ausnutzung der einzelnen beweglichen Sachen zu Kreditzwecken könnte in einer anderen Weise stattfinden, die es ermöglichen würde, daß der Besitz bei dem Kreditnehmer bleibt, nämlich durch Eigentumsvorbehalt und Sicherungsübereignung der einzelnen Sachen. Über den ersteren s. unten S. 26ff. Die Frage der Sicherungsübereignung überhaupt wird aus methodischen Gründen weiter unten S. 31ff. im Zusammenhang mit der Sicherungsübereignung am Unternehmensganzen behandelt werden.

[124] v. Gierke, Handelsunternehmen S. 9 spricht in diesem Falle von einem „unselbständig verliegenschafteten Unternehmen".

[125] Daß die Grundstücke überhaupt in der jüngeren Zeit nicht mehr die alte Sicherungskraft aufweisen, betont Weinhausen S. 15f. unter Hinweis auf die Eigentumsbeschränkungen, die aus den modernen sozialen Auffassungen entstanden sind.

[126] Siehe unten S. 101 Anm. 510.

lasten[127]. Dies ist nur eine Scheinlösung: die Frage wird nur verschoben, indem die Gefahr der Kreditgewährung eigentlich von einem anderen als dem Kreditgeber, nämlich vom Grundstückseigentümer, getragen wird. Welche Sicherheit kann aber der Unternehmer diesem anderen anbieten?

Wenn nun das Unternehmensgrundstück mit einer Hypothek belastet wird, sei es, daß es dem Unternehmer selbst gehört, sei es, daß der Eigentümer die Hypothek bestellt, so kann es vorkommen, daß diese Hypothek den Gesamtwert des Unternehmensganzen als Haftungsobjekt hat. Praktisch würde jedoch dieser Fall nur in der Landwirtschaft eine Bedeutung haben können.

Die Hypothek erstreckt sich bekanntlich auf das dem Grundstückseigentümer gehörige Zubehör[128]. Bei einem Landgut werden die nach den gesetzlichen Vorschriften[129] als Zubehör anzusehenden Sachen wohl in den meisten Fällen das Unternehmensganze ausmachen: besondere Rechte, Forderungen, Organisationswerte (Geschäftserfahrungen, -geheimnisse, -beziehungen usw.) spielen gewöhnlich in der Landwirtschaft eine unerhebliche Rolle. Anders selbstverständlich bei Industrie- und Handelsunternehmungen: die „Maschinen und sonstigen Gerätschaften"[130] erschöpfen nie den Gesamtwert solcher Unternehmungen, von der zusätzlichen Voraussetzung „eines Gebäudes, das für einen gewerblichen Betrieb dauernd eingerichtet ist", ganz zu schweigen. Und auch nach der allgemeinen Definition des Zubehörbegriffs könnten die unkörperlichen Gegenstände des Unternehmens nicht als Zubehör aufgefaßt werden; erstens sind Zubehör nur Sachen (d. h. nur körperliche Gegenstände, BGB § 90) und zweitens könnte man schlecht sagen, daß ein Immaterialgut, etwa ein Patent oder eine Geschäftsbeziehung dazu da ist, um „dem wirtschaftlichen Zwecke der Hauptsache (in diesem Falle: des Grundstücks) zu dienen".

Zusammenfassend: die Hypothek ist kein befriedigendes Mittel für die Finanzierung der Unternehmungen, weil sie immer ein Grundstück voraussetzt und gewöhnlich den Unternehmensmehrwert nicht miterfaßt.

c) Häufig wird im Verkehrsleben der Eigentumsvorbehalt zur Finanzierung der Unternehmungen gebraucht (BGB § 455)[131].

[127] Keine Bedenken gegen die Zulässigkeit eines solchen Vorgangs, vgl. Hedemann § 44 II b.

[128] BGB § 1120. Vgl. Rozumek S. 356—358; A. Koch S. 66. Voraussetzung des Gesetzes ist, daß das Eigentum am Zubehör derselben Person zusteht; also entweder muß der Unternehmer Eigentümer des Grundstücks sein und zugleich mit eigenem Inventar den Betrieb führen oder aber muß das Inventar dem Nichtunternehmer Grundstückseigentümer und Hypothekenbesteller gehören (Fall des § 586 BGB), vgl. Palandt Anm. 1 u. 4 zu § 1120; Heck, § 88.

[129] BGB §§ 97 und 98 Ziff. 2.

[130] BGB § 97.

[131] Vgl. Ligeropoulos S. 8—10, wo auch (Anm. 4) über den Unterschied zwischen pactum reservati dominii und lex comissoria. — Zur Gesamtproblematik s. Weinhausen S. 18—28.

Auch wenn der Eigentumsvorbehalt nicht die übrigen im folgenden zu erörternden Nachteile aufweisen würde, böte er doch keine allgemeine Lösung des Problems der Kreditgewährung an Unternehmungen und zwar wegen der engen Beschränktheit seines Tatbestandes[132]. Nach seiner ursprünglichen gesetzlichen Gestaltung kann er nur dann Anwendung finden, wenn bei einem Kauf der Kaufpreis gestundet werden soll und Verkäufer und Käufer gleich beim Empfang[133] der Sache[134] darüber einig sind, das Eigentum an dieser Sache soll als Sicherung für den gestundeten Kaufpreis beim Verkäufer bleiben. Zwar hat das Reichsgericht[135] diesen Tatbestand insofern erweitert, als es angenommen hat, ein Eigentumsvorbehalt könne auch den gestundeten Kaufpreis für frühere Lieferungen sichern; andererseits aber kann praktisch der Anwendungsbereich des Eigentumsvorbehalts nicht einmal so breit sein, wie das Gesetz ursprünglich vorgesehen hat: für manche Arten von Sachen würden nämlich andere gesetzliche Vorschriften eingreifen können, welche die Sicherheit des Gläubigers vernichten würden.

Die allerwichtigsten Sachen für ein industrielles Unternehmen, nämlich die Maschinen und die Rohstoffe, können nicht auf Kredit mittels Eigentumsvorbehalts geliefert werden. Sobald die Maschine mit dem Fabrikgebäude verbunden wird, verliert der Verkäufer-Gläubiger sein vorbehaltenes Eigentum und der Gebäudeeigentümer erwirbt das Eigentum kraft Verbindung (BGB § 946). Sobald der Rohstoff verarbeitet wird, erwirbt grundsätzlich der Verarbeiter (hier gewöhnlich der Unternehmer-Käufer-Schuldner) kraft Verarbeitung (BGB § 950) das Eigentum an der neuen Sache, während das Eigentum des Gläubigers erlischt[136]. Praktisch könnte der Eigentumsvorbehalt als Sicherungsform nur für Warenlieferungen (oder für Maschinen, die nicht mit den Gebäuden verbunden zu werden pflegen)[137], eine Bedeutung haben. Seine Anwendung beschränkt sich demgemäß gewöhnlich auf diese Fälle. Sicher ist jedoch der Gläubiger nicht einmal in diesen begrenzten Fällen: der Käufer kann nämlich die Sache an einen gutgläubigen Dritten verkaufen oder zu Pfand geben, der das Eigentum (BGB § 932) bzw. das Pfandrecht (BGB § 1207) erwirbt.

[132] Hedemann § 53 II; Hedemann, Schuldrecht, § 32 VI c.

[133] Nach Heck § 107, 5 ist die nachträgliche Vereinbarung des Eigentumsvorbehalts zwar zulässig, aber als Sicherungsübereignung zu behandeln.

[134] Es muß sich um eine bewegliche Sache oder um eine Sachgesamtheit handeln, Weinhausen S. 21—22.

[135] RGZ 147, 321; vgl. Palandt Anm. 2 zu § 455.

[136] Vgl. H. Lehmann, Gläubigerschutz, S. 46—54, und OLG Celle in NJW 5, 306. — Über die dadurch für den sog. Veredelungskredit entstehenden Schwierigkeiten s. Hedemann § 53 II a; A. Koch S. 92 f. — Vgl. allgemeiner die Tendenz zur Erweiterung des Eigentumsvorbehalts bei Palandt Anm. 2 zu §455; zur Gesamtproblematik Heck § 62.

[137] Über besondere Probleme, die im griechischen Recht bezüglich solcher Maschinen entstanden sind, vgl. ausführlich Ligeropoulos S. 17 ff. — Zur Stellung der durch Eigentumsvorbehalt gesicherten Gläubiger im Falle eines Konkurses des Schuldners s. Ligeropoulos, Probleme, passim.

Die Belange der Verkehrssicherheit sind bei dieser Kreditform ebensowenig berücksichtigt, wie die des Gläubigers: das Vorhandensein von Sachen innerhalb des Unternehmens, die dem Unternehmer nicht gehören, könnte bei manchen eventuellen künftigen Kreditgebern den irreführenden Eindruck erwecken, das Unternehmen sei in einer besonders blühenden Lage[138]. Diese könnten dann dadurch veranlaßt werden, dem Unternehmer angesichts seiner angeblich guten Vermögenslage Personalkredit zu gewähren, was im kritischen Moment des Konkurses oder der Zwangsvollstreckung seine für den Kreditgeber ungünstigen Konsequenzen zeigen würde.

Der Unternehmer selbst wird durch diese Kreditsicherungsform meistens[139] nicht direkt benachteiligt. Seinen Belangen aber vermag sie doch nicht ganz zu entsprechen: von einer Nutzbarmachung des Unternehmensmehrwerts zu Kreditzwecken kann natürlich in diesem Fall überhaupt keine Rede sein[140], denn ex definitio handelt es sich um Kredit in Form der Stundung des Kaufpreises einzelner Sachen.

IX. Die Untersuchung wendet sich nun drei neueren Kreditsicherungsformen zu, die versucht oder vorgeschlagen worden sind, um dem Kreditbedürfnis des Unternehmens abzuhelfen.

a) Wenn die Verpfändung der einzelnen Unternehmensstücke unter anderem deswegen als unbefriedigend erscheint, weil sie erstens den Unternehmensmehrwert nicht nutzbar macht, und ihn zweitens durch die Zerstückelung verloren gehen läßt, so lag der Gedanke nahe, diesen Mißständen durch eine Verpfändung des Unternehmensganzen entgegenzutreten.

Gegen die Zulässigkeit dieses Auswegs nach positivem Recht sind die schwersten Bedenken erhoben worden. Die herrschende Meinung lehnt die Möglichkeit einer solchen Gesamtverpfändung mit der Begründung ab, das heutige deutsche Recht kenne nur eine Verpfändung der einzelnen Sachen und Rechte[141]. Eine erste Beschränkung erfährt jedoch dieser Grundsatz durch die allgemein anerkannte Möglichkeit, die einzelnen Sachen, die zu einer Sachgesamtheit gehören, unter einer zusammenfassenden Benennung zu verpfänden[142]. Dies bedeutet mehr als eine rein sprachliche Erleichterung des Verkehrs, denn in solchen Fällen kann praktisch auch die Übertragung sehr summarisch erfolgen[143]. Demnach wäre die Gesamtbestellung eines Pfandrechts an einem Warenlager möglich[144].

138 Ein solcher Eindruck könnte übrigens auch für die schon vorhandenen Gläubiger insofern schädlich sein, als sie dadurch veranlaßt werden, die Geltendmachung ihrer Ansprüche zu verzögern. Vgl. Glaser S. 3—4.

139 Bei den Abzahlungsgeschäften wird gewöhnlich die Lage der Schuldner gefährlicher.

140 Gieseke S. 47/617.

141 v. Gierke § 16 III 3; Heymann S. 35; Hedemann § 52 III b; Staudinger-Kober Anm. 2 zu § 1204; Palandt Anm. 2 zu § 1204. — Vgl. Glaser S. 21.

142 Staudinger-Kober Anm. 2 zu § 1204.

143 Glaser S. 27.

144 Hedemann § 32 III b; Weinhausen S. 29; Rozumek S. 227 ff.; A. Koch S. 70, 75; Kaeferlein S. 224 ff., 232 ff. — Anderer Meinung, schon für das Warenlager, Staudinger-Riezler Vorbem. 13 zu § 90; Palandt Anm. 2 zu § 1204.

Ein Unternehmen umfaßt aber auch andere Gegenstände als Sachen, nämlich die Organisationswerte und kann deswegen nicht mit der einfachen Sachgesamtheit, die ein Warenlager darstellt, verglichen werden. Wer nun diese immateriellen Organisationswerte als bloße tatsächliche Beziehungen auffaßt, der wäre geneigt, die Möglichkeit einer juristisch relevanten Übertragung dieser Werte und dementsprechend auch die Möglichkeit einer Verpfändung des Unternehmensganzen zu verneinen[145]. Wer dagegen, wie schon dargestellt, die Organisationswerte als ein Immaterialgut ansieht, kann einer Übertragung der daran knüpfenden Immaterialgüterrechte nach § 1273 BGB zustimmen[146]. Dann wäre nämlich eine Pfandbestellung möglich, die zwar getrennt für die einzelnen Gegenstände erfolgen muß, die aber dennoch die Verpfändung des Unternehmensganzen zur praktischen Folge hat[147]. Diese Meinung entspricht auch der Auffassung, die im § 22 II HGB zum Ausdruck kommt[148].

Das Problem der juristischen Möglichkeit braucht hier nicht weiter erörtert zu werden[149]. Denn diese Kreditsicherungsform ist praktisch so unzulänglich, daß es überflüssig ist, ihre juristische Zulässigkeit näher zu erörtern — ein Beweis dafür ist die Tatsache, daß sie nie in Anwendung gekommen ist[150].

---

[145] So z. B. Tsimaras S. 251 und wohl, wenn auch nicht so ausdrücklich, die herrschende ablehnende Meinung, vgl. die in Anm. 141 Zitierten. — Bezüglich der Anwartschaften vertritt Rammos S. 29 die Meinung, daß sie kein Bestandteil des Vermögens sind.

[146] Müller-Erzbach S. 77. — Mit anderer Begründung (Ehrenberg)-Pisko S. 235—236.

[147] Hinsichtlich der Unternehmensverpfändung versucht v. Gierke § 16 III 3, die Auffassung des Unternehmens als Immaterialgutes zu widerlegen. v. Gierke meint, „wer ein besonderes Recht an einem Immaterialgut bei dem Handelsgeschäft annimmt, würde zu einer Verpfändung gemäß § 1273 BGB kommen können, wonach sich die Verpfändung des Tätigkeitsbereiches durch einfache Einigung vollziehen könnte, ein unmögliches Ergebnis". Dabei muß aber betont werden, daß ein Immaterialgüterrecht, worauf die organisierte Einheit des Unternehmens beruht und welches auch sämtliche körperlichen und unkörperlichen Elemente des Unternehmensganzen durchdringt, nicht unbedingt die nach geltendem Recht noch anerkannte relative rechtliche Selbständigkeit der einzelnen Gegenstände zu beseitigen braucht; die Veräußerungsrechtsgeschäfte müssen nach geltendem Recht einzeln für jeden Gegenstand erfolgen. Sollte sich einmal die Auffassung des Unternehmens als eines absolut einheitlichen Immaterialgüterrechts gesetzlich durchsetzen, dann würde auch der Gesetzgeber dafür sorgen müssen, daß solche „unmöglichen Ergebnisse" beseitigt werden, indem er z. B. eine Registrierung des einheitlichen Verfügungsaktes verlangen würde.

[148] So auch Glaser S. 27.

[149] Eine zusätzliche Schwierigkeit entsteht allerdings dadurch, daß das Pfandrecht am Unternehmen meistens mit einem ständigen Wechsel seiner Einzelstücke zusammengebunden ist. Könnte man hier die Figur einer pignus irregularis und das Surrogationsprinzip verwenden? Vgl. Hedemann S. 405-406. Über den Charakter des Pfandrechts am Unternehmen als Nutzungspfandrecht (BGB § 1213) s. v. Gierke (nicht sehr konsequent) § 16 III 3; Glaser S. 27. Über die verschiedenen möglichen Weisen der Besitzübergabe Glaser S. 28—29. Über die Konstruktion des Pfandrechts am Unternehmen als einer vorübergehenden Übertragung Isay S. 77—84, 141—145, und unten S. 173 ff.

[150] Glaser S. 35.

Für den Kreditgeber ist diese Sicherheitsform recht umständlich, weil er sich dadurch verpflichtet, die Pfandobjekte nicht nur zu bewahren und zu erhalten (wie dies bei Sachen der Fall ist), sondern auch zu bewirtschaften[151].

Für den Kreditnehmer ist diese Kreditsicherungsform überhaupt unmöglich zur Finanzierung seines Unternehmens: er muß auf den Besitz und die Nutzungen desselben völlig verzichten, so daß die Unternehmensverpfändung in Wirklichkeit ihm nur dann passen kann, wenn er sein Unternehmen aufopfern will, um Kredit zu anderen (privaten oder gewerblichen) Zwecken zu erlangen[152].

Für die Verkehrssicherheit scheint diese Sicherheitsform nicht besonders gefährlich zu sein, allerdings nicht gefährlicher als jede Realbelastung eines Vermögensgegenstandes, die ihn dem Zugriff der Privatgläubiger entziehen würde.

Es fragt sich nun, ob diese sonst so unpraktische Kreditsicherungsform den Vorteil haben könnte, den Unternehmensmehrwert nutzbar werden zu lassen. Der naheliegende Gedanke wäre, diese Frage zu bejahen: Das Unternehmen wird als Ganzes verpfändet und dabei dürften die immateriellen Organisationswerte nicht verloren gehen bzw. sie müßten den Wert des Haftungsobjektes entsprechend erhöhen. Die Organisationswerte aber müssen durch den Betrieb des Unternehmens dauernd erhalten, ja teilweise neu geschaffen werden, wobei die ständige Betätigung des Unternehmers eine nicht zu unterschätzende Rolle spielt. Bei einem verpfändeten Unternehmen darf der Kreditgeber nicht mehr mit dieser wertschaffenden Tätigkeit des Unternehmers rechnen. Der Kreditgeber muß nunmehr das Unternehmen bewirtschaften, er muß also auch diese Tätigkeit leisten. Ob er sie so gut leisten kann, daß der Unternehmenswert nicht herabsinkt, dürfte ihm selbst zweifelhaft sein, und auf jeden Fall wird er wohl nicht bereit sein, Kredit für einen Wert zu gewähren, der von seiner eigenen Tätigkeit abhängt.

b) Große juristische Schwierigkeiten bringt auch die Sicherungsabtretung (oder Diskontierung oder Verpfändung) der Buchforderungen mit sich. Der ständige Wechsel der „abgetretenen" Forderungen[153], die Tendenz des Unternehmens, die Absendung der nach § 1280 BGB erforderlichen Anzeige möglichst lange zu verzögern (damit seine Kreditnot nicht gleich bekannt wird)[154] und andere Umstände haben eine Ausnutzung aller möglichen juristischen Umwege nötig gemacht[155], damit diese Sicherheitsform anerkannt werden kann. Die Praxis hat sie allerdings anerkannt, was

[151] BGB § 1214; vgl. Isay S. 141; Weinhausen S. 31.

[152] Ob der Meinung Glasers (S. 31 Anm. 121) zuzustimmen ist, wonach der Unternehmer indirekt doch wieder den Besitz bekommen könnte, indem er zum Verwahrer (bzw. Verwalter) des Unternehmens auf Grund des § 1217 bestellt wird, scheint nicht ganz sicher zu sein.

[153] Aus dem Grunde der erforderlichen Bestimmtheit dürften allerdings keine Bedenken entstehen, wenn schon alle Buchforderungen abgetreten sind. Vgl. Westermann § 43 II 4.

[154] Hedemann § 52 III a.

wohl nur auf die dringende Kreditnot der Unternehmungen und den Willen, ihnen zu helfen, zurückzuführen ist[156].

Übrigens war diese Hilfe nicht die beste. Die Sicherheit des Gläubigers ist oft durch die Verschiebung der Erfüllung der nach § 1280 BGB erforderlichen Form gefährdet. Der Schuldner behält zwar den Besitz seines Unternehmens, ist aber in der Praxis gewöhnlich gezwungen, unter einer weitgehenden Kontrolle des Kreditgebers zu stehen, so daß „die Bank .... nahezu die Herrin in seinem Betrieb wird"[157]. Und selbstverständlich ermöglicht diese Kreditsicherungsform keine Nutzbarmachung des Unternehmensmehrwerts[158].

Am gefährlichsten aber ist die Sicherungsübertragung der Buchforderungen für die Verkehrssicherheit und zwar wegen ihrer absoluten Heimlichkeit[159], die die Gefahr einer Doppeldiskontierung mit sich bringt[160]. Aber auch für die Gesamtheit der Personalgläubiger ist sie von Nachteil: der Personalkredit kann nicht einfach vom Handelsverkehr gänzlich ausgeschaltet werden[161], und die Forderungen sind gewöhnlich das letzte bisher nicht belastete Haftungsobjekt, welches noch zur Befriedigung der Personalgläubiger verwertet werden kann, nachdem die anderen Unternehmenselemente in den jeweils entsprechenden Formen (Hypotheken, Pfandrechte, Sicherungsübereignung, Eigentumsvorbehalt) schon belastet worden sind[162].

c) Die Sicherungsübereignung war ursprünglich als ein Ausweg gedacht, der eine Kreditsicherungsmöglichkeit ohne Besitzübergabe darstellen könnte[163]. Weil eine Pfandbestellung durch Besitzkonstitut ausgeschlossen ist, ist man auf den Gedanken gekommen, das Eigentum[164] zu Sicherungszwecken zu übertragen, wobei der Besitz bei dem Kreditnehmer bleiben würde. Die Sicherheit der Kreditgeber erfolgt durch das absolute Eigentumsrecht, während die Zweckgebundenheit der Eigentumsübertragung, welche im obliga-

155 Hedemann § 52 III: vorweggenommene Abtretung usw. — Ausführliche Behandlung der Gesamtproblematik bei Kiwe, passim; Weinhausen S. 87—99; Lehmann, Gläubigerschutz, S. 59—72; Kaeferlein S. 340—343; Paul insb. S. 16—38. Der letztere versucht die Sicherungsabtretung von Buchforderungen als eine Treuhand aufzufassen, vgl. S. 38 ff.

156 Auch künftige Forderungen können zur Kreditsicherung abgetreten werden, vgl. Hufnagel S. 490 f.

157 Hedemann § 52 III a.

158 Gieseke S. 47/617.

159 Isay S. 193.

160 Glaser S. 6 f.

161 Vgl. unten S. 34.

162 Glaser S. 6—7. — Das Bedürfnis, einen Teil der Unternehmenselemente frei von Belastungen für die Befriedigung der Personalgläubiger zu bewahren, wird im französischen Gesetz von 1909 deutlich: obwohl ein Registerpfand am Unternehmen anerkannt wird, müssen gewisse Gegenstände (ins. die Waren) außerhalb der Pfandbelastung bleiben, vgl. unten S. 96 ff.

163 Kaeferlein S. 252; Boehmer II, 2, S. 147.

164 Auch Anwartschaftsrechte aus einer bedingten Übereignung können zur Kreditsicherung übertragen werden, vgl. Rautmann S. 298 ff.; Blomeyer S. 548; — dagegen Reinicke S. 547 f.

torischen Innenverhältnis zwischen Kreditnehmer und Kreditgeber eine juristische Form erlangt, den Belangen des Kreditnehmers Rechnung tragen muß[165]. Als solche ist die Sicherungsübereignung ein Unterfall der fiduziarischen Geschäfte[166], die zwar nicht im BGB besonders anerkannt und geregelt worden sind, deren prinzipielle Geltung jedoch unzweifelhaft sein dürfte: das römische Recht könnte in einem solchen Fall als scripta ratio Geltung beanspruchen[167].

Die dringliche Kreditnot hat Theorie und Praxis zu einer Anerkennung der Sicherungsübereignung gezwungen und zwar nicht nur bezüglich der Sachen, sondern auch der Sachgesamtheiten (Warenlager)[168]. Den besonderen Schwierigkeiten, die in diesem letzteren Fall durch den dauernden Wechsel der Einzelelemente entsteht, wurde meistens durch die Rechtsfigur eines vorweggenommenen Besitzkonstituts nach § 930 BGB[169], aber auch auf dem Umweg des § 181 BGB Rechnung getragen[170]. Die juristischen und wirtschaftlichen Bedenken, die gegen solche Lösungen der Kreditnot bestehen müssen, sind an der Dringlichkeit dieser Not gescheitert[171], so daß man heute von einer gewohnheitrechtlich geltenden Gesetzesumgehung sprechen kann[172] [173].

Dann sollte aber dem nichts im Wege stehen, auch eine Sicherungsübereignung des Unternehmensganzen de lege lata anzuerkennen. Das hätte wenigstens auch den zusätzlichen Vorteil, daß der Unternehmer nicht nur im Besitze seines Unternehmens bleiben würde, sondern auch daß er Kredit auf der Grundlage des Gesamtwertes (samt Mehrwert) des Unternehmens erlangen könnte. In diesem Fall wäre sogar die Nutzbarmachung des Unternehmensmehrwerts besonders durch die anerkannten Verwertungsmöglichkeiten gefördert: es gibt hier nicht wie beim Pfandrecht besondere Vorschriften, welche die Art und Weise dieser Verwertung bestimmen

---

165 Vgl. Westermann § 43 I; Lehmann § 34 II 2 b. — Zum Problem der juristischen Konstruktion der Sicherungsübereignung vgl. Böttcher S. 705 ff.; Münzel S. 129 ff.; Klee S. 455 f.; Reinicke, Eigentumsvorbehalt, S. 333 f. — Daß der Sicherungsgeber, der sozialen Wirklichkeit nach, weiter Träger der Wertbeziehung zu der Sache bleibt, s. bei Möller S. 45—46.

166 Lehmann § 34 II 2 b; A. Koch S. 88 f.; Kaeferlein S. 251.

167 Völlig unbekannt sind die fiduziarischen Geschäfte dem BGB auch nicht; § 223 II erwähnt den Fall, daß „zur Sicherung eines Anspruchs ein Recht übertragen worden ist". Außerdem bildet die Sicherungsübereignung den Hauptanwendungsfall des § 930 BGB, so Palandt Anm. 4 zu § 930. Über die logische Natur der fiduziarischen Geschäfte vgl. Fuchs, passim. Vgl. dazu Boehmer II 2, S. 142.

168 Weinberg S. 8; Palandt Anm. 4 zu § 930.

169 Palandt Anm. 4 a zu § 930; Westermann § 43 III 3.

170 Hedemann § 53 III a 2; vgl. auch Zahn S. 3; Weinhausen S. 69 ff.; Rozumek S. 270 ff.

171 Boehmer II 2 S. 148—149.

172 Hedemann § 53 III b; Vgl. Westermann § 43 II 2; Hedemann, Werden und Wachsen, S. 51—52; Palandt Anm. 4 zu § 930; Heck § 107, 3; Rozumek S. 266; A. Koch S. 85; Kaeferlein S. 251; Boehmer II 2 S. 148; Raape S. 57.

173 In Griechenland (HGB Art. 233—238 nach französischem Vorbild) ist die Sicherungsübertragung des Eigentums an Schiffen ausdrücklich anerkannt und besonders geregelt, vgl. Rokas, Sicherungsübereignung, passim.

und welche über das Prinzip der Spezialexekution zu einer Zerstückelung des Unternehmensganzen führen. Die Verwertungsart bestimmt sich hier nach der Vereinbarung und kann z. B. durch freihändigen Verkauf oder auf Grund einer Verfallklausel erfolgen[174].

Obwohl nun die Sicherungsübereignung diese zwei wichtigen Vorteile, nämlich das Verbleiben des Besitzes beim Kreditnehmer und die Nutzbarmachung des Unternehmensmehrwerts aufweist, könnte man sich unmöglich mit dieser Kreditsicherungsform für befriedigt erklären: die Gefahren, die damit für die Verkehrssicherheit überhaupt, ja selbst für die Sicherheit der Parteien verbunden sind, sind einfach zu groß. Die Heimlichkeit der Vermögensverschiebung zeigt hier am deutlichsten ihre nachteiligen Wirkungen[175].

Der Kreditgeber kann nie sicher sein, daß der Kreditnehmer das Sicherungsobjekt nicht weiter veräußern wird und zwar mit völliger Besitzübergabe nach § 929 BGB, so daß der gutgläubige Eigentumserwerb nach § 932 BGB eingreifen kann[176]. Der Kreditnehmer kann auch nie sicher sein, daß der Kreditgeber das Sicherungsobjekt nicht weiter veräußern wird, wie er dazu nach außen hin völlig berechtigt ist[177]. Der eventuelle Kreditgeber, der sich durch Sicherungsübereignung Sicherung schaffen möchte, kann nicht wissen, ob nicht das Sicherungsobjekt vielleicht schon zu Sicherungszwecken übereignet worden ist. Ferner kann er nicht wissen, welche und wie viele Personalgläubiger den Wert des zu übereignenden Gegenstandes (bzw. Unternehmens) auf Grund etwa des § 419 BGB vermindern würden oder ob gerade wegen des Vorhandenseins der Personalgläubiger die Sicherungsübereignung nicht als gegen § 128 oder § 826 BGB verstoßend angesehen wird[178]. Endlich kann der eventuelle Kreditgeber, der bereit wäre, sich mit der persönlichen Kreditsicherheit zu begnügen, nie wissen, ob das vorhandene Vermögen tatsächlich dem eventuellen Kreditnehmer gehört oder ob es sich nur in seinem Besitz befindet, und gewöhnlich wird er wohl zu seinem Schaden das erste vermuten[179].

---

[174] Westermann § 43 V; Koch S. 86, 88. — Wenn nichts vereinbart worden ist, steht dem Sicherungsnehmer ein freies Verwertungsrecht zu: so Palandt Anm. 4 d zu § 930; a. M.: Westermann § 43 V; Heck § 107, 7; Staudinger-Kober Anm. 35 zu § 930; Raape S. 57. Vgl. Boehmer II 2 S. 163 f.

[175] Butz S. 2; Glaser S. 5; Zahn S. 27, 5 f.; Ligeropoulos S. 37.

[176] Weitere Schwierigkeiten der Sicherungseigentümer s. bei A. Koch S. 87.

[177] Westermann § 43 IV 1; vgl. Lange S. 751; Boehmer II 2 S. 151 f., 163—165.

[178] Vgl. Weinberg S. 9 f.; Palandt Anm. 4 e zu § 930; Dörr S. 589; Rozumek S. 275; Koch S. 94 f.; Boehmer II 2 S. 150 ff.; Zahn S. 6—24, wo auch andere Anfechtungsmöglichkeiten erwähnt werden.

[179] Vgl. Boehmer II 2 S. 149. — In diesem letzten Punkt ist das Sachverhältnis ähnlich wie bei einer Verpachtung des Unternehmens: der Pächter tritt als Unternehmer vor, die Gläubiger sind durch das Vorhandensein des Unternehmens zu Vertrauen veranlaßt und sind daher, im Moment der Zwangsvollstreckung enttäuscht, als sie erfahren, daß das Unternehmen eigentlich einem Dritten gehört. Die Unternehmensverpachtung ist sehr häufig in Frankreich, „gérance — libre“ genannt. Wie das französische Recht zu solchen Mißständen reagiert, vgl. unten S. 122 f.

Es ist kein Zufall, daß sich die Sicherungsübereignung trotz dieser enormen Nachteile durchgesetzt hat und so verbreitet ist. Innerhalb des Interessenkampfes unter dem Kreditgeber, dem Kreditnehmer und der Öffentlichkeit stellt die Sicherungsübereignung den Ausweg dar, der für die noch unbestimmte Interessengruppe, nämlich für die Öffentlichkeit, die größten Nachteile bringt. Wenn aber die Öffentlichkeit wegen ihrer Unbestimmtheit sich am wenigsten verteidigen kann, so muß in diesem Fall die Rechtsordnung eingreifen, um solche Mißstände zu beseitigen. Dies wäre nur dann möglich, wenn sie zugleich durch die Schaffung anderer Kreditsicherungsformen der Kreditnot Genüge leisten würde[180].

X. Den bisher behandelten Kreditsicherungsformen ist ein Moment gemeinsam, nämlich daß sie alle durch ein dingliches Recht dem Kreditgeber Sicherheit zu verschaffen versuchen[181]. Nur im Falle der Sicherungsübereignung spielt das obligatorische Verhältnis eine Rolle mit, aber das auch nur zur Beschränkung des dinglichen Rechts des Kreditgebers und zugunsten des Kreditnehmers. Dies mag darauf beruhen, daß das obligatorische Recht wegen seiner grundsätzlich relativen Wirkung immer als eine unzureichende Sicherung des Kreditgebers angesehen wird.

Es fragt sich nun aber, ob der Realkredit die für den Kreditgeber und für den Verkehr überhaupt günstigste Form der Kreditgewährung darstellt. Ein Nachteil muß auf jeden Fall dem Realkredit zugesprochen werden: er muß immer, wenn er nicht zu einer ständigen Gefährdung der Verkehrssicherheit werden soll, mit gewissen Formen verbunden sein und einer gewissen Publizität unterliegen. In Anbetracht der heutigen Beweglichkeit und Schnelligkeit des Handelsverkehrs wäre es aber äußerst umständlich, ja oft unmöglich, bei jeder Kreditgewährung ein dingliches Sicherheitsrecht durch Publizitätsformen zu schaffen[182]. Andererseits führen „heimliche" Realsicherheiten zu den oben beschriebenen Mißständen. Es wird schon offensichtlich, daß eine Lösung des Problems der dem Kreditgeber zu gewährenden Sicherheit in der Richtung eines verstärkten obligatori-

[180] Zahn S. 62 ff. will die Zulässigkeit der Sicherungsübereignung vom Verwendungszweck der Kreditaufnahme abhängig machen: nur kurzfristige Finanzierung von Umsatz und Absatzgeschäften und kurzfristiger Überbrückungskredit dürften durch Sicherungsübereignung gesichert werden. Zum selben Problem der „berechtigten" Sicherungsübereignung Boehmer II 2 S. 159 f. Die dabei auftauchenden Schwierigkeiten der Kontrolle können aber nicht übersehen werden.

[181] Im Bereich des obligatorischen Verhältnisses verbleiben die Sicherung durch Bürgschaft und die Kreditversicherung, die hier nicht erörtert werden sollen. Vgl. Lehmann, Gläubigerschutz, S. 85 ff., 90 ff.; Rozumek S. 309 ff.; Lemke S. 193 ff.; Kaeferlein S. 136 ff.

[182] Morel S. 106. — Schon Montesquieu, De l'esprit des lois, Buch XX Kap. XVIII, schrieb: „Les affaires de commerce sont très peu susceptibles de formalités: ce sont des actions de chaque jour, que d'autres de même nature doivent suivre chaque jour; il faut donc qu'elles puissent être décidées chaque jour. Il en est autrement des actions de la vie qui influent beaucoup sur l'avenir, mais qui arrivent rarement. On ne se marie guère qu'une fois. On ne fait pas tous les jours des donations ou des testaments on n'est majeur qu'une fois."

schen Rechts zu suchen sein könnte, eines obligatorischen Rechts, welches beschränkt und bedingt eine absolute Wirkung haben könnte[183].

In der Rechtswissenschaft wird oft die scharfe Trennung zwischen Real- und Personalkredit überschätzt[184]. Wenn man schon mit Recht sagen kann, daß es keinen Realkredit gibt, der nicht auch ein gewisses Vertrauen zu der Person mit einschließt[185], so ist es um so richtiger zu betonen, daß ein reiner Personalkredit, welcher nur die charakterlichen Merkmale der Person und nicht zugleich ihre Vermögenslage berücksichtigen würde, einfach unvorstellbar wäre[186]. Psychologisch gesehen liegt also bei jedem Kredit ein Realkredit vor; juristisch gesehen kann man von Real- oder Personalkredit sprechen, je nachdem ob die psychologisch immer vorhandene Beziehung des Kreditgebers zu einem oder mehreren Vermögensgegenständen in die scharfe Form eines dinglichen Rechts gekleidet ist oder aber bei der Phase der allgemeinen Befriedigungsmöglichkeit aus dem Vermögen des Schuldners verbleibt.

Daß es keinen reinen Personalkredit gibt, wobei nicht wenigstens das ganze Vermögen des Schuldners als Haftungsobjekt angesehen wird, bringt deutlich der § 419 BGB zum Ausdruck[187]. Dazu müßten aber auch die Fälle in Betracht gezogen werden, bei denen nicht das ganze Vermögen, sondern nur ein bestimmter Komplex innerhalb desselben, aus besonderen wirtschaftlichen Gründen, als besonderes Haftungsobjekt angesehen wird. Einen solchen Fall stellt die Kreditgewährung an ein Unternehmen dar[188]: die wirtschaftliche Besonderheit dieses Falles liegt darin, daß die Schulden einen funktionellen Bestandteil der Unternehmenseinheit bilden[189], was gewöhnlich nicht bei anderen Vermögensstücken (man denke z. B. an Kredit, der bloß „angesichts" einer Sache gewährt wird) der Fall ist.

Früher und schon in der römischen Rechtsliteratur[190] ist das Problem des öfteren erörtert worden, ob der Kredit dem Unternehmer oder dem Unternehmen gewährt wird. So gestellt kann die Frage irreführend sein, denn es dürfte keinem Zweifel unterliegen,

[183] Vgl. ausführlich über die neue Tendenz der Rechtsentwicklung zur Verdinglichung obligatorischer Rechte Dulckeit, passim, der allerdings die Frage nicht von dem Gesichtspunkt der Sicherung des Unternehmenskredits behandelt. Über die in Frankreich anerkannten Fälle, in denen die obligatorische Forderung sich gegen den Erwerber einer Sache richten kann, wenn die Forderung „eng mit der Bewirtschaftung der Sache" gebunden war, vgl. Planiol-Ripert-Boulanger S. 201 f.

[184] Westermann § 91 II. — Übrigens wird auch die Trennung zwischen obligatorischen und dinglichen Rechten überbetont; eine weitere Erörterung dieser Frage würde außerhalb des Rahmens dieser Arbeit liegen.

[185] Westermann § 91 II.

[186] Vgl. ausführlich Lemke S. 9; Kaeferlein S. 125, 129. — Anderer Meinung: Gültner S. 54.

[187] Auch die seitens der Banken vor der Kreditgewährung erfolgende Prüfung der Bilanz weist auf die Bedeutung der Vermögenslage des Kreditnehmers für den Kreditgeber, vgl. Rozumek S. 139 ff.; Lemke S. 128 ff.; Kaeferlein S. 117 ff.

[188] Vgl. Friedrich S. 7.

[189] Vgl. Kapitel II, s. unten S. 40 ff.

[190] Vgl. D. 14, 4, 5 § 15 (Ulp.).

daß juristisch-konstruktiv gesehen und solange man dem Unternehmen keine Rechtspersönlichkeit zuspricht, der Kredit nur dem Unternehmer gewährt werden kann. Die Frage ist vielmehr, ob der Tatsache nicht Rechnung getragen werden sollte, daß der Kreditgeber das Unternehmen als besonderes Haftungsobjekt psychologisch ansieht und diese seine Ansicht wirtschaftlich begründet ist. In dieser Form müßte die Frage bejahend beantwortet werden; das Recht darf die Verkehrsauffassung und ihre wirtschaftliche Grundlage nicht ignorieren, solange dadurch nicht eines der wenigen tragenden Rechtsprinzipien in Frage gestellt wird.

Die genauere rechtliche Ausgestaltung dieser teilweisen Absolutisierung des obligatorischen Rechts des Kreditgebers, welche ihm Sicherheit leisten und seinen Auffassungen sowie auch den Bedürfnissen des Wirtschaftslebens entsprechen würde, wird im Laufe dieser Arbeit erörtert werden. Schon aber in dem Zusammenhang zu dem allgemeinen Problem der dem Kreditgeber im Rahmen seines obligatorischen Rechts zu gewährenden Sicherheit muß auf einige Rechtsinstitute andeutungsweise hingewiesen werden, die ähnlichen Gesichtspunkten ihre Entstehung verdanken. Der Sicherung des Personalgläubigers dienen vornehmlich oder nebenbei:

a) als vorbeugende Sicherung[191] die Publizität[192], die ihm erlaubt, eine möglichst zuverlässige Einsicht in die wirtschaftliche Lage des Unternehmens zu erlangen und die Buchführung, die dem Unternehmer selbst eine richtige Schätzung der Lage seines Unternehmens und dementsprechend eine Vermeidung von Kreditüberspannung ermöglichen will[193];

b) als repressive Sicherung die Anfechtung[194], die in einigen Fällen den Gläubiger gegen unredliche Veräußerungen von Vermögensstücken schützen will und der Konkurs[195], der die Gleichbehandlung der Gläubiger, die par condicio creditorum zum Ziele hat.

XI. Die Frage, die sich aus den bisherigen Erörterungen ergibt, ist: in welcher juristischen Form könnte dem obligatorischen Recht des Kreditgebers eines Unternehmers zum Zwecke seiner möglichst hohen Sicherung eine Wirkung gegen Dritte, d. h. eine absolute Wirkung, zugesprochen werden?

Daß dadurch das Unternehmen zu einem besonderen Haftungsobjekt gemacht wäre, ist schon gesagt worden. Was nun die Anwen-

[191] Vgl. Weinhausen S. 11 f., der besonders auf die außerjuristischen Vorbeugungsmaßnahmen hinweist.

[192] Vgl. Herold-Hilgermann-Bernicken S. 61—62.

[193] Ghidini S. 31 ff.; Ghidini, Il registro, S. 8 ff.

[194] Die Anfechtungsmöglichkeit von Veräußerungsverträgen des Schuldners könnte an sich ein wichtiger Schutz der Gläubigerinteressen sein, ja sogar schon eine gewisse Verdinglichung seines obligatorischen Rechts darstellen, wenn die aus der römischen actio Pauliana herstammenden und im AnfG § 3 niedergelegten Voraussetzungen nicht so eng gefaßt wären. Vgl. ausführlich Morel S. 105, Grunzweig S. 121. — Übrigens ist es überhaupt zweifelhaft, ob eine paulianische Anfechtung im Falle einer Unternehmensveräußerung dem Gläubiger zusteht; gegen eine solche Helle S. 12; Domke S. 80; dafür unklar Ihde S. 51.

[195] Ghidini S. 31—32, 45 f.; Ghidini, Il registro, S. 8.

dungsfälle dieses verstärkten obligatorischen Rechts anbetrifft, könnte man zweierlei unterscheiden:

a) es könnte sein, daß die Rechtsordnung auch im statischen Zustand eine Trennung zwischen dem Unternehmen und dem sonstigen Vermögen des Unternehmers macht und zwar

aa) entweder so, daß die Unternehmensgläubiger sich nur an das Unternehmen halten können[196]

bb) oder so, daß die Privatgläubiger sich nur an das Privatvermögen halten können

cc) oder aber in beiden Richtungen zugleich;

b) weiter könnte es sein, daß die verdinglichte Wirkung sich nur im Falle der Unternehmensveräußerung verwirklicht, indem sie eine Haftung des Erwerbers für die Geschäftspassiven begründet.

Während die Rechtsordnung der unter a) genannten Eventualität prinzipiell ablehnend gegenübersteht, und nur in ganz besonderen Fällen solche Lösungen gelten läßt[197], hat sie sich dagegen in den durchaus häufigsten Fällen für die Haftung des Erwerbers ausgesprochen. Die verschiedenen Modalitäten dieser Haftung in den verschiedenen Rechtsordnungen werden den Hauptinhalt des zweiten Teils dieser Arbeit bilden. Schon jetzt aber dürfte betont werden, daß diese Haftung, richtig ausgestaltet, als eine befriedigende Lösung des Problems der Kreditsicherung angesehen werden kann, eine Lösung, welche einen möglichst gerechten Ausgleich der oben angeführten Interessen[198] herbeizuführen vermag[199].

Dem könnte man entgegenhalten, daß die zwingende Haftung des Unternehmenserwerbers für die Unternehmensschulden den Interessenkampf unter Kreditgeber, Kreditnehmer und Verkehrssicherheit auf Kosten eines anderen, nämlich des Erwerbers zu lösen versucht[200]. Ein solcher Einwand geht indessen fehl, und zwar aus folgenden Gründen:

a) der Unternehmenserwerber kann seine Haftung für die Unternehmensschulden in das zu leistende Entgelt hineinrechnen, so daß z. B. bei einem Unternehmenskauf der Kaufpreis entsprechend gemindert werden kann[201];

---

[196] Über diese Frage und ihre Bedeutung für die Selbstfinanzierung der Unternehmungen s. unten S. 41—42.

[197] Beschränkung der Geschäftsgläubiger auf das Unternehmen: HGB § 486 und dazu Wüstendörfer S. 131—134; Beschränkung der Privatgläubiger auf das Privatvermögen HGB § 135.

[198] Siehe oben S. 17—19.

[199] Oppikofer S. 128.

[200] Ihde S. 49.

[201] Auch die §§ 434 ff. BGB finden Anwendung in diesem Falle: „Rechte die von Dritten gegen den Käufer geltend gemacht werden können“, wären dann nicht nur dingliche, sondern auch obligatorische, wenn sie eine solche absolute Wirkung haben können. Die Rechtsprechung hat sich bisher — soweit ersichtlich — nur mit der Frage der Anwendbarkeit der Sachmängelhaftung auf Unternehmenskauf beschäftigt, die sie auch bejahend beantwortet hat, vgl. Hedemann, Schuldrecht, § 32 V. Eine Anwendung des § 123 BGB ist nicht ausgeschlossen.

b) die Haftung des Erwerbers kann, wegen der mangelnden Publizität der Unternehmensschulden, unter gewissen beschränkenden Voraussetzungen vorgeschrieben werden[202];

c) der Unternehmenserwerber hat selbst ein Interesse daran, daß die Unternehmensschulden von ihm erfüllt werden[203]: dadurch wird die funktionierende Einheit des Unternehmens aufrechterhalten und werden die Gläubiger veranlaßt, eventuell bei den alten Beziehungen zum Unternehmen zu bleiben. Sonst wären sämtliche laufenden Verträge (z. B. Successivlieferungsverträge) abgebrochen und der Geschäftspartner hätte keinen Anlaß, die Tauglichkeit des neuen Unternehmers auf die Probe zu stellen[204].

XII. Wenn die Haftung des Unternehmenserwerbers für die Geschäftsverbindlichkeiten als ein wichtiges Sicherungsmittel der Kreditgewährung an Unternehmungen angesehen werden soll, so darf andererseits ihre Bedeutung nicht überschätzt werden. Diese Bedeutung hängt nämlich von manchen Faktoren ab, so daß sie bei den verschiedenen Unternehmungstypen verschieden groß ist. Hier kann nur ein kurzer Überblick über die auftauchenden Fälle andeutungsweise angegeben werden.

Die sozialwirtschaftliche Bedeutung der Haftung des Unternehmenserwerbers muß verschieden abgegrenzt werden:

a) **nach der juristischen Form des Unternehmens**[205]; das Unternehmen des Einzelkaufmanns ist mehr auf dieses Sicherungsmittel angewiesen als die von Handelsgesellschaften betriebenen Unternehmungen[206]. Davon abgesehen, daß jede Gesellschaft ihr Kreditbedürfnis durch Aufnahme eines neuen Gesellschafters befriedigen könnte, und daß die Gesellschaften mit beschränkter Haftung leichter selbst finanziert werden können, muß man auch bedenken, daß die bedeutendsten Unternehmungen gewöhnlich in der Form der Aktiengesellschaft[207] betrieben werden, was ihnen den Zugang zum Kapitalmarkt erheblich erleichtert: nicht nur die Form der Obligation steht ihnen zur Verfügung[208], sondern auch die Aktien selbst bilden wirtschaftlich ein hervorragendes Mittel, welches tüchtigen Unternehmern das nötige Kapital zur Verfügung stellt[209].

---

202 Siehe unten S. 110 ff.

203 Domke S. 5; Grunzweig S. 102.

204 Daß die Aufrechterhaltung der Geschäftsverbindungen auch für die Gläubiger günstig sein kann s. bei Domke S. 60; Friedrich S. 7.

205 Zum Problem der juristischen Form des Unternehmens und insbesondere zur Frage der „Wahrheit der Unternehmensform“ s. Hohlfeld, passim, insbes. S. 15—17.

206 Vgl. Mellerowicz S. 87.

207 Vgl. Bondi-Winckler S. 29—32.

208 Vgl. Schacher S. 71—77; Bondi-Winckler S. 245 ff.; Schmalenbach S. 331 ff. — In England hat sich das Rechtsinstitut des „floating charge“ oder „floating security“ entwickelt, das den Obligationsinhabern eine zusätzliche, pfandähnliche Sicherung gewähren soll, vgl. Glaser S. 47 ff.

209 Ripert, Aspects, S. 104—107, 287 ff.; Ghidini S. 22; Schacher S. 19—68; Bondi-Winckler S. 47 ff., S. 243; Schmalenbach S. 95 ff.

b) **nach der Größe des Unternehmens**; schon aus dem oben hinsichtlich der Form des Unternehmens Gesagten ergibt sich, daß die größeren Unternehmungen weniger unter der Kreditnot zu leiden haben[210], eben weil sie gewöhnlich in der Form der Aktiengesellschaft betrieben werden. Dazu kommt, daß sie meistens über wertvolle Objekte (z. B. Wertpapiere) verfügen können, durch deren Verpfändung sie Kredit erlangen, ohne daß die Besitzübergabe unerträgliche Nachteile mit sich bringt[211]. Andererseits ist der Kapital- bzw. Kreditbedarf viel kleiner bei den ganz kleinen Unternehmungen, bei denen die persönliche Arbeitsleistung des Unternehmers die größere Rolle spielt[212].

c) **Nach dem Objekt des Unternehmens**; das Handelsunternehmen[213] ist gezwungen, mehr Schulden zu haben als das landwirtschaftliche Unternehmen und dies seinem Wesen nach, weil seine Tätigkeit sich über obligatorische Beziehungen entwickeln muß. Dagegen könnte man sich den Fall vorstellen, in welchem ein landwirtschaftliches Unternehmen nur zum Verkauf des Endprodukts solche Beziehungen aufnehmen müßte. Dazu kommt auch die Überlegung, daß ein landwirtschaftliches Unternehmen leichter Hypothekenkredit bekommen könnte[214].

d) **nach der sozialen Form des Unternehmens**; das Unternehmen als Wirtschaftseinheit ist keine exklusive Erscheinung der kapitalistischen Sozialordnung[215]; eine andere Frage aber ist die, ob das Problem der Kreditsicherung ebenso wichtig für die verstaatlichten Unternehmungen, (sei es schon im Rahmen des kapitalistischen Systems, sei es in einer völlig verstaatlichten Wirtschaftsordnung)[216]

---

[210] Glaser S. 2.

[211] Vgl. Obst II S. 542, wo auch eine Befürwortung des Registerpfandrechts gerade für die Finanzierung mittlerer Unternehmungen.

[212] Gerade durch die Überlegenheit der persönlichen Arbeitsleistung der fremden Arbeit und dem Kapital gegenüber bestimmt das italienische Gesetz den Begriff des „Kleinunternehmers", welcher bei ihm eine feste juristische Kategorie darstellt (Cod. civ. ital. Art. 2083. — Legge Falimentarie Art. 1). Vgl. Ghidini S. 96, 111—126.

[213] Im weitesten Sinne des § 1 HGB.

[214] Siehe oben S. 26. Vgl. Ghidini S. 90, 51. Für den Fall, daß das Grundstück nicht dem Unternehmer gehört, sorgt das Pächterkreditgesetz, vgl. oben S. 26. — Wenn immer der Gesetzgeber besondere Maßnahmen zur Erleichterung des landwirtschaftlichen Kredits trifft, so hängt dies damit zusammen, daß der Ertrag des Unternehmens nicht laufend, sondern in weit auseinander liegenden Zeitpunkten, ja manchmal einmal pro Jahr, eingebracht wird. Übrigens spielen dabei sozialpolitische, sogar nationale Gesichtspunkte eine ungeheuer wichtige Rolle: man kann den Bauer nicht so leicht wie den Kaufmann zu Konkurs geraten lassen.

[215] Oppikofer S. 22; Mossa S. 108, 110. — A. M.: mehr aus Gründen terminologischer Klarheit Köhler S. 715 f., 718, der das Unternehmen als eine Erscheinung der liberalen Wirtschaft, den Betrieb dagegen als die Grundeinheit der modernen Wirtschaftsordnung auffaßt.

[216] Zum Problem des „sozialisierten Unternehmens" s. Reinhardt insbes. S. B 7 — B 13; Koch, passim; Wenediktow S. 133—137. Für die Ostzone Deutschlands (und Ost-Berlin) vgl. Würdinger Anm. 54, 55 Allg. Einl.

ist wie für die privaten. Die Frage muß grundsätzlich bejahend beantwortet werden: auch innerhalb einer Staatswirtschaft bildet das Unternehmen eine wirtschaftliche Einheit, die Schulden hat und die übertragen werden kann, man denke einfach an die Möglichkeiten der Fusionen. Allerdings wird die Finanzierung der Unternehmungen in einer Staatswirtschaft meistens nach wirtschaftspolitischen Gesichtspunkten erfolgen, während der Staat als Inhaber sämtlicher bedeutenden Unternehmungen eine genügende Sicherung des Kredits bieten würde[217].

Zusammenfassend: die Haftung des Unternehmenserwerbers für die Geschäftsverbindlichkeiten zeigt ihre besondere Bedeutung im Falle des vom Einzelunternehmer betriebenen, mittleren, privaten Handelsunternehmens.

Zweites Kapitel

Die Passiven als funktioneller Bestandteil des Unternehmens

I. Im ersten Kapitel ist es versucht worden, die mögliche Bedeutung des Unternehmensmehrwerts für den Kredit darzulegen. Der Mehrwert aber bildet nicht die einzige Besonderheit des Unternehmens hinsichtlich des Kredits. Eine weitere Besonderheit, welche eben die Nutzbarmachung des Unternehmensmehrwerts zu Kreditzwecken so dringend nötig macht, ist die wesensmäßige Kreditbedürftigkeit jedes Unternehmens.

Man könnte sich eine Privatperson vorstellen, die nichts schuldet, die keinen Kredit braucht. Der Unternehmer dagegen ist gezwungen, sein Unternehmen auf Kreditbasis zu betreiben[218]. Das liegt hauptsächlich daran, daß der ganze heutige Wirtschaftsprozeß auf dem Kredit beruht. Die riesigen Kapitalbedürfnisse der hochkapitalistischen Epoche könnten unmöglich gedeckt werden, wenn nicht der Kredit praktisch zu einer Vermehrung der flüssigen Mittel und zu einer Beschleunigung des Verkehrs derselben geführt hätte[219]. Noch tiefer gesehen, beruht das ganze Bank- und Geldwesen auf dem Prinzip des Kredits. Man kann sagen, ohne zu übertreiben, daß der Kredit das Hauptmerkmal des heutigen Wirtschaftslebens und zugleich die Hauptursache seiner Entwicklung ist.

Die Reflexwirkungen dieses Zustandes auf die einzelnen Unternehmungen sind ebenso deutlich[220]. Jedes einigermaßen bedeutende Unternehmen braucht vom Anfang seiner betrieblichen Tätigkeit an ein großes Kapital, um sich durchzusetzen und die Konkurrenz er-

[217] Vgl. Ghidini S. 129—136.

[218] Vgl. Weinhausen S. 9—10.

[219] Vgl. Ligeropoulos S. 5—6; Kaeferlein S. 8—11.

[220] Die Kreditbedürftigkeit der Unternehmungen hat auch jeweils spezielle wirtschaftliche Ursachen. So läßt z. B. die Verbreitung der Abzahlungsgeschäfte das Problem der Finanzierung der Verkäufer entstehen, vgl. Kiwe S. 1.

folgreich auszuhalten. Dies wird nicht nur durch wirtschaftliche Erwägungen bewiesen, sondern auch durch den Bedeutungswandel, den der Begriff „Unternehmen" selbst im Laufe der letzten Jahrzehnte erfahren hat[221]. Wenn man heute unter „Unternehmen" einen einheitlichen organisierten Produktionskomplex versteht, wobei die Gegenstandseigenschaft immer in den Vordergrund tritt, während die Persönlichkeit des Inhabers, der Unternehmer, als das sekundäre angesehen wird, welches in Beziehung zum Unternehmen definiert wird, so war das doch nicht immer so: noch das BGB kennt das Wort „Unternehmen" überhaupt nicht und nennt „Unternehmer" denjenigen, der sich durch Vertrag zur Herstellung eines Werkes verpflichtet[222]. „Unternehmen" würde also im Rahmen der Terminologie des BGB so gut wie „Werkvertrag" heißen.

Das ist keine zufällige Ausdrucksverwechselung. Der Werkvertrag erfüllte damals eine Funktion, die heute vom Unternehmen erfüllt wird. Der Unterschied zwischen den beiden ist nur, daß die Erfüllung dieser produktiven Funktion heute regelmäßig nicht auf der Tätigkeit der einzelnen Person beruhen kann, sondern ein investiertes Kapital voraussetzt, dessen organisiertes Dasein das Unternehmen als Gegenstand hervortreten läßt und dessen Verwertung nur im laufenden Betrieb erfolgen kann. Die Person und ihre einzelnen Verträge sind durch den Gegenstand und den Komplex der Rechtsbeziehungen ersetzt worden[223]. Damit hängt übrigens auch der weitere Unterschied zusammen, nämlich daß das Unternehmen nunmehr häufig nicht auf die Bestellung seitens der Kunden warten kann, sondern selbst die Initiative des Angebots übernehmen muß.

Wenn nun das Kapital eine unentbehrliche Voraussetzung des Unternehmensbetriebs ist, so wird der Rechtsordnung die Aufgabe gestellt, in befriedigender Weise die Frage zu beantworten: woher soll eine unternehmungslustige und -tüchtige Person dieses Kapital bekommen?[224]

Zunächst denkt man an die Selbstfinanzierung: der Unternehmer muß selbst das Kapital einsetzen, das er zum Betriebe seines Unternehmens braucht. Diese Finanzierungsart ist aber bei weitem nicht die günstigste. Erstens weil der Unternehmer selten über das heutzutage nötige Kapital selbst verfügen kann. Zweitens weil er gewöhnlich nicht allein das ganze Unternehmensrisiko tragen möchte. Diese zwei wichtigen Gründe[225] waren übrigens dafür ausschlag-

[221] Savatier S. 65—67.

[222] BGB § 631 ff. — Vgl. Kussmann S. 173.

[223] Daß diese Bedeutungswandlung eine Begleiterscheinung der wirtschaftlichen Entwicklung ist, beweist die ähnliche Umwandlung im französischen Recht: während heute „entreprise" dasselbe heißt wie „Unternehmen", bedeutet das Wort im Art. 1780 Cod. civ. „Werk" und in den Art. 1787—1799 insbes. 1795 werden die Begriffe Unternehmer und Arbeiter als absolut gleichbedeutend behandelt.

[224] Vgl. Bondi-Winckler S. 24—28.

[225] Außerdem weist die Selbstfinanzierung den Nachteil auf, daß sie durch eine Erhöhung des Unternehmensertrages, d. h. auf Kosten der Konsumenten erfolgt, ohne daß sie im Gewinn irgendwie beteiligt sind, vgl. Brecher S. 134.

gebend, daß die Rechtsordnung die Selbstfinanzierung nicht besonders beachtet und gefördert hat. Das hätte sie dadurch erreichen können, daß sie eine Beschränkung der Unternehmenshaftung auf das Unternehmensvermögen auch für die Einzelunternehmer als möglich angesehen hätte[226]. Das ist aber in den meisten Rechtsordnungen[227] nicht der Fall, und dieser Zustand hat hindernde Rückwirkungen auf die Selbstfinanzierungsmöglichkeit.

Um so größer wird aber dadurch die Bedeutung der anderen Finanzierungsart, nämlich der Drittfinanzierung, d. h. des Kredits[228]. Und insofern unterscheidet sich das Unternehmen grundlegend von jedem anderen Rechtsgegenstand, von Sachen, Sacheinheiten, Sondervermögen und dergleichen mehr: es gibt keinen anderen Rechtsgegenstand, dessen Inhaberschaft notwendigerweise die kreditmäßige Belastung des Inhabers mit sich bringen würde. Auch dadurch wird eine besondere rechtliche Behandlung des Unternehmens und insbesondere der Unternehmensveräußerung notwendig.

II. Die Kreditbedürftigkeit des Unternehmens ist bisher als eine praktische Notwendigkeit aufgetreten. Diese praktische Notwendigkeit aber ist eine so absolute, daß sie zu einer logischen Begriffsnotwendigkeit des Unternehmenswesens wird: ein Unternehmen ohne Kredit wäre einfach unvorstellbar, der Kredit gehört zum Wesen des Unternehmens.

Dies gilt übrigens nicht nur von dem Kredit und von dem durch den Kredit entstehenden Schulden, sondern von jeder Schuld überhaupt. Die Schuld als die passive Seite des obligatorischen Rechtsverhältnisses ist ein weiterer Begriff als der des Kredits im technischen Sinne: es gibt Schulden, die nicht auf Kredit beruhen. Diese Fälle müssen in ihrer Bedeutung näher erörtert werden.

Wirtschaftlich gesehen besteht die Kreditgewährung aus einer vorläufigen Wertverschiebung vom Vermögen des Kreditgebers zum Vermögen des Kreditnehmers[229]. Der Grundtyp der Kreditgewährung ist das Darlehen, bei dem diese vorläufige Wertverschiebung am deutlichsten sichtbar ist (§ 607 I BGB); aber auch jede andere Schuld von Geld oder anderen vertretbaren Sachen kann, wenn dies vereinbart worden ist, als Darlehensschuld gelten (§ 607 II BGB)[230]. Weiter ist als solche vorläufige Wertverschiebung jede Stundung

---

226 Ghidini S. 20.

227 Die Haftungsbeschränkung des Unternehmers gibt es — soweit ersichtlich — nur im Fürstentum Liechtenstein (Gesetzbuch von 1926 Art. 834—896), vgl. Ripert Nr. 341. — Im mexikanischen Entwurf eines Handelsgesetzbuches wird eine ähnliche Beschränkung vorgesehen, vgl. Mossa S. 109. — Praktisch führt zu einem ähnlichen Ergebnis die viel umstrittene Rechtsfigur der Einmanngesellschaft, vgl. v. Gierke § 44 I 7; Katzaroff S. 116—118; Schilling S. 164—165 und passim, Enneccerus-Nipperdey § 103 II. — Helle S. 26 vertritt den Standpunkt, eine Haftungsbeschränkung würde ungünstige Nachwirkungen auf den Kredit haben, was allerdings beachtet werden muß.

228 Valery S. 222.

229 Vgl. ausführlich Lemke S. 1—5; A. Koch S. 1—7; Obst I S. 273—278.

230 Einzelfälle bei Palandt Anm. 2 zu § 607.

einer Schuld anzusehen, sowie auch jede Leistung, soweit die Gegenleistung nicht erbracht worden ist, z. B. Warenlieferung auf Kredit. In einem noch weiteren Sinne kann man auch dann von Kredit sprechen, wenn die Wertverschiebung auf indirekte Weise erfolgt: die Bürgschaft z. B. enthält eine Vermögensminderung für den Bürgen und eine Vermögenssteigerung für den Hauptschuldner. In all diesen Fällen besteht für den kreditgewährenden Gläubiger ein doppeltes Risiko:

a) ein bestimmtes, welches der Höhe des verschobenen Wertes entspricht und

b) ein eventuelles, welches dem allgemeinen Interesse des Gläubigers an der Erfüllung des Vertrages entspricht.

Es gibt aber Schulden, bei denen keine Wertverschiebung vorausgegangen ist, und die nur das einfache Risiko der Nichterfüllung des Vertrages mit sich bringen. Als Beispiel dafür wäre der Fall eines von beiden Seiten noch nicht erfüllten synallagmatischen Vertrages anzuführen. Hier scheidet das erste Risiko einfach deswegen aus, weil es durch die exceptio non adimpleti contractus völlig gedeckt ist[231]). Ein weiteres Beispiel wären die Verträge, die durch bloße Willensübereinstimmung (also nicht re) abgeschlossen werden und die nur eine Verpflichtung des einen Partners entstehen lassen. Wenn man nun bedenkt, daß unter dem ersten Fall alle noch von keiner Seite erfüllten entgeltlichen Rechtsgeschäfte fallen und daß der zweite Fall u. a. den Auftrag oder das pactum de mutuo dando oder die verschiedenartigsten Konkurrenzbeschränkungen und -verbote zu Lasten des Unternehmens einschließt, so wird man die praktische Bedeutung der nicht auf Kredit beruhenden Schulden leicht überblicken können.

Diese Schulden sind für den Betrieb des Unternehmens ebenso wichtig wie der Kredit. Sie ermöglichen die Erfüllung seiner Funktion, sie gehören zu seinem Wesen, und deswegen kann man behaupten, daß die Schulden überhaupt als in der Unternehmenseinheit umfaßt gelten sollen. Doch müßte im folgenden dieser Satz in seiner allgemeinen Formulierung weiter nachgeprüft werden.

III. Das Unternehmen stellt eine Einheit dar, deren sozialer Zweck die durch Sach- oder Dienstleistungen zu erreichende Befriedigung der wirtschaftlichen Bedürfnisse eines Menschenkreises ist, während der private Zweck seines Inhabers gewöhnlich die Entnahme möglichst hohen Gewinnes ist. Beide Zwecke aber des Unternehmens setzen einen ständigen Kontakt zum gesamtwirtschaftlichen Prozeß voraus und beide liegen außerhalb des Unternehmens: das Unternehmen ist ein Mittel zur Befriedigung sozialer und privater Zwecke.

Seinem Wesen nach erfüllt das Unternehmen diese beiden Zwecke, indem es eine Vermittlung zwischen den verschiedenen

---

[231] Über die Besonderheiten der Veräußerung der aus einem synallagmatischen Vertrag entstehenden Schulden anläßlich einer Unternehmensveräußerung vgl. ausführlich unten S. 78 ff.

Produktionsfaktoren und in den verschiedenen Produktionsphasen durchführt. Die zweckmäßige Koordinierung aller dieser Faktoren und Phasen erfolgt erst durch das Unternehmen oder durch mehrere Unternehmungen, die jedes einen Teil dieses Verfahrens aufnehmen.

Zu jedem dieser Faktoren aber, und zwar zu jedem persönlichen Träger auch nur eines Teils dieser Faktoren muß das Unternehmen Beziehungen haben, um seine koordinierende Wirkung auszuüben. Wenn diese Beziehungen einen juristisch erheblichen Charakter besitzen, wenn sie das spezifisch juristische Moment der Verbindlichkeit erlangt haben, dann sind sie das, was man gewöhnlich obligatorische Rechtsverhältnisse nennt, d. h. hauptsächlich Forderungen und Schulden. Die Forderungen und die Schulden sind also unter der speziellen Fragestellung dieser Untersuchung die juristische Form der Beziehungen, welche die Erfüllung der wesensmäßigen Koordinationsaufgabe des Unternehmens ermöglichen. Ohne solche Beziehungen, ohne Forderungen und Schulden gibt es höchstens einen Komplex von Gegenständen, der zu einem Unternehmen werden könnte, kein schon funktionierendes Unternehmen.

Durch Forderungen und Schulden wird zum größten Teil zunächst die innere Struktur der Unternehmenseinheit gebildet. Zwar fehlt es hier gewöhnlich nicht an absoluten Rechten, die mit in die strukturelle Einheit des Unternehmens eingegliedert sind: so können beispielsweise Grundstücke[232] oder bewegliche Sachen im Eigentum des Unternehmensinhabers stehen. Das ist aber keine notwendige Voraussetzung des Daseins des Unternehmens; denn alle diese absoluten Rechte sind frei durch obligatorische Rechte ersetzbar: sämtliche Sachen eines Unternehmens könnten z. B. auf Grund von Mietverhältnissen ihm zur Verfügung gestellt worden sein, und das ist sogar sehr häufig bei Grundstücken der Fall. Umgekehrt gibt es wenigstens eine Kategorie von zur inneren Struktur des Unternehmens gehörenden obligatorischen Rechtsverhältnissen, die keinesfalls dinglich-absolut gestaltet werden könnten, und das sind die Forderungen und Schulden aus Dienstverträgen. Das Unternehmen existiert also in seiner inneren Struktur durch obligatorische Rechtsverhältnisse, welche die Eingliederung der Menschen und zum größten Teil auch der Sachen in seine Einheit ermöglichen.

Dieses Ergebnis wird noch deutlicher, wenn man sich den Beziehungen des Unternehmens zur Außenwelt zuwendet. Hier spielt sich das ganze Leben des Unternehmens auf der Ebene obligatorischer Verhältnisse ab. Die vermittelnde Funktion zwischen Lieferanten und Kunden bei Fabriken und Warenlagern, zwischen den verschie-

[232] Ripert Nr. 465 will die Grundstücke überhaupt aus der Unternehmenseinheit ausschließen mit der Begründung, daß Grundstücke traditionsgemäß außerhalb des Handelsverkehrs liegen. Diese Auffassung beruht auf einem Mißverständnis: zwar entnimmt man gewöhnlich vom französischen HGB (Code de commerce art. 632 f.), daß Handels(rechts)geschäfte nicht Grundstücke betreffen können, dieser aber an sich nicht unzweifelhafte Grundsatz hat mit dem Handelsgeschäft im Sinne des Handelsunternehmens nichts zu tun.

den Versicherten bei Versicherungsunternehmungen, zwischen Personal und Kunden bei Dienstleistungsunternehmungen, zwischen Kapitalinhabern und Kapitalbedürftigen bei den Banken usw. erfolgt immer durch einen riesenhaften Komplex von Verträgen, die die verschiedenartigsten gegenseitigen Forderungen und Schulden entstehen lassen. Als Ausnahme dürfte nun der Fall angesehen werden, in dem der Abschluß des Vertrages und seine Erfüllung sowie das endgültige Erlöschen sämtlicher durch ihn entstandenen Rechtsbeziehungen gleichzeitig erfolgt[233]; auch wenn man von den echten Dauerverträgen absieht, so tritt doch fast immer der Faktor Zeit ein und bewirkt, daß die Schuld (und die Forderung) des Unternehmers gewöhnlich kein bloß logisches Moment ist, sondern ein mehr oder minder dauerhaftes Element des Unternehmensdaseins überhaupt.

Daß die Schulden als die eine Seite der Beziehungen des Unternehmens zur Außenwelt einen Bestandteil des Unternehmensganzen darstellen, könnte auch durch andere Überlegungen bewiesen werden.

Die Bedeutung der Kundschaft für das Unternehmen und seinen Wert ist bisher nicht bestritten worden[234]. Die Ansicht ist sogar verbreitet, die Kundschaft sei ein Element des Unternehmensganzen[235]. Ja, die Betonung der Bedeutung der Kundschaft geht manchmal noch weiter: bei den Beratungen in Frankreich für die Neuregelung des Handelsrechts wurde von der zuständigen Kommission angenommen, daß die Kundschaft[236] schon im Gesetz als wesentlicher Bestandteil des Unternehmens angesprochen werden solle[237]; übrigens ist auch die Ansicht verfochten worden, das Recht am Unternehmen sei eigentlich nur ein Recht an der Kundschaft[238],

[233] Eigentlich erfolgen der Abschluß und die Erfüllung eines Vertrages nur bei Kauf und Schenkung von Gegenständen kleineren Wertes gleichzeitig; manche Verträge verlangen ihrem Wesen nach einen gewissen Zeitablauf: Miete, Pacht, Darlehen, Leihe usw. Daß die Erfüllung des Vertrages nicht das sofortige Erlöschen aller obligatorischen Rechtsverhältnisse herbeiführt, wird heute allgemein anerkannt: wie wären sonst z. B. die §§ 459 ff. BGB zu erklären? — Vgl. Hedemann, Schuldrecht, § 4 III.

[234] Vgl. Ripert Nr. 421; Karawas S. 503 ff.; Carnelutti S. 48 ff.; Valery S. 273; Geller S. 70; Isay S. 32 f.; Ghidini S. 59 f.; Escarra Nr. 434.

[235] Karawas S. 503; Sakellaropoulos S. 4; Escarra Nr. 435.

[236] Die „clientèle" und der „achalandage". — Die Abgrenzung zwischen den beiden Begriffen ist auch in Frankreich nicht ganz sicher; Valery S. 273, meint die clintèle, setze eine gewisse Ständigkeit der Beziehungen zum Untenehmen voraus, während der achalandage nicht; so auch Jessen S. 64; Lescot, Travaux, S. 331, sieht die clientèle auf einer Beziehung zum Unternehmer, wärhend den achalandage auf einer Beziehung zum Unternehmen beruhend an; Ripert, Droit commercial-Nr. 463, spricht diesem Unterschied jede Bedeutung ab; Karawas versteht unter achalandage die Chancen überhaupt, S. 506; vgl. weitere Auffassungen bei Escarra Nr. 437. — In Italien wird ein entsprechender und ebenso uneindeutiger Unterschied zwischen clientela und aviamento gemacht. — Unterscheidungen verschiedener Arten von Kundschaft im deutschen Schrifttum, Geller S. 70.

[237] Travaux S. 331.

[238] Ripert Nr. 421. 450.

ja, jedes Immaterialgüterrecht sei ein solches Recht an der Kundschaft[239].

Die Kundschaft aber ist grundsätzlich nichts mehr als ein Personenkreis, der vielleicht oder wahrscheinlich (weil er es bisher getan hat) in Rechtsbeziehungen zum Unternehmen eintreten wird. Wenn nun diese Wahrscheinlichkeit genügen sollte, um in der Kundschaft ein Element des Unternehmens zu sehen, wäre es einfach eine Inkonsequenz, wenn man den nicht mehr eventuellen, sondern schon realisierten Rechtsbeziehungen den Charakter des Unternehmenselements absprechen würde[240]. Danach wären z. B. die Beziehungen des Verlagsunternehmens zu den Einzelbeziehern einer Zeitschrift als Element des Unternehmens anzusehen, nicht aber die Beziehungen zu den Abonnenten, die juristisch aus einer Schuld des Unternehmens bestehen[241]!

Übringens braucht man nicht die Kundschaft als Bestandteil des Unternehmens anzusehen, um auch den Schulden diese Eigenschaft zuzusprechen. Die Kundschaft ist weder ein Element noch eine Eigenschaft[242] des Unternehmens; sie ist vielmehr das soziale Gegenstück zu den im Unternehmen steckenden Chancen, praktisch eine Folge der Unternehmensorganisation[243], die außerhalb des Unternehmens liegende Seite der Unternehmenschancen[244]. Ganz anders dürfte die Sache aussehen, sobald einer der Kunden eine Rechtsbeziehung zum Unternehmen eingeht und dadurch die Chancen verwirklicht: das neue spezifische Moment, welches hinzutritt, ist das Moment der Verbindlichkeit. Durch dieses Moment geht die Beziehung des Kunden zum Unternehmen vom Bereich der Eventualität in den Bereich der Wirklichkeit über, und gleichzeitig hört sie auf, vom Chancenbegriff völlig gedeckt zu werden[245]. Sie erlangt die juristische Gestalt einer Schuld und einer Forderung. Was vorher als Eventualität in der Form der Chancen Bestandteil des Unternehmens gewesen war, bleibt immer noch als Wirklichkeit und in der Form der Schuld und Forderung Bestandteil desselben.

IV. Im ersten Kapitel ist die Bedeutung des Organisationsmoments für das Dasein des Unternehmens ausführlich betont worden. Wenn man nun diese Organisation vom Standpunkt ihres Gegenstandes aus untersuchen will, wird man zu einem weiteren Be-

---

[239] Roubier S. 251.

[240] Diese Inkonsequenz ist im französischen Schrifttum besonders auffallend: da wird fast immer die Bedeutung der Kundschaft als eines Elements des Unternehmens besonders betont und gleichzeitig werden die Schulden nicht als Unternehmensbestandteil anerkannt, vgl. unten S. 98.

[241] Vgl. Ghidini S. 59.

[242] Als Eigenschaft des Unternehmens sehen die Kundschaft Valery S. 273, 274; Isay S. 65; R. Goldschmidt S. 4—5.

[243] In derselben Richtung Carnelutti S. 47—48; Escarra Nr. 436.

[244] Ihr Wert wird durch den Wert der Chancen im Unternehmenswert mitgerechnet.

[245] Die Beziehung zur Kundschaft bleibt insofern vom Chancenbegriff erfaßt, als der Kunde auch weitere Rechtsbeziehungen zum Unternehmen wahrscheinlich eingehen wird.

weis der Zugehörigkeit der Schulden (und der Forderungen) zum Unternehmensganzen gelangen.

Was organisiert eigentlich der Unternehmer-Organisator? Technisch gesehen könnte man sagen, daß der Gegenstand seiner organisatorischen Tätigkeit die Sachen und die Menschen sind. Juristisch aber nehmen alle diese Organisationsgegenstände die Form von Rechten und Pflichten an. Teilweise handelt es sich um dingliche Rechte, meistenteils aber um obligatorische Rechtsverhältnisse. Der Unternehmer begründet und betreibt sein Unternehmen, indem er eine zweckmäßige Koordinierung der verschiedenartigsten passiven und aktiven Rechtsbeziehungen durchführt[246].

Vor dem Unternehmer steht als erste wirtschaftliche Gegebenheit das Angebot und die Nachfrage. Wenn er sich damit begnügen würde, die beiden einfach zusammenzubringen, dann würde sich sein Unternehmen in einer verhältnismäßig primitiven Vermittlungstätigkeit erschöpfen, er wäre Makler. Gewöhnlich aber versucht er die gegebene (oder von ihm erst hervorgerufene) Nachfrage mit dem gegebenen (oder von ihm erst hervorgerufenen) Angebot so zu koordinieren, daß seine Vermittlungstätigkeit eine Werterhöhung des zu leistenden Gegenstandes mit sich bringt, welche ihm die Möglichkeit eines Gewinnes gewährt. Diese Werterhöhung kann auf verschiedenen Wegen erfolgen. Beispiele:

a) durch eine zeitliche Koordinierung: der Kaufmann kauft die Waren jetzt, um sie später teurer zu verkaufen; oder der Versicherer bekommt jetzt die Prämien, um später im Versicherungsfall eintreten zu können;

b) durch eine räumliche Koordinierung: der Kaufmann kauft die Waren hier, um sie anderswo teurer zu verkaufen;

c) durch eine Koordinierung durch Umwandlung des Gegenstandes: der Fabrikant kauft Rohstoffe und Arbeitskraft, um wertvollere fertige Waren zu verkaufen;

d) durch eine Koordinierung nach sozialen Schichten: der Bankunternehmer leiht sich das Geld vom Kleinsparer, um großkapitalistische Unternehmungen finanzieren zu können usw.

Bei jedem diese Tätigkeiten betreffenden einzelnen Rechtsgeschäft findet eine primäre Koordinierung statt, die aber nicht dem Wesen des Unternehmens eigen ist, eben weil sie bei allen synallagmatischen Einzelverträgen vorkommt. Diese primäre Koordinierung besteht einfach aus einem Vergleich zwischen Leistung und Gegenleistung, also aus einer Überlegung des Vertragschließenden über die wirtschaftlichen Vorteile und Nachteile des betreffenden Vertrags. Die Besonderheit des Unternehmens liegt darin, daß der Unternehmer diese vergleichende Überlegung nicht (oder nicht nur) hinsichtlich jedes einzelnen Vertrages, sondern mit Rücksicht auf sämtliche von

246 Dieser Gedanke ist zuerst kürzlich von Ravà passim, insb. 33, 40, 107—109 dargestellt und näher geprüft worden. Die folgenden Ausführungen sind zum größten Teil durch seine Darstellung angeregt worden.

ihm abgeschlossenen oder abzuschließenden Verträge macht. Die Koordinierung wird hier zu einer sekundären, indem sie Rechte aus einem Vertrag mit Pflichten aus einem anderen zusammenbringt und vergleicht. Die zweckmäßige Gesamtkombination sämtlicher Rechtsverhältnisse, durch welche sich die Unternehmenstätigkeit verwirklicht, bildet die Organisation des Unternehmens[247]. In diesem Sinne könnte man sagen, daß das Unternehmen nichts anderes ist als ein zweckmäßig organisierter Komplex von Rechtsverhältnissen[248], und weiter das statische vom dynamischen Element innerhalb des Unternehmens unterscheiden: dem statischen Element würden die dinglichen Rechte entsprechen, dem dynamischen die Forderungen und die Schulden. Daß diese letzten die wichtigsten für das Funktionieren des Unternehmens sind, dürfte nach den bisherigen Ausführungen auf der Hand liegen.

Die Rechtsordnung hat diese Besonderheit des Unternehmens nicht übersehen, die im wirtschaftlichen koordinierten Zusammenfluß aller seiner Aktiven und Passiven besteht. Ein charakteristisches Rechtsinstitut, welches diesen Gedanken einen recht ausgeprägten Ausdruck gibt, ist das Kontokorrent. Hier ist der rechtliche Entstehungsgrund der verschiedenen aktiven und passiven Posten für das Schicksal derselben ganz gleichgültig. Es findet eine Gesamtverrechnung statt, die die Einzelposten zu einer Ausgleichung führt. Der dabei entstehende Überschuß wird als Saldoguthaben durch den Anerkenntnisvertrag zum Gegenstand einer auf selbständigem Rechtsgrund beruhenden Forderung[249].

Aber noch viel deutlicher kommt derselbe Gedanke durch den Zweck und die Ausgestaltung der gesetzlichen Buchführungspflicht zum Ausdruck. Weder der Unternehmer noch einer oder mehrere seiner Angestellten könnten die verwickelten finanziellen und zeitlichen Zusammenhänge unter den zu koordinierenden Rechtsbeziehungen zu jeder Zeit übersehen. Die Handelsbücher sind die ziffermäßige Niederlegung der Koordinationstätigkeit des Unternehmers; sie verschaffen ihm die notwendige Übersicht, die es erlaubt, die Koordination in die Zukunft hineinzuführen und „seine Handelsgeschäfte und die Lage seines Vermögens ... ersichtlich zu machen"[250].

Am engsten ist der Zusammenhang zwischen Buchführung und Unternehmensschulden[251]. Es ist schon oben [252] gezeigt worden, wie die Buchführung dazu dient, Kreditüberspannungen zu vermeiden. Die Buchführung aber wäre überhaupt außerhalb einer Kreditwirt-

---

[247] Oft versteht man unter „Organisation" die Apparatur, auf welcher der Unternehmer spielt: Filialen, Verkaufsstellen, Handelsvertreter usw. Diese sind jedoch nur materielle Äußerungen der Grundkoordinierung der Rechtsverhältnisse.

[248] Ravà S. 6, 33; vgl. schon Ladenburg S. 26.

[249] So wörtlich von Gierke § 65 IV 4b; vgl. auch § 65 IV; Rozumek S. 38, 39; vgl. auch S. 33—44. Über das Kontokorrent als Form der Personalkreditgewährung s. Lemke S. 96ff.; A. Koch S. 116—120; Kaeferlein S. 93; Obst I S. 279.

[250] HGB § 38.

[251] Vgl. ausführlich Ghidini S. 37—45.

[252] S. 36.

schaft undenkbar oder wenigstens würde die Buchführung nur geschichtlichen Zwecken dienen[253]. Denn wenn der Unternehmer alle seine Geschäfte gleichzeitig abschließt und erfüllt, wenn er immer für sämtliche Leistungen bar bezahlt und bar bezahlt wird, dann braucht er überhaupt nicht zu rechnen: jeder veräußerte Wert wird sofort durch die Gegenleistung ersetzt. Nur muß er bei jedem Geschäft auf die Gleichwertigkeit der Leistungen achten. Ein gewisser Zusammenhang unter den verschiedenen Rechtsgeschäften würde auch in diesem Fall vorhanden sein: der Unternehmer kauft z. B., um später günstiger verkaufen zu können. Dieser Zusammenhang aber ist ein rein gedanklicher ohne direkte finanzielle Grundlage. Finanziell, wenn nicht dem Zwecke nach, würde jedes Geschäft eine sich selbst genügende Einheit bilden.

Ganz anders ist die Lage natürlich in einer Kreditwirtschaft. Hier ist der Zusammenhang zwischen den verschiedenen zu koordinierenden Rechtsbeziehungen kein bloß ideeller, sondern er drückt sich in ganz reellen geldmäßigen Abhängigkeiten aus: die Forderungen aus dem einen Vertrag müssen eingezogen werden, damit die Schulden aus einem anderen bezahlt werden können usw. Das Spiel der verschiedenen aufeinander abgestimmten Termine muß der Unternehmer übersehen können, damit er

a) diese Schulden rechtzeitig tilgen kann,

b) die dazu nötigen Mittel sich verschaffen kann, indem er die Befriedigung seiner Forderungen rechtzeitig verlangt,

c) das Gleichgewicht auch zeitmäßig zwischen Aktiven und Passiven bewahren kann.

Die Organisation des Unternehmens ist also eine Koordinierung von Rechten und Pflichten, darunter von Forderungen und Schulden. Da aber die Organisation als Hauptmerkmal und -element des Unternehmens angesehen worden ist, sind die Gegenstände, worauf sie wirkt, d. h. auch die Schulden, Bestandteil des organisierten und funktionierenden Unternehmensganzen[254].

V. Durch die Einbeziehung der Schulden in das Unternehmensganze wird auch eine treffende juristische Grundlage für die Unterscheidung zwischen Unternehmen und Betrieb geschaffen.

Diese Frage ist heftig umstritten[255], und es wird hier nicht beabsichtigt, eine eingehende Kritik der verschiedenen entgegengesetzten Meinungen vorzunehmen. Das Problem ist so gut wie in allen Rechtsordnungen erörtert; denn überall wird ein ähnlicher Unterschied gemacht[256]. Die geäußerten Theorien bilden geradezu eine

[253] Ghidini S. 41.

[254] Ghidini S. 9 definiert den Unternehmer als diejenige Person, welche Trägerin der mit dem Betrieb des Unternehmens zusammenhängenden passiven und aktiven obligatorischen Rechtsverhältnisse ist.

[255] Vgl. neuerdings Köhler S. 713.

[256] Die entsprechenden (oder ungefähr entsprechenden) Fachausdrücke anderer Sprachen sind: auf französisch entreprise und établissement; auf italienisch impresa und azienda; auf spanisch impresa und hacienda; auf griechisch *ἐπιχείρησις* und *ἐκμετάλλευσις*.

Skala aller möglichen Variationen: es gäbe überhaupt keinen Unterschied zwischen den beiden Begriffen[257]; der Unterschied sei an und für sich künstlich und überflüssig[258] oder doch in der Praxis wenig beachtet[259]; der Betrieb sei ein einheitlicher auf die Dauer berechneter wirtschaftlicher Tätigkeitskomplex, während das Unternehmen dasselbe plus dem Moment des Erwerbszwecks sei[260]; das Unternehmen sei ein beharrendes Angebot, ein offenbarter Umsatzwille, während der Betrieb die einzelnen Umsatzgeschäfte ausmache[261]; das Unternehmen sei die subjektive, tätigkeitsmäßige Seite, der Betrieb die objektive, vermögensrechtliche Seite der Gesamterscheinung[262]; der Betrieb sei die organisierte wirtschaftliche Einheit, und das Unternehmen bezeichne gewöhnlich den Inhaber, hauptsächlich dann, wenn er eine juristische Person ist[263]; das Unternehmen sei eine Tätigkeit, der Betrieb das Ergebnis dieser Tätigkeit[264] usw.

Diese unheimliche Verwirrung kann teilweise auf die schon nach allgemeinem Sprachgebrauch bestehende Mehrdeutigkeit der zu unterscheidenden Ausdrücke zurückgeführt werden, welche zugleich eine Tätigkeit und einen objektiv existierenden Wertkomplex bezeichnen, und teilweise auf die unvorsichtige Ausdrucksweise der Gesetze, welche diesen Begriffen keinen festen Inhalt beilegen[265]. Allerdings hat sich jetzt offenbar eine herrschende Meinung gebildet, welche die alte Streitigkeit überwunden hat. Nach einer heute sehr oft verwendeten Formel unterscheidet sich das Unternehmen vom Betrieb dadurch, daß das erstere eine wirtschaftliche, das letztere eine technische Einheit ist[266].

Diese Formel ist ein wertvoller Ausgangspunkt für die weitere Untersuchung und zugleich für die Begründung der Zugehörigkeit der Schulden zum Unternehmensganzen — bloß darf sie nicht als eine selbstverständliche, sich selbst genügende und nicht zu überprüfende Offenbarung angesehen werden.

Die von der herrschenden Meinung vertretene Unterscheidung ist auf den Zweck abgestellt: Unternehmen und Betrieb haben beide

---

[257] (Ehrenberg)-Pisko S. 195; vgl. Hax S. 36. — Zu demselben Ergebnis auch Köhler S. 718 hinsichtlich dieser Begriffe als Gegenstandsbegriffe; anders, wenn darunter eine Funktion oder ein Verband verstanden wird, s. unten Anm. 266.

[258] Mossa S. 107, 109—110; Prospettive, S. 89 f.

[259] Bigiavi S. 163 Anm. 85.

[260] Passow S. 2.

[261] Geller S. 1.

[262] Ravà S. 127.

[263] Eckhardt S. 29—30.

[264] Fanelli S. 41.

[265] Passow S. 1 ff.; Eckhardt passim.

[266] R. Isay S. 52; Daniels S. 24; Ripert Nr. 341; Ballinger S. 12; Hadzidakis S. 292; Brecher S. 118; Ligeropoulos, Die Kündigung, S. 15; Krause S. 15—16. — Vgl. Karawas S. 479; Hax S. 37; Marxheimer S. 8 f., wo die Idee auf Sombart zurückgeführt wird. — Ähnlich, jedoch mehr die materielle Grundlage des Betriebes betonend, Nikisch S. 74. — In derselben Richtung mit zutreffender soziologischer Begründung Köhler, insbes. S. 715 und 716, der den Betrieb als eine „Erfüllungseinheit", das Unternehmen als eng mit der „wirtschaftlichen Planungs- und Entscheidungsgewalt" verbunden ansieht.

ein gemeinsames Merkmal, sie werden als „Einheiten" angesprochen, während die eine Einheit einem wirtschaftlichen, die andere einem technischen Zweck dienen soll. Es wäre aber außerordentlich interessant, das Problem weiter zu erforschen und zu versuchen, festzustellen, welche Rückwirkung der unterschiedliche Zweck auf die Art, den Inhalt, den Umfang der betreffenden Einheit ausübt.

Der technische Zweck bedingt die Betriebseinheit. Dementsprechend sollten von dieser Einheit alle diejenigen Gegenstände erfaßt werden, die zu diesem Zweck erforderlich oder wenigstens ihm dienlich sind. Dazu gehören zunächst sämtliche Sachen, die dem Produktionszweck[267] dienen, also Grundstücke, Gebäude, Maschinen, Ladeneinrichtungen, Rohstoffe, Waren usw. Dazu gehören weiter die zur Erfüllung des Produktionszweckes erforderlichen Menschenkräfte[268]. Endlich gehört zum Betrieb als immaterieller Wert die innere Organisation, die technische Seite der Erfahrungen[269].

Zwischen den zum Betrieb gehörigen Sachen und den dazu gehörenden Menschenkräften besteht naturgemäß folgender Unterschied: die Menschenkräfte können, wie schon ausgeführt, nur auf Grund obligatorischer Rechtsverhältnisse, die Sachen dagegen entweder auf Grund obligatorischer Rechtsverhältnisse oder auch auf Grund dinglicher Rechte zur Verfügung des Unternehmens gestellt worden sein. Dieser Unterschied dürfte aber anders als beim Unternehmen[270] hinsichtlich des Betriebes völlig belanglos sein: der juristische Grund, aus welchem eine Sache oder ein Mensch zur Verfügung der produktiven Einheit steht, ist, wenn auch wirtschaftlich sehr bedeutend, technisch gleichgültig. Deswegen ist es richtiger, nicht von Rechten zu sprechen, die den Betrieb als Gesamtheit bilden, sondern direkt von Sachen und Menschen. Diese Ausdrucksweise entspricht einfach der technischen Betrachtungsweise.

Der Übergang zur wirtschaftlichen Betrachtungsweise, die für die Zweckgebundenheit des Unternehmens im Gegensatz zum Betrieb maßgeblich ist, hat zweierlei Änderungen zur Folge. Erstens darf man nicht angesichts derselben Gegenstände, die auch die Einheit des Betriebes bilden, den juristischen Grund des Zurverfügungstehens ignorieren und eine technisch, nicht juristisch geartete Ausdrucksweise verwenden. Wirtschaftlich gesehen wird auch der technische Zweck nicht mehr durch Sachen und Menschen, sondern durch dingliche oder obligatorische Rechte und Pflichten verfolgt. Denn das bloße materielle Dasein eines Produktionsfaktors, das dem tech-

[267] Produktion wird hier im weitesten Sinne verstanden. Herstellung, Transport, Absatz, Nebengeschäfte (Versicherung, Banken, Makler usw.) sollen dadurch gedeckt werden.

[268] Daher erklärt sich auch die Tatsache, daß die Arbeitsverhältnisse auch im Falle einer Betriebsveräußerung mit auf den Erwerber übergehen.

[269] Auch Brecher S. 119—120 zählt zu den Betriebselementen nicht nur die körperlichen.

[270] Vgl. oben S. 44—45.

nischen Betriebsleiter genügen sollte, ist für den Unternehmer nicht das einzig maßgebende; für ihn kommt es immer darauf an, ob dieses Dasein rentabel ist, und das hängt vielfach davon ab, ob z. B. die Sache in seinem Eigentum steht oder Miete für sie bezahlt werden muß, ob die Höhe der überhaupt zu erbringenden Gegenleistung lohnend ist, ob er auf Grund der zugrunde liegenden Rechtsbeziehungen damit rechnen darf, daß er die Sache oder die Dienstleistungen auf längere Zeit ausnutzen kann usw. Bei den wirtschaftlichen Erwägungen darf man die juristischen Gegebenheiten nicht übersehen. Die Einheit des Unternehmens würde Rechte und Pflichten, Forderungen und Schulden auch dann erfassen, wenn sie nur aus denselben Gegenständen wie die Einheit des Betriebes gebildet sein würde.

Dieses letztere ist aber nicht der Fall, und dies führt zur zweiten Änderung, welche sich beim Übergang zur wirtschaftlichen Betrachtungsweise ergibt. Während der technische Zweck der Betriebseinheit im Grunde genommen allein durch ihre innere Struktur erfüllt wird[271], muß das Unternehmen, um seinen wirtschaftlichen Zweck erfüllen zu können, in allerlei Beziehungen zur Außenwelt stehen[272]. Wenn nun der Umfang der Unternehmens- wie der Betriebseinheit die Gegenstände erfassen muß, die zur Erfüllung ihrer entsprechenden Zwecke erforderlich sind, so muß man ohne Zweifel der Unternehmenseinheit auch die Beziehungen zur Außenwelt, die grundsätzlich aus Forderungen und Schulden bestehen, zusprechen.

Zusammenfassend: Wenn man mit der herrschenden Lehre den Unterschied zwischen Unternehmen und Betrieb darin sieht, daß das Unternehmen einen wirtschaftlichen, der Betrieb einen technischen Zweck zu erfüllen hat, so muß nun auch folgerichtig die Konsequenz daraus ziehen können, nämlich, daß der Betrieb aus organisierten Sachen und Menschen, das Unternehmen dagegen aus organisierten Rechten und Pflichten, Forderungen und Schulden besteht[273].

VI. Das Ergebnis der bisherigen Ausführungen dieses Kapitels könnte in dem einfachen Satz zusammengefaßt werden: Die Unter-

[271] Sachen und Menschen müssen einfach vorhanden sein, das W i e ist technisch gleichgültig. Praktisch ist es natürlich so, daß der Betrieb nicht unabhängig von der Funktion des Unternehmens funktionieren kann: Bezug und Absatz bestimmen auch die Funktion des Betriebes. Es handelt sich allerdings um eine logische Unterscheidung der zwei verschiedenen Gesichtspunkte, des wirtschaftlichen und des technischen.

[272] Vgl. oben S. 44 f.

[273] Ähnliche Gedanken bei Ravà S. 39 Anm. 13 und Ghidini S. 165 f., die allerdings den Betrieb (azienda) als einen Sachinbegriff ansehen, der durch die hinzukommenden Rechtsverhältnisse zu einem Unternehmen (impresa) wird. Diese Auffassung des Betriebes ist viel zu eng; nicht nur Sachen, sondern auch die zur Erreichung des technischen Zwecks erforderlichen Rechtsverhältnisse (z. B. Arbeitsverhältnisse) gehören zum Betriebsbegriff. Bigiavi S. 93 f. erwähnt den Fall, in dem ein Unternehmen ohne Betrieb existieren kann; das führt zum Problem des Kleinunternehmens, welches unten S. 148 ff. erörtert wird. Wenn aber (wie in dem von Bigiavi S. 93 angeführten Beispiel) nur Menschen und keine Sachen zur Erreichung des technischen Zwecks erforderlich sind, dann stehen wir doch vor einem Betrieb.

nehmensschulden gehören zum Begriff des Unternehmensganzen[274]. Unter dem Ausdruck Unternehmen muß man also grundsätzlich auch die Passiven mitverstehen. Die hier besonders interessierende praktische Folge dieses Satzes ist, daß die Veräußerung eines Unternehmens dem Begriff des veräußerten Gegenstandes nach und von möglichen gesetzlichen oder parteiwillensmäßigen Abweichungen abgesehen, eine Mitveräußerung der Passiven bedeuten soll.

Gegen dieses Ergebnis könnte man einwenden, daß es auf einer begriffsjuristischen Betrachtungsweise beruht. Allein dieser Einwand trifft nicht zu. Denn eine solche Lösung entspricht den im ersten Kapitel ausführlich dargelegten Erfordernissen des Wirtschaftslebens. Die dort erörterte Interessenlage hat zu dem Ergebnis geführt, daß eine Verstärkung der rechtlichen Stellung des Gläubigers, eine teilweise Verdinglichung seines Rechts, d. h. die Möglichkeit einer Wirkung desselben gegen Dritte, das beste Mittel zur Sicherung des Unternehmenskredits und gleichzeitig zur kreditmäßigen Nutzbarmachung des Unternehmensmehrwerts sei. Wenn man nun sagt, die Veräußerung des Unternehmens schließt prinzipiell eine Mitveräußerung seiner Passiven in sich, so ist damit eine erste juristische Grundlage gegeben, welche die Verwirklichung dieser Verstärkung des Gläubigerrechts ermöglicht. Das Ergebnis der begrifflichen Untersuchungen stimmt also mit den Erfordernissen der Interessenlage überein.

Sogleich müssen aber zwei besonders wichtige Einschränkungen zum Anwendungsbereich des Grundsatzes des Passivenübergangs bei Unternehmensveräußerung gemacht werden:

a) es läßt sich nirgendwo aus dem positiven Recht herleiten, daß die Haftung des Unternehmenserwerbers für die Unternehmensschulden im Innenverhältnis zwischen Veräußerer und Erwerber nicht ausgeschlossen werden kann. Eine solche Einschränkung der

---

[274] Oppikofer S. 136; Isay S. 146ff.: Sakellaropoulos S. 5, vgl. S. 46; Hellwig S. 399 Anm. 834; Zepos S. 661; Grunzweig S. 12; Ladenburg S. 26; Daniels S. 21 bis 22, 31 mit verschiedenen Begriffsbestimmungen; Domke S. 15; Bruckhuisen S. 9—10, insbesondere vom wirtschaftlichen Standpunkt aus; Cosack S. 66; Heymann S. 26; Möller, Schesis S. 11; vgl. auch Tabor S. 70. — In der französischen Rechtswissenschaft herrscht die Meinung, daß die Schulden kein Bestandteil des Unternehmens (fonds de commerce) sind, was damit begründet wird, daß der Registerpfandgläubiger dadurch benachteiligt würde. Escarra Nr. 478; Butz S. 7; vgl. auch Travaux de la Commission S. 332, 328ff. — Dagegen mit Recht Grunzweig passim. — In Belgien hat die Zugehörigkeit der Schulden zum Unternehmensganzen durch das Steuergesetz vom 10. 8. 23 einen starken Anhaltspunkt gefunden; die Begründung dazu schreibt u. a., das Unternehmen (fonds de commerce) sei „eine juristische Individualität, ganz verschieden von den Bestandteilen, die sie zusammen bilden, mit eigenen Aktiven und Passiven"; ähnlich das dazugehörige Rundschreiben des belgischen Finanzministeriums und der oberste Justizhof (12. 3. 1936); schon vorher (1919) sagte ein ministerielles Rundschreiben: „Das Unternehmen (fonds de commerce) im weiteren Sinne umfaßt die Kundschaft, die Waren, das Schild und die Firma, das Pachtverhältnis, die Handelsbücher, das Material, die zum Betrieb dienenden Gerätschaften und die dinglichen Sachen und, im allgemeinen, die Rechte, Forderungen und Schulden, Vorteile oder Lasten, die mit dem Betrieb des Handels verbunden sind."

inhaltlichen Vertragsfreiheit könnte nur dann gelten, wenn sie vom Gesetzgeber vorgeschrieben wäre. Wenn man die römisch-rechtliche Terminologie verwenden will, so kann man sagen, daß die Mitveräußerung der Passiven zwar kein accidentale negotii, aber auch kein essentiale negotii der Unternehmensveräußerung darstellt: sie ist einfach ein naturale negotii. Sie gilt im Innenverhältnis, soweit nichts anderes vereinbart worden ist[275];

b) im Außenverhältnis, d. h. im Verhältnis der vertragschließenden Parteien zum Gläubiger gilt der Grundsatz des Passivenübergangs nicht ohne weiteres. Unten[276] werden ausführlich die gewichtigen Wirkungen dargelegt, welche die im Innenverhältnis anerkannte prinzipielle Geltung des Mitübergangs der Passiven auf das Außenverhältnis ausübt. Es ist aber doch so, daß die meisten positiven Rechtsordnungen die Haftung des Unternehmenserwerbers als eine besonders geregelte Ausnahme vom Grundsatz der subjektiven Verbundenheit der Schulden ansehen. Dabei spielt die römische Tradition, wenn auch unbewußt, eine bedeutende Rolle, und dazu kommt die Erwägung, daß dem Gläubiger ohne seinen Willen kein neuer eventuell insolventer Schuldner an Stelle des alten aufgedrängt werden darf[277].

Auch unter diesen zwei Beschränkungen behält der Grundsatz der Mitveräußerung der Schulden im Falle einer Unternehmensveräußerung eine erhebliche theoretische und praktische Bedeutung, was die nachstehenden Ausführungen zu zeigen versuchen werden. Hier muß nunmehr auf einige Einzelfragen der Zugehörigkeit der Passiven zum Unternehmen eingegangen werden.

Wenn man annimmt, daß das Unternehmensganze auch die Schulden mitumfaßt, so muß damit die Ansicht ausscheiden, wonach die Schulden als Zubehör des Unternehmens anzusehen seien[278]. Nach dieser Ansicht wäre das Unternehmen als solches etwas, was an sich keine Schulden umfaßt, und zu diesem etwas kämen dann die Schulden als Zubehör hinzu. Dasselbe wäre übrigens mit den Forderungen der Fall. Und dann blieben als Wesen des Unternehmens die auf Grund dinglicher Rechte zur Verfügung des Unternehmens stehenden Sachen oder Immaterialgüter einschließlich vielleicht einer elementaren räumlichen „Organisation". Daß eine solche Einheit wirtschaftlich wie auch technisch keine Funktion erfüllen könnte, dürfte schon auf der Hand liegen. Ohne Menschenkräfte und ohne Beziehungen zur Außenwelt wäre sie höchstens die materielle Grundlage eines künftigen Betriebes und eines künftigen Unternehmens. Das Unternehmen dagegen als funktionierende Einheit umfaßt die

[275] Vgl. ausführlich unten Kapitel III S. 68 ff.

[276] Vgl. unten S. 70 ff.

[277] Vgl. unten S. 72.

[278] So z. B. v. Gierke §§ 14 II, 16 I 1; — Ghidini S. 167 ff. spricht von einem besonderen Zubehörverhältnis, welches er als „inerenza" bezeichnet. „Inerenza" ist aber etwas anderes als „accessorietà", etwas was mehr Bestandteil als Zubehör heißen soll.

Schulden mit; sie sind, mit den Begriffen des BGB — juristisch ungenau — ausgedrückt, Bestandteile, kein Zubehör, des Unternehmens.

Wenn man nun die Schulden als Bestandteile des Unternehmensganzen auffaßt, muß man auch zu der Meinung Stellung nehmen, die zwischen Unternehmenskern (oder einfach Unternehmen) und Unternehmensvermögen unterscheidet und welche weiter die Schulden nicht dem Unternehmenskern, sondern entweder dem Unternehmensvermögen zurechnen oder gar außerhalb desselben lassen will, je nachdem ihre Vertreter die Schulden überhaupt in das Vermögen einbeziehen oder nicht[279].

Es hat einen guten praktischen Grund, daß man innerhalb des Unternehmensganzen eine Unterscheidung macht, um das Mindestmaß zu bestimmen, welches übertragen werden muß, damit man von einer Übertragung des Unternehmens (z. B. i. S. des § 25 HGB) sprechen kann. Denn es ist nicht gesagt, daß ausnahmslos alle Gegenstände, die das Unternehmensganze bilden, in einem solchen Fall übertragen werden müssen. So wurde bereits oben erwähnt, daß z. B. die Schulden nicht immer übertragen zu werden brauchen. Was jeweils übertragen werden muß, wird später in einem anderen Zusammenhang[280] näher erörtert werden; wenn man will, kann man dieses erforderliche Mindestmaß als Unternehmenskern ansprechen. Daß man diejenigen Unternehmenselemete, die nicht mit veräußert zu werden brauchen, als Unternehmensvermögen bezeichnet, ist schon gefährlicher; denn dadurch könnte der Eindruck erweckt werden, es besteht zwischen den beiden Begriffen ein ständiger qualitativer Unterschied bezüglich des vermögensrechtlichen Charakters ihrer Elemente[281]. Absolut falsch ist es aber, diesen Begriffen einen

[279] (Ehrenberg)-Pisko S. 204 ff.; Binder, Rechtsstellung, S. 32; Garrigues S. 52; Regelsberger S. 12; Ladenburg S. 27; Helle S. 55—56. — v. Gierke § 14 II unterscheidet z. B. Unternehmenskern, Unternehmensvermögen (Sachen und Rechte) und Geschäftsverbindlichkeiten, weil er scheinbar annimmt, daß Vermögen gleich Aktivvermögen sei. So ausdrücklich Daniels S. 21—22, 31, der zwischen Unternehmen (= ideelle Geschäftswerte), Handelsvermögen (Aktiven und Unternehmen) und Handelsgeschäft (Handelsvermögen und Passiven) unterscheidet. — Daß auch nach dem heutigen bürgerlichen Recht das Vermögen die Passiven umfassen kann, dürfte jedoch außer Zweifel bleiben, vgl. ausführlich Gültner S. 3—5; Bruckhuisen S. 56 bis 57. — Daß der Unternehmenskern sich vom Unternehmensvermögen nicht unterscheiden läßt, betont v. Godin S. 7 mit zutreffender Begründung. — Eine ganz andere Frage ist die, ob das Unternehmen als Ganzes als Sondervermögen aufzufassen ist, vgl. unten S. 63 ff.

[280] Vgl. S. 156 ff.

[281] Der Eindruck wird übrigens absichtlich von manchen Autoren erweckt. Der Unternehmenskern ist nach einer Meinung nicht als Vermögen bzw. als Vermögensstück anzusehen, und zwar deswegen, weil er die Chancen umfaßt, die keine Vermögenselemente sein können, so Enneccerus-Nipperdey § 134 II; Bruckhuisen S. 58 f.; Helle S. 28 f.; Sourlas S. 124. — Die Chancen sind oben S. 12 als einer der Gegenstände des Immaterialgüterrechts am Unternehmen bezeichnet; sie sind keine bloße tatsächliche Beziehung, sie sind echte Rechtsgegenstände und deswegen gehören sie auch zum Vermögen, so auch Wieacker S. 59. Dem steht nicht entgegen, daß die Chancen meistens nicht selbständig veräußerbar sind, so Binder S. 222 und passim; vgl. auch Elster, Vermögen, S. 454; a. M.: Sohm S. 543.

festen Inhalt zuzusprechen und danach die Schulden dem einen oder anderen zuzurechnen. Das jeweils erforderliche Mindestmaß läßt sich nur nach den Umständen des Einzelfalles bestimmen[282]. Wenn gewöhnlich die immateriellen Organisationswerte, insbes. die Kennzeichen der Unternehmensindividualität, übertragen werden müssen und dadurch als zum Unternehmenskern gehörig angesehen werden, so braucht dies doch nicht immer der Fall zu sein: man kann sich Fälle vorstellen, in denen die Veräußerung des Unternehmens ohne Firma und sonstige Kennzeichen erfolgen kann, weil z. B. der Wert des Unternehmens auf einer noch nicht durch Namen spezialisierten Ausnutzung eines Patents beruht oder umgekehrt Fälle, in denen die Veräußerung des Unternehmens ohne Passiven einfach undenkbar wäre, z. B. Bank- oder Versicherungsunternehmungen. Die Begriffe Unternehmenskern und Unternehmensvermögen können also nur als leere Begriffe wechselnden Inhalts aufrechterhalten werden, welche die jeweils verschieden liegende Trennungslinie zwischen „Veräußerungsmindestmaß" und sonstigen Unternehmenselementen zum Ausdruck bringen. Als solche stehen diese Begriffe zu den Schulden des Unternehmens nicht in einem festen — positiven oder negativen — Verhältnis.

VII. Die Einbeziehung der Schulden in das Unternehmensganze läßt ein neues Problem der Unternehmensbewertung auftauchen. Es wurde im ersten Kapitel ausgeführt, wie das Organisationsmoment eine Werterhöhung des Unternehmensganzen über den Wert der Einzelelemente hinaus herbeiführt, die man als Unternehmensmehrwert bezeichnet. Daß in diesen Wert jeweils auch die Passiven eingerechnet werden sollen und daß dadurch naturgemäß eine Wertminderung entsteht, dürfte selbstverständlich sein; der Gesamtwert des Unternehmens setzt sich nach dem wie folgt zusammen:

EA	+ OM	— EP
(Einzelaktiven)	(Organisationsmehrwert)	(Einzelpassiven)

Je nach der Höhe der Passiven könnte das Ergebnis eine Aufhebung des Organisationsmehrwerts durch die Passiven oder gar eine Herabsetzung des Gesamtwerts unter den Wert der Summe der Einzelaktiven bedeuten. In diesen Fällen könnte man von einem Unternehmens*minderwert* sprechen, dessen mathematische Formulierung wäre[283]:

$$c > a + b - c$$ [284]

aber

$$c < a + b$$

Besondere Probleme würden aber in keinem dieser beiden Fälle auftauchen, solange die Unternehmensaktiven zur Befriedigung der

[282] Simon S. 121—122.
[283] Einzelaktiven = a, Organisationsmehrwert = b, Einzelpassiven = c.
[284] Einzelmöglichkeiten: $c > a$
$c > b$
$c = a$
$c = b$

Schulden genügen. In diesem Fall gilt in allen Rechtsordnungen, wenn auch unter verschiedenen Voraussetzungen, das Prinzip, daß die Aktiven zur Deckung der Passiven verwendet werden sollen[285].

Anders liegt die Situation, wenn das Unternehmenspassivum das Aktivum übersteigt, d. h. wenn das Unternehmen überschuldet ist. Dann kann man von einem Unternehmens*unwert* sprechen, und ihn formulieren:

$$c > a + b$$

Dann taucht eine besondere Interessenkollision zwischen Gläubiger und Erwerber auf. Es geht um die Beantwortung der Frage: Soll der Erwerber nur beschränkt mit dem Bestand des übernommenen Aktivvermögens oder auch mit seinem Privatvermögen haften? Dieser Interessengegensatz könnte folgenden juristischen Ausdruck finden:

a) der Standpunkt der Gläubiger wäre: der Erwerber hat das Unternehmensganze übernommen, d. h. begriffsgemäß samt Aktiven und Passiven, und zwar samt sämtlichen Passiven. Als Inhaber nun des Unternehmens muß er genau dieselben Pflichten und Schulden tragen wie auch sein Vormann;

b) der Standpunkt des Erwerbers wäre: die Rechtsordnung hat das Recht des Gläubigers verstärkt, quasi verdinglicht, und ihm ermöglicht, sich gegen den Erwerber zu wenden. Sollte nun die Rechtsordnung ihm ein echtes dingliches Recht zugesprochen haben, etwa eine Hypothek am Unternehmen, dann würde er sich nur aus dem hypothekarisch belasteten Gegenstand befriedigen dürfen, in diesem Fall aus dem Unternehmen. Warum sollte der Gläubiger jetzt, wo er kein dingliches Recht hat, eine bessere Stellung einnehmen und das Privatvermögen des Erwerbers angreifen können?

Unten[286] wird gezeigt, wie die verschiedenen Rechtsordnungen zu dieser Frage Stellung genommen haben und welche Folgen diese Stellungnahme für die juristische Konstruktion des verstärkten Gläubigerrechts haben kann. Hier kann nur darauf hingewiesen werden, daß in diesem Fall, ganz abgesehen von der juristischen Argumentation, die Interessen des Erwerbers berechtigter erscheinen. Solange das Unternehmen im Vermögen des Veräußerers war, konnte der Gläubiger sich sowieso nur aus den Unternehmensaktiven befriedigen. Wenn die Veräußerung keinen Nachteil für den Gläubiger herbeiführen darf, so braucht sie ihm andererseits auch nicht Vorteile zu bringen. Zwar könnte der Gläubiger sich auch aus dem Privatvermögen des Veräußerers befriedigen. Das kann er aber immer noch, weil ja alle Rechtsordnungen ein Mitschuldverhältnis zwischen Veräußerer und Erwerber entstehen lassen. Es scheint un-

[285] Als allgemein anerkannt gilt, daß auch da, wo die Rechtsordnung eine Haftungsbeschränkung des Erwerbers auf den Bestand des übernommenen Vermögens vorschreibt, dieses Vermögen nur als Aktivvermögen verstanden werden soll.

[286] Seiten 109, 110—111, 116, 124, 126, 129, 134.

gerechtfertigt, daß sich der Gläubiger dazu auch an das Privatvermögen des Erwerbers halten dürfte[287].

Nach dem Gesagten ist prinzipiell eine Beschränkung der Erwerberhaftung auf den Bestand der übernommenen Aktiven gerechtfertigt. Der Unternehmensunwert darf also dem Privatvermögen des Erwerbers nicht schädlich werden.

VIII. Die Zugehörigkeit der Schulden zum Unternehmensganzen darf als ein sicheres Ergebnis der bisherigen Ausführungen angesehen werden. Es bleibt noch übrig die Auswirkungen dieser Feststellung auf das Problem der juristischen Konstruktion des Unternehmens etwas näher zu betrachten.

Eine vollständige Auseinandersetzung mit der Unzahl der bisher vorgeschlagenen juristischen Konstruktionen des Unternehmens würde über die Ziele dieser Arbeit hinausgehen. Die folgenden Erörterungen können nur auf einer Auswahl beruhen und die Gesichtspunkte, nach denen diese Auswahl vorgenommen ist, sind folgende:

a) die Hauptaufgabe, die der juristischen Konstruktion des Unternehmens gestellt wird, ist, seiner wirtschaftlichen Einheit einen Ausdruck zu geben; in dieser Richtung erscheint die Sache als der Idealtyp des einheitlichen Gegenstandes, und zunächst wird jene Theorie nachgeprüft, die das Unternehmen als Sache ansehen möchte;

b) wenn man von dem Ergebnis ausgeht, daß ein Unternehmen begriffsmäßig Rechte und Pflichten umfaßt, so denkt man sogleich an eine andere juristische Erscheinung, die es ermöglicht, einen Träger von Rechten und Pflichten außer dem Menschen anzuerkennen; diese Erscheinung ist die juristische Person;

c) vom gleichen Ergebnis der Zugehörigkeit des Passiven zum Unternehmensganzen ausgehend, kann man auf den — übrigens verbreiteten — Gedanken kommen, das Unternehmen als Sondervermögen oder allgemeiner als universitas juris anzusehen;

d) im ersten Kapitel ist die Meinung vertreten worden, das Unternehmen sei als Immaterialgut zu betrachten; zum Schluß der jetzigen Erörterungen wird nachzuprüfen sein, ob und wie diese rechtskonstruktive Auffassung mit der Zugehörigkeit der Passiven zum Unternehmen zu vereinbaren ist.

IX. Das Streben nach einer möglichst starken Betonung der Unternehmenseinheit hat zu der Theorie geführt, das Unternehmen sei als Sache anzuerkennen[288]. Diese Theorie könnte für das

[287] Dem würde die entgegengesetzte Meinung einwenden, daß der Erwerber nicht nur das bestehende Aktivvermögen übernommen hat, sondern auch die Erwerbsgelegenheit, die ein Unternehmen darstellt und welche durch die Gewinne sein Privatvermögen vermehren wird bzw. vermehrt hat. Vgl. Helle S. 56. — Diese Argumentation trifft deswegen nicht zu, weil sie übersieht, daß diese eventuelle künftige günstige Entwicklung schon im Unternehmen durch die Mitrechnung des Organisationsmehrwerts mitgerechnet worden ist.

[288] So Oppikofer S. 137; v. Gierke § 15 IV 6 a, der von einer deutschrechtlichen Erweiterung des Sachbegriffs spricht, der aber gleichzeitig das Unternehmen als ein (wiederum) „deutschrechtliches“ Sondervermögen ansieht, S. 66. Carnelutti S. 45 mit der Bemerkung, die corpora ex distantibus seien auch Sachen.

geltende Recht leicht durch einen Hinweis auf den § 90 BGB abgelehnt werden[289]. Denn auch wenn man die Sachgesamtheit juristisch als Sache behandelt wissen wollte[290], so würde damit die Einheit des Unternehmens nur Sachen umfassen können[291]: die unkörperlichen Gegenstände, welche für die Unternehmenseinheit am wichtigsten sind, die Immaterialgüter, die Schulden und die Forderungen würden dann außerhalb der angestrebten Einheit bleiben[292]. Das Ziel also dieser Theorie, nämlich die juristisch-konstruktive Begründung der Unternehmenseinheit, kann auf dem Weg der Anerkennung des Unternehmens als Sache nicht erreicht werden; vielmehr würde diese Theorie unter dem geltenden Sachbegriff zu einer unheilbaren Trennung der Unternehmenselemente in körperliche und unkörperliche führen.

Trotz ihrer offenbaren Unhaltbarkeit wurde diese Theorie deswegen besonders erwähnt, weil sie den Anlaß zur Erörterung einer weiteren Frage gibt, welche für die Begründung der Haftung des Unternehmenserwerbers bedeutend sein könnte. Es ist nämlich im ersten Kapitel[293] gesagt worden, daß der Kreditgeber eines Unternehmens deswegen geschützt werden sollte, weil er das Unternehmen als besonderes Haftungsobjekt angesehen hat, anders ausgedrückt, weil das Dasein des Unternehmens maßgeblich für seine Kreditgewährung gewesen ist. Nun könnte man einwenden: warum sollte dieser Satz nur im Falle einer Kreditgewährung „angesichts“ des Unternehmens gelten, und nicht auch dann, wenn die Kreditgewährung „angesichts“ eines anderen Vermögensgegenstandes, z. B. einer Sache, erfolgt ist. Denn es ist tatsächlich so, daß der eventuelle Kreditgeber nicht nur durch das Vorhandensein eines Unternehmens, sondern auch durch das Vorhandensein eines anderen wertvollen Gegenstandes, etwa eines Grundstücks oder einer Kunstsammlung usw., zur Kreditgewährung veranlaßt sein kann. Wenn diese psychologischen Gesichtspunkte immer rechtliche Folgen auslösen sollten, dann würde der Erwerber jedes einigermaßen wertvollen Gegenstandes für die Schulden seines Vorgängers haften, oder doch wenigstens dann, wenn der betreffende Kredit irgendwie auf die Sache verwendet worden ist. Woran liegt der Grund einer unterschiedlichen Behandlung zwischen Unternehmen und sonstigen Vermögensgegenständen?

Die Antwort ergibt sich ohne weiteres aus dem bisher Gesagten und braucht hier nur kurz zusammengefaßt zu werden:

a) der erste Grund für diese unterschiedliche Behandlung ist ein faktischer: die Sache ist ihrem Wesen nach kein kreditbedürftiger Gegenstand; auch wenn sie ihren Inhaber zur Kreditaufnahme „ver-

[289] Ähnlich griech. ZGB Art. 947.
[290] Dagegen Staudinger-Riezler Vorbem. 12 zum § 90; Balis S. 392.
[291] Mit Recht erwähnen Staudinger-Riezler Vorbem. 12 zum § 90 als Hauptbeispiel für eine Sachgesamtheit das Warenlager, was aber keineswegs mit dem Unternehmen identisch ist.
[292] Sakellaropoulos S. 2—3.
[293] Oben S. 33.

anlaßt", etwa um Reparaturen vorzunehmen, ist ihre Beziehung zum Kredit eine zufällige. Es gibt keine Sache, deren Innehabung wesensgemäß Kredit erfordert bzw. Schulden verursacht; beim Unternehmen dagegen sieht die Situation anders aus: der Unternehmensinhaber ist gezwungen, Kredit aufzunehmen und Verbindlichkeiten einzugehen. Die Befriedigung dieses Bedürfnisses muß ihm erleichtert werden. Das erfolgt auch durch die Berücksichtigung aller Sicherheitsinteressen und aller für die Kreditgewährung bestimmenden Erwägungen seines Kreditgebers seitens der Rechtsordnung.

b) der zweite Grund ist ein besonders wirtschaftlicher: wie dargestellt, ist die besondere Sicherheitsform, die in der Haftung des Unternehmenserwerbers besteht, deswegen bei der Kreditgewährung an einem Unternehmen erforderlich, weil die sonst vorhandenen Sicherungsformen nicht die Nutzbarmachung des Unternehmensmehrwerts in befriedigender Weise erlauben; bei den Sachen dagegen ist ein ähnliches Bedürfnis nicht vorhanden, weil sie eben keinen Mehrwert aufweisen;

c) der dritte Grund ist ein rechtskonstruktiver: Durch die bisherigen Ausführungen wurde der Nachweis versucht, daß die Schulden zu einem Bestandteil des Unternehmensganzen werden, und deswegen müssen sie in irgendeiner Weise auf den Erwerber mit dem Unternehmen übergehen; man könnte dagegen unmöglich von einer Sache behaupten, daß die „angesichts" derselben begründeten Schulden zu einem Bestandteil der Sache werden.

X. Wenn die Ansicht, das Unternehmen sei als Sache aufzufassen, schon deswegen abgelehnt werden muß, weil sie der Zugehörigkeit der Passiven zum Unternehmensganzen keine Rechnung trägt, so ist den Theorien viel größere Beachtung zu schenken, welche die Einbeziehung der Passiven ermöglichen.

Eine ältere — wohl die erste — dieser Theorien ist diejenige, die das Unternehmen als besonderes Rechtssubjekt, als eine juristische Person aufzufassen versucht[294]. Die Einheit des Unternehmens drückt sich durch die Einheit des Rechtssubjekts aus, welches Träger der zum Unternehmen gehörenden Rechte und Pflichten ist. Die Person des Unternehmers spielt dabei eine untergeordnete Rolle, er ist ein Organ

---

[294] In dieser Richtung schon ein Urteil der Leipziger Fakultät vom Jahre 1781, abgedruckt bei Schweitzer, questionum forensium de firma mercatorum specimen (Lipsiae, 1803), zit. nach Hassenpflug S. 62 Anm. 4 und ausdrücklich das Kur-Hessische Oberappellationsgericht „wenn eine Handlung unter einer gewissen Firma betrieben wird, diese selbst als das eigentliche Rechts-Subjekt hinsichtlich aller Namen der Handlung eingegangenen Rechtsgeschäfte angesehen ist". Theoretische Begründung zunächst bei Hassenpflug S. 62—66 unter Berufung auf recht zweifelhafte Zitate aus der römischen und spätmittelalterlichen Rechtsliteratur. Ähnlich Tabor: Beitrag zur rechtlichen Erörterung der Verbindlichkeiten., welche aus dem Eintritt in eine bestehende Handlungsfirma entspringen; besonders hinsichtlich der schon vor dem Eintritt auf derselben gelastet habenden Schulden, Frankfurt a. M. 1926 (zit. nach „Themis" Bd. I, S. 67 ff.). — Diese Theorie, heute in Deutschland allgemein abgelehnt, findet zuletzt eine Wiederbelebung in Frankreich; so sprechen sich dafür Valery S. 236—242, 269—280; Savatier S. 72; Grunzweig, passim, aus.

des Unternehmens, „der erste Diener im Geschäft"[295]. In dem Falle, der hier besonders interessiert, nämlich im Fall der Unternehmensveräußerung, bleiben die Schulden am Unternehmen haften. Der Erwerber muß sie tilgen, nur weil er nunmehr das Organ des Unternehmens geworden ist.

Die Theorie der Rechtspersönlichkeit des Unternehmens tritt in verschiedenen Formen auf: entweder wird das Unternehmen schlechthin als Rechtssubjekt angesehen[296] oder aber nur dann, wenn es unter einer Firma betrieben wird[297], oder die Firma wird selbst als juristische Person betrachtet[298], oder schließlich wird ein Unterschied zwischen dem Geschäftshaus (maison de commerce) und dem Geschäftsvermögen (fonds de commerce) gemacht, wobei nur das erste als juristische Person anerkannt wird[299].

In allen diesen Gestaltungen aber ist die Rechtspersönlichkeitstheorie entschieden abzulehnen[300]. Zunächst ist gegen diese Auffassung festzustellen, daß alle Rechtsordnungen durch besondere Vorschriften die Entstehung einer juristischen Person regeln und sie an bestimmte Bedingungen knüpfen. Hier steht man vor einer Rechtsfigur, deren Verwendung nicht der absoluten formlosen Willensfreiheit der Interessierten preisgegeben wird[301]. Die Existenz einer Rechtspersönlichkeit ebenso wie die eines dinglichen Rechts interssiert die Öffentlichkeit. Das positive Recht bekennt sich daher mehr oder minder zum Prinzip des numerus clausus der juristischen Personen, und jedenfalls schreibt es wenigstens eine gewisse Publizität[302] als Voraussetzung ihrer Entstehung vor[303].

[295] Mommsen S. 210.

[296] Savatier S. 72.

[297] Hassenpflug S. 62ff.

[298] So z. B. die oben zitierte Entscheidung des Kur-Hessischen Oberappelations-Gerichts; Mommsen (unklar) S. 210; Grunzweig passim, insb. 274, 5—6. — Zu dieser Auffassung (ablehnend) Simon S. 138—142.

[299] Valery S. 236ff.

[300] So auch Sakellaropoulos S. 8—9; (Ehrenberg)-Pisko S. 209; Simon S. 110 bis 114. — Vgl. auch die überzeugende Argumentation von Regelsberger S. 12—13.

[301] Escarra Nr. 470.

[302] Die Bedeutung dieses Publizitätsmoments für die Anerkennung einer juristischen Person kann am deutlichsten durch ein Beispiel aus dem griechischen Recht nachgewiesen werden. Jahrelang war es eine Streitfrage, ob die offene Handelsgesellschaft und die Kommanditgesellschaft nach griechischem Recht als juristische Personen angesehen werden sollten. Schon vor dem Inkrafttreten des griechischen ZGB (1946) hatte sich die Meinung durchgesetzt, daß diese Handelsgesellschaften deswegen als juristische Personen anzusehen waren, weil sie Publizitätsformen unterlagen. Das griechische ZGB hat diese Meinung bestätigt und dementsprechend die Streitigkeit beseitigt, indem es im Art. 784, S. 1 (dem letzten Artikel des Kapitels über die Gesellschaft des bürgerlichen Rechts) vorschreibt: „Die Gesellschaft dieses Kapitels, soweit sie einen wirtschaftlichen Zweck verfolgt, erlangt die juristische Persönlichkeit, wenn sie die dazu für die offenen Handelsgesellschaften vorgeschriebenen Publizitätsbedingungen erfüllt hat."

[303] Vgl. BGB §§ 21, 22, 80, EGBGB Art. 10. Dazu Lehmann § 60 II 6. Weiter AktG § 28, GmbHG 9, 7, GenG 99, 11ff. — Entsprechend griech. ZGB Art. 78 (Verein), 108 (Stiftung), 122 (Sammlungskomitees), 784 (bürgerlich rechtliche Gesellschaft) usw.; schweizerisches ZGB Art. 52, 61, 81.

Es würde eine faktische Beseitigung dieser Grundsätze bedeuten, wenn man dem Unternehmen die Rechtspersönlichkeit zusprechen würde. Denn unsere Wirtschaftsordnung beruht grundsätzlich immer noch auf dem Prinzip der Unternehmensfreiheit, und danach würde jeder, der ein Unternehmen begründet, damit auch eine juristische Person begründen, was offenbar gegen den diese Materie beherrschenden gesetzgeberischen Geist verstoßen würde.

Man könnte weiter eine Fülle von Argumenten erwähnen, die zeigen würden, wie diese Trennung zwischen zwei Rechtssubjekten, nämlich dem Unternehmen und dem Unternehmer, der allgemeinen Struktur unserer Rechtsordnung nach, zu unmöglichen Ergebnissen führen würde. Einige dieser Argumente sind unten bei der Erörterung der Sondervermögenstheorie zu erwähnen; denn die beiden Theorien haben vieles, insbesondere die Trennung zweier Vermögensmassen, gemeinsam. Hier dürften nur diejenigen Argumente erwähnt werden, die sich gegen die durch die Anerkennung zweier Rechtssubjekte besonders ausgeprägte Trennung der Vermögensmassen richten.

Will man zwei Rechtssubjekte anerkennen, so muß eine gewisse Rechtsbeziehung zwischen den beiden vorhanden sein, damit das eine als Organ des anderen auftreten kann[304]. Sollte man vielleicht zwischen Unternehmen und Unternehmer einen Auftrag oder ein Dienstverhältnis annehmen? Und wie würde sich der rechtsgeschäftliche Wille des Unternehmens geäußert haben, der zur Begründung dieser Rechtsbeziehung geführt hat, wenn nicht durch die Willenserklärung des Unternehmers selbst? Und weiter: sind Rechtsgeschäfte zwischen diesen beiden Rechtssubjekten als möglich anzusehen? Wäre der Übergang eines Vermögensgegenstandes vom Unternehmens- zum Unternehmervermögen oder umgekehrt etwa als Veräußerung zu behandeln, womöglich auch in steuerrechtlicher Hinsicht?

Die Anerkennung der Rechtspersönlichkeit des Unternehmens würde die Trennung zwischen den beiden Vermögensmassen noch schärfer machen, als sie bei der Sondervermögenstheorie ist. Die Geschäftsgläubiger würden keinen Zugriff auf das Privatvermögen des Unternehmers, die Privatgläubiger keinen Zugriff auf das Unternehmen haben, eine Folge, welche unserer Rechtsordnung vollkommen fremd ist. Und es wäre eine allzu gekünstelte Konstruktion, wenn man sagen würde, das Unternehmen und der Unternehmer sind als gegenseitige Bürgen anzusehen[305].

Diese Bedenken dürften schon genügen, um die Rechtspersönlichkeitstheorie abzulehnen. Dazu kommt aber die Überlegung, daß der Begriff der Rechtspersönlichkeit überhaupt heute in der Rechtswissenschaft scharf kritisiert wird[306]. Die juristische Person ist eigentlich nichts mehr als eine aus dem primitiven Anthropomorphismus herstammende Fiktion, die nur das verständlich machen will, daß es

[304] Das verkennt völlig Grunzweig S. 286 f.
[305] Anders Grunzweig S. 153. Vgl. auch Mommsen S. 218.

Vermögen gibt, die nicht den allgemeinen Lebenszwecken eines bestimmten Menschen, sondern anderen besonderen Zwecken eines oder mehrerer Menschen dienen sollten[307]. In der heutigen Rechtswissenschaft ist die Tendenz zu beobachten, den Rechtspersönlichkeitsbegriff durch den Begriff des Zweckvermögens zu ersetzen. Dieser Tendenz entsprechend, spricht die modernere Rechtslehre nicht mehr von Unternehmen als einer juristischen Person, sondern vom Unternehmen als einem Sonder- bzw. Zweckvermögen.

XI. Während die Konstruktion der Rechtspersönlichkeit der Unternehmenseinheit einen scharfen und fest umrissenen, wenn auch unzutreffenden juristischen Ausdruck gibt, hat die Konstruktion des Sondervermögens eine viel größere Elastizität, aber auch Unbestimmtheit[308]. Vielleicht ist gerade diese viel zu große Elastizität ihr größter Nachteil.

Wie das römische Recht nur besondere Formen von „universitas juris"[309] kannte, kennt auch das heutige bürgerliche Recht keinen allgemeinen Begriff des Sondervermögens[310]. Das BGB sieht nur in verschiedenen Fällen (Kindervermögen, Vermögen in familienrechtlichen Beziehungen, Nachlaß[311]) eine rechtlich erhebliche Trennung zwischen zwei Vermögensmassen vor, welche rechtskonstruktiv als derselben Person zustehend angesehen werden, während sie ihrem wirtschaftlichen Zweck nach nicht bloß der Befriedigung der Privatzwecke dieser Person dienen sollen[312]. Aus diesen verschieden gearteten Fällen versucht man den allgemeinen Begriff des Sondervermögens herauszubilden, und je nachdem, ob man viele oder wenigere Merkmale als begriffsnotwendig betrachtet, kommt man zum Ergebnis, das Unternehmen sei ein Sondervermögen oder es sei keins,

[306] Vgl. Meszleny, passim; Philonenko im Vorwort zu Grunzweig S. X ff.

[307] Vgl. Gültner S. 15, 21; Elster S. 526.

[308] Ghidini, Il registro, S. 79.

[309] Ob überhaupt die Unterscheidung zwischen universitas juris und universitas facti begründet ist, mag hier dahingestellt bleiben. Vgl. Müllenbruch, passim, insbes. S. 372—373, 351; Carnelutti S. 41; Ghidini S. 184 f. — Die Romanisten zählen zu den universitates juris hauptsächlich das peculium, die hereditas und die dos, woher auch unsere heutigen Hauptfälle des Sondervermögens herkommen. Vgl. über die heutigen Fälle mit Belegen, Gültner S. 20—21.

[310] Das Wort selbst wie übrigens auch die gleichbedeutenden Ausdrücke Sondergut und Zweckvermögen sind dem BGB fremd, vgl. Kussmann S. 149.

[311] Dazu kommen natürlich die im HGB geregelten Fälle des Gesellschaftsvermögens bei einer OHG oder einer KG.

[312] Nach Brecher S. 111 liegt die Änderung nicht im Zweck, sondern darin, daß „zwei (oder mehrere) Subjektkreise sich überschneiden". — Auch nach griechischem Recht gibt es keinen Grund, von einem Prinzip der Vermögenseinheit zu sprechen und deswegen den Sondervermögensbegriff abzulehnen, vgl. Karawas S. 488; Ripert Nr. 240, 452. — Wenigstens die Fälle der Art. 1406 ff., 1923, 1942 ff. griech. ZGB und 278, 525 ff. griech. HGB setzen ein Sondervermögen voraus, vgl. Petropoulos S. 435 Anm. 1. — Auch in Frankreich, wo die Theorie der sog. unité du patrimoine auf Grund des Art. 732 und 2091—2094 des Code civil geboren ist, wird heute scharf kritisiert, vgl. Philomenko, Vorwort zu Grunzweig S. XII—XXV. A. M.: Escarra Nr. 470.

wenn man nicht den Ausweg vorzieht, das Unternehmen sei ein Sondervermögen sui generis.

In Wirklichkeit sind aber alle Sondervermögen sui generis. Und merkwürdigerweise sind gerade die Selbständigkeitsmerkmale, auf welche man den Sondervermögenscharakter des Unternehmens aufzubauen versucht, bei den anderen, bei den sozusagen typischen Sondervermögen nicht zu finden. Für diesen Sondervermögenscharakter sollten sprechen[313]: der eigene Sitz des Unternehmens[314], die eigene Buchführung[315], die Firma und das Warenzeichen[316], die Tatsache, daß die Rechtsgeschäfte nicht durch die Auflösung des Unternehmens beendet werden[317] und eine entsprechende deutschrechtliche Tradition[318]. Aber davon abgesehen, daß manche von diesen Selbständigkeitsmerkmalen gar keine sind[319], ist doch zu bemerken, daß man unmöglich vom eigenen Sitz, von der eigenen Buchführung, von der Firma usw. des Kindervermögens oder des Gesamtgutes der Eheleute oder des Nachlasses sprechen könnte.

Andererseits sind die Merkmale, die gewöhnlich bei manchen sonstigen Sondervermögen vorkommen, beim Unternehmen nicht zu finden. So könnte z. B. das Prinzip der dinglichen Surrogation nicht auf das Unternehmen Anwendung finden, und zwar deswegen, weil das Unternehmen nicht unabhängig von allen seinen Bestandteilen ist, so daß sie frei ersetzbar wären. Während das Vermögen auch aus ganz neuen Bestandteilen zusammengesetzt weiter bestehen würde, hätte das Unternehmen seine Individualität verloren, wenn es z. B. in neuen Gebäuden, unter neuer Firma mit neuen Geschäftsbeziehungen ein neues Patent ausnutzen würde! Weiter bestehen angesichts des Unternehmens nicht die bei anderen Sondervermögen gewöhnlich auftretenden Beschränkungen des Inhabers hinsichtlich der Nutzung oder der Verfügung oder der Verwaltung[320].

Die bisherige Erörterung könnte schon zum Ergebnis führen, dem Unternehmen sei die Sondervermögenseigenschaft abzusprechen[321]. Das Hauptargument aber, welches gegen die Sonder-

---

[313] Gültner S. 47—49; vgl. Cosack S. 66.

[314] HGB § 29, KO § 71, 238; VerglO § 2; ZPO § 21; BGB § 268; WG § 78.

[315] HGB §§ 38 ff.

[316] HGB § 18; WarenzG § 1.

[317] Cosack S. 66.

[318] Vgl. auch Bruckhuisen S. 53.

[319] Der Sitz z. B. ist nicht der Sitz des Unternehmens, sondern der kaufmännische Sitz des Unternehmers, ebenso wie die Firma nicht der Name des Unternehmens, sondern, nach ausdrücklicher Gesetzesbestimmung (HGB § 17) der Geschäftsname des Kaufmanns. Das Warenzeichen individualisiert die Ware, nicht direkt das Unternehmen.

[320] Vgl. Helle S. 25—27.

[321] So ablehnend R. Goldschmidt S. 9; Isay S. 138 Anm. 1; Enneccerus-Nipperdey § 134 II; Ripert Nr. 240; Karawas S. 488; Domke S. 25; Friedrich S. 26; Morel S. 195; Ihde S. 32; Bruckhuisen S. 65; Helle S. 25 ff., 60; (Ehrenberg)-Pisko S. 206; Simon S. 114—118; Regelsberger S. 14 ff. — Gegen die Sondervermögenstheorie sind auch andere Argumente gerichtet worden, die allerdings nicht als zutreffend bezeichnet werden können. So haben z. B. Enneccerus-Nipperdey § 134 II; Balis S. 399; Bruckhuisen S. 58 f.; Helle S. 28 f. behauptet, das Unter-

vermögenstheorie gerichtet wird und zu der Folge führt, daß die Abgrenzung des Unternehmens vom übrigen Vermögen seines Inhabers keine rechtliche ist, sondern einfach eine tatsächliche, ist, daß es keine rechtliche Trennung zwischen den beiden Vermögensmassen angesichts der Schuldenhaftung, keine Sonderexekution und keinen Sonderkonkurs gibt[322]. Die Geschäftsgläubiger haben auf das Privatvermögen Zugriff, genau so wie auch die Privatgläubiger auf das Unternehmen Zugriff haben.

Dieses letzte Argument, welches wegen seines Zusammenhangs mit dem Problem der Schuldenhaftung hier besonders interessiert, führt zu einer merkwürdigen Folge, indem es die Abhängigkeit der Konstruktionsfrage von der positivrechtlichen Regelung der Haftung für die Unternehmensschulden zeigt. In manchen Rechtsordnungen ist es nämlich so, daß die Unternehmensgläubiger — allerdings nur in einem besonderen Fall — sich nur aus dem Unternehmens-, nicht dagegen aus dem Privatvermögen des Unternehmensinhabers befriedigen können. Dies ist in Österreich und in Griechenland[323] der Fall, wo bei Unternehmensveräußerung das Recht der Gläubiger zwar gegen den Erwerber wirkt, aber dann nur beschränkt bis zur Höhe des Werts des übernommenen Unternehmens[324]. In diesen Rechtsordnungen und in diesem Fall erlangt das Unternehmen eine juristische Selbständigkeit in Beziehung zum übrigen Vermögen des Unternehmensinhabers (-erwerbers), die es erlauben könnte, das Unternehmen als ein eventuelles Sondervermögen anzusprechen, dessen Sondervermögenseigenschaft sich erst im Moment der Veräußerung verwirklicht und dann auch nur beschränkt[325].

nehmen könne deswegen kein Sondervermögen sein, weil es auch immaterielle Werte mitumfaßt, die nicht zum Vermögensbegriff gehören können. Wenn man aber diese immateriellen Werte als Rechte, und zwar Immaterialgüterrechte, auffaßt, ist nicht einzusehen, warum sie nicht zum Vermögen gehören können. Unzutreffend ist auch das Argument, es gäbe keine spezielle Zweckbestimmung des Unternehmens, die es zum Sondervermögen werden lassen würde (Friedrich S. 26) oder daß es einen Grundunterschied zwischen der Zweckbestimmung des Unternehmens und der des Sondervermögens insofern gibt, als das erstere mittelbar durch die Ermöglichung der gewerblichen Tätigkeit, das letztere unmittelbar die Sonderzwecke befriedigen (so Helle S. 25). Zwar hat das Unternehmen vom Standpunkt seines Inhabers einen subjektiv bedingten und mittelbar zu erfüllenden Privatzweck, vom Standpunkt aber der Gesamtwirtschaft aus dient es einem sozialen rechtlich erheblichen Sonderzweck, nämlich der Produktion. Ebenso unzutreffend dürfte die Argumentation sein, die darauf aufbaut, daß zwischen Unternehmen und sonstigem Vermögen des Unternehmers keine Rechtsbeziehungen möglich sind, so Friedrich S. 26. Das braucht auch nicht bei den sonstigen Sondervermögen der Fall zu sein.

[322] So insbesondere Domke S. 25; Friedrich S. 26; Helle S. 27; R. Goldschmidt S. 9.

[323] Auch, aber nicht so eindeutig, in Frankreich, vgl. unten S. 124.

[324] Siehe unten S. 126, 134.

[325] Die Verwirklichung der Sondervermögenseigenschaft im Moment der Veräußerung deuten R. Goldschmidt S. 9 und Ghidini S. 191 an. Gewöhnlich begnügt man sich mit der Feststellung, das Unternehmen sei nur beschränkt als Sondervermögen aufzufassen, so v. Ohmeyer S. 23 f.; Cosack S. 65—66; Heymann S. 33; Gültner S. 50, oder es handele sich um ein eigenartiges Sondervermögen, Bruckhuisen S. 65; v. Gierke § 14 III; v. Gierke, Handelsunternehmen, S. 9.

In Deutschland wird eine Beschränkung der Befriedigung der Unternehmensgläubiger auf das Unternehmen in den §§ 25 ff. HGB nicht vorgesehen. Die Streitfrage geht dahin, ob der § 419 BGB auf die Übernahme eines Unternehmens anzuwenden ist. Diese Frage aber darf nicht nach begriffsjuristischen Gesichtspunkten beantwortet werden, die Lösung darf also nicht davon abhängig gemacht werden, ob das Unternehmen als Sondervermögen anzusehen ist oder nicht. Vielmehr muß die Frage direkt nach Zweckmäßigkeitsgesichtspunkten, durch eine Nachprüfung der Interessenlage ihre Lösung finden, und dann wird von dieser praktischen Lösung aus auch die Frage beantwortet werden müssen, ob das Unternehmen ein eventuelles und beschränktes Sondervermögen ist oder nicht[326].

Soviel zur Sondervermögensauffassung des Unternehmens. Es bleibt nun noch übrig, ein Wort zu den begrifflichen Beziehungen zwischen Vermögen überhaupt und Unternehmen zu sagen. Wenn man das Vermögen als die Gesamtheit der Rechtsgegenstände bezeichnet, die zur Befriedigung der allgemeinen Lebenszwecke einer Person bestimmt sind[327], so dürfte schon auf der Hand liegen, daß das Unternehmen sich dadurch vom Vermögen unterscheiden läßt, daß das erstere nicht nur den allgemeinen Lebenszwecken einer Person, sondern auch dem besonderen sozialen Produktionszweck dient[328]. Was insbesondere die Schulden betrifft, so liegt ein weiterer Unterschied zwischen Unternehmen und Vermögen vor: zwar kann der Vermögensbegriff in unserer Rechtsordnung so verstanden werden, daß er auch die Passiven umfaßt[329], das hat jedoch nur zur Folge, daß die Schulden ein möglicher Bestandteil des Vermögens sind. Anders beim Unternehmen, wo die Schulden ein nötiger Bestandteil desselben sind.

In diesem Zusammenhang dürfte die Tatsache nicht irreführen, daß oft der Gesetzgeber selbst eine Gleichbehandlung des Vermögens und des Unternehmens vorschreibt oder sie überhaupt auf dieselbe Ebene stellt[330]. Diese Gleichbehandlung, die sich aus praktischen Gesichtspunkten als zweckmäßig erweist und die für jedes dieser beiden Objekte eine verschiedene rechtskonstruktive Grundlage hat,

[326] Nach solchen Gesichtspunkten wird die Frage der Anwendbarkeit des § 419 BGB auf die Unternehmensveräußerung unten S. 128 ff. nachgeprüft.

[327] Die traditionelle Definition des Vermögens stellt auf den einheitlichen Träger der verschiedenen Rechtsgegenstände ab, vgl. Sohm S. 204; Elster, Vermögen, S. 454 und S. 526; Oppikofer S. 86; Daniels S. 14; Helle S. 24; Brecher S. 105 f.; Rammos S. 27; — wie im Text Gültner S. 15.

[328] Vgl. die Bemerkungen Brechers S. 112 f.

[329] Als Gesamtvermögen im Gegensatz zum Aktivvermögen und zum Differenzvermögen, Daniels S. 15—16; Lemke S. 10—11; Rammos S. 27; Gültner S. 3—5; Balis S. 395; Petropoulos S. 435 Anm. 1, wo auch Ausführungen über den römischen Vermögensbegriff. — Vgl. die kultur- und wirtschaftsgeschichtlichen Bemerkungen Brechers S. 109.

[330] So z. B. ZPO § 729; griech. ZGB Art. 479; österr. ABGB § 1409; in den zwei letzten Fällen wird die Haftung des Erwerbers bei der Übernahme eines „Vermögens oder Unternehmens" geregelt.

dürfte keine wesensmäßige Gleichstellung bedeuten. Eher könnte man von einer begrifflichen Gegenüberstellung sprechen, die auch dadurch zum Ausdruck kommt, daß der Gesetzgeber den einen neben dem anderen Begriff erwähnt.

XII. Im ersten Kapitel[331] ist die Meinung verfochten worden, das Unternehmen sei als Immaterialgut aufzufassen. Es bleibt zu erörtern, ob diese Auffassung sich mit der Ansicht vereinbaren läßt, wonach auch die Schulden als Bestandteil des Unternehmensganzen anzusehen sind.

Die bejahende Antwort ist schon im ersten Kapitel angedeutet worden, indem dort zwischen den verschiedenen Verwirklichungsarten des eigentlichen Immaterialgutes, der ursprünglichen organisatorischen Idee unterschieden wurde: Im Gegensatz zur Konkretisierung und zur Verkörperung des Immaterialgutes ist die Vergegenständlichung desselben dazu gedacht, die dinglichen oder obligatorischen Rechte und Pflichten als Bestandteil des Unternehmens zu decken. Nun aber wird die Frage direkt gestellt: Kann man sagen, daß das Dasein einer Schuld als ein Ausfluß des organisatorischen unternehmerischen Gedankens angesehen werden muß?

Die Frage muß ohne weiteres bejaht werden. Jedes Element des Unternehmensganzen, auch eine leicht ersetzbare Sache geringeren Wertes, wird nur infolge einer Überlegung in das Unternehmen eingegliedert, welche eigentlich nur eine Weiterführung und eine Spezialisierung der ursprünglichen organisatorischen Idee darstellt. Dasselbe gilt auch von den Schulden. Ob überhaupt oder jetzt oder unter gewissen Bedingungen Kredit aufgenommen, ob ein synallagmatischer Vertrag abgeschlossen, ob ein Arbeitnehmer angestellt, ob eine Dauerlieferungsverbindlichkeit angenommen werden muß, — das sind Fragen, in deren Lösung sich die organisatorische Idee, ja selbst das Unternehmensgenie zu verwirklichen hat. Eine Schuld kann die gute Organisation, überhaupt den Erfolg eines Unternehmens in sich schließen, vergegenständlichen und beweisen.

Übrigens ist diese Einzelbetrachtungsweise angesichts der organisierten Unternehmenseinheit nicht sehr glücklich. Es dürfte nicht darauf ankommen, ob jede Schuld eine wirkliche nachweisbare Vergegenständlichung des Immaterialgutes darstellt, sondern die Antwort müßte vielmehr darauf beruhen, daß das Immaterialgut am engsten mit der unteilbaren Einheit des Unternehmens verbunden ist, daß es alle Elemente dieser Einheit durchdringt und sich durch dieselben verwirklicht. Die Unternehmenseinheit aber umfaßt auch die Schulden, ohne welche sie wirkungslos wäre. Das dürfte genügen, um zu sagen: das an der Unternehmenseinheit haftende Immaterialgut umfaßt alle Elemente des Unternehmens, also auch die Passiven.

[331] S. 9ff.

Zweiter Teil:
Die positivrechtlichen Lösungen

Drittes Kapitel
Abgrenzung des Problemkreises

I. Die bisherigen Erörterungen haben zu dem grundsätzlichen Ergebnis geführt, daß die Unternehmensschulden einen Bestandteil des Unternehmensganzen darstellen. Wenn man nun den Geltungsbereich dieses Grundsatzes genauer feststellen will, so muß man möglichst scharf zwischen dem Innen- und dem Außenverhältnis unterscheiden[332], wobei unter Innenverhältnis das Verhältnis zwischen Unternehmensveräußerer und Unternehmenserwerber, unter Außenverhältnis das Verhältnis zwischen diesen Vertragsparteien und dem Gläubiger verstanden werden. Es ist nämlich so, daß aus besonderen (unten näher zu erörternden) positivrechtlichen Gründen der Grundsatz der Zugehörigkeit der Passiven zum Unternehmensganzen nicht ohne weiteres im Außenverhältnis gelten kann.

Im Innenverhältnis dagegen übt dieser Grundsatz seine volle Wirkung aus. Hier braucht keine besondere Rücksicht auf die Interessenlage der Dritten genommen zu werden, und dies hat zur praktischen Folge, daß im Falle einer Unternehmensveräußerung prinzipiell auch die Schulden als mitveräußert gelten. Zwar ist die Schuldübernahme kein essentiale negotii des Veräußerungsrechtsgeschäfts, und deswegen kann sie von den Parteien ausgeschlossen werden; ist aber keine besondere Vereinbarung darüber getroffen worden, so muß die Auslegung des Rechtsgeschäfts auf die begriffsmäßige[333] Zusammensetzung des Unternehmensganzen zurückgreifen und danach den Mitübergang der Passiven auf den Unternehmenserwerber annehmen[334].

---

[332] Ihde S. 107 f.; Wolff S. 257; Krug S. 6; Cosack S. 67, 70; Friedrich S. 10; Enneccerus-Nipperdey § 134 V; Würdinger Anm. 20 zu § 22, Anm. 2 zu § 25; Ladenburg S. 29.

[333] Dies dürfte nicht als begriffsjuristische Begründung angesehen werden, denn die begriffliche Zugehörigkeit der Passiven zum Unternehmensganzen ist erst nach einer Nachprüfung der damit zusammenhängenden Interessenlage anerkannt worden.

[334] Cosack S. 67; Bruckhuisen S. 34—35, 67—68; Sakellaropoulos S. 64; Ladenburg S. 30; vgl. Oppikofer, Unternehmen, S. 30, 31.

Dieses Ergebnis ist indessen nicht allgemein anerkannt. Die entgegengesetzte Meinung, die behauptet, es wäre immer eine Auslegungsfrage, und eine Vermutung wäre hier gesetzlich nicht begründet[335], verkennt das Wesen des Unternehmens. Denn das Unternehmen als organisierte Produktionseinheit besteht ja zum großen Teil aus Forderungen und Schulden. Wenn die Parteien einen Ausdruck gebrauchen, welcher diese Produktionseinheit als Ganzes bezeichnet, so ist nicht einzusehen, weswegen eine Einschränkung angenommen werden sollte, die nicht vereinbart worden ist. Die Möglichkeit einer Auslegung der Veräußerungsgeschäfte besteht natürlich fort, aber nur in dem Sinne, daß derjenige, der behauptet, die Passiven wären in diesem Fall nicht mitübernommen, es beweisen und die Vermutung widerlegen muß[336].

Die hier vertretene Meinung findet auch im Wortlaut des Gesetzes eine Stütze. In § 25 II HGB wird vorgeschrieben, daß der Erwerber, der seine Haftung den Gläubigern gegenüber ausschließen will, sich nur auf eine im Handelsregister eingetragene und bekanntgemachte oder den Dritten mitgeteilte „abweichende Vereinbarung“ berufen kann. Es handelt sich hier um eine im Innenverhältnis entstehende Vereinbarung, die als Grundlage der nach außen wirkenden Publizität angesehen wird. Es genügt nun nach dem Wortlaut des Gesetzes nicht, daß im Innenverhältnis die Übernahme der Passiven nicht vereinbart ist[337]. Das Gesetz verlangt vielmehr eine positive abweichende Vereinbarung, d. h. eine Vereinbarung der Nichtübernahme der Passiven. Die bloße Nichtvereinbarung wäre nicht als ein im Innenverhältnis geltender Ausschlußgrund der Passivenübernahme anzunehmen[338].

Dieser im Innenverhältnis geltende Grundsatz der Mitveräußerung der Passiven im Falle einer Unternehmensveräußerung muß prinzipiell von der Haftung des Erwerbers den Gläubigern gegenüber scharf getrennt werden. Diese Trennung und überhaupt die Unterscheidung zwischen Innen- und Außenverhältnis können verschiedene praktische Folgen haben:

---

[335] Krug S. 6; Ihde S. 17 f.; Wolff S. 257 f.; Müller-Erzbach S. 79; (Ehrenberg)-Pisko S. 223; Würdinger Anm. 20 zu § 22.

[336] Zu diesem Beweis, aber auch nur dazu, können auch die von Domke S. 56—57 erwähnten Gesichtspunkte (Kaufpreis, Übernahme der Aktiven) nutzbar gemacht werden. — Auf das Kennen oder Kennenmüssen des Erwerbers (vgl. Adler S. 22—23; Domke S. 58; Friedrich S. 11) kommt es aber nicht an; der Erwerber hat das Unternehmensganze und damit auch die Schulden ohne weiteres erworben und erwerben wollen; er kann jetzt nicht sagen, daß er die Existenz gewisser Bestandteile des von ihm erworbenen Objekts nicht gekannt hat. Eine andere Frage ist seine Rücktrittsmöglichkeit wegen Rechtsmängel, die aber mit seinem Einstehenmüssen im Außenverhältnis zusammenhängt, vgl. oben S. 37 Anm. 201.

[337] Schon aus registerrechtlichen Gründen wäre eine solche „negative Tatsache“, eine Nichtvereinbarung nicht als eintragungsfähig anzusehen, vgl. Ehrenberg I S. 530; Würdinger Anm. 20 zu § 25.

[338] Wolff S. 260 Anm. 3 hat diese Bedeutung des Wortlauts des § 25 II HGB eingesehen, will jedoch den Fall der Nichtvereinbarung der Schuldübernahme gleichbehandeln.

a) es kann vorkommen, daß der Erwerber im Innenverhältnis für die Unternehmensschulden haftet, im Außenverhältnis aber nicht[339];

b) umgekehrt kann es vorkommen, daß der Erwerber seine Haftung im Innenverhältnis vertraglich ausgeschlossen hat, während er nach außen doch haftet, sei es deswegen, weil der Ausschluß der Haftung nach außen unzulässig ist[340], sei es deswegen, weil die Formalitäten des Ausschlusses nach außen nicht erfüllt worden sind[341];

c) weiter kann es vorkommen, daß der Erwerber im Innenverhältnis weitergehend haftet als im Außenverhältnis[342];

d) endlich kann es vorkommen, daß der Erwerber im Außenverhältnis weitergehend haftet als im Innenverhältnis[343].

Wenn der Unternehmenserwerber auf Grund seiner Haftung nach außen die Unternehmensschulden tilgt[344], obwohl er im Innenverhältnis nicht dafür einzustehen hatte, bzw. wenn er mehr tilgt als das, was er im Innenverhältnis tilgen mußte, dann hat er einen Ausgleichsanspruch gegen den Unternehmensveräußerer[345]. Dieser Anspruch wird auf ungerechtfertigter Bereicherung des Veräußerers beruhen[346].

II. Anders als im Innenverhältnis gilt der Grundsatz der Mitveräußerung der Passiven nicht ohne weiteres im Außenverhältnis. Hier greift die Gesetzgebung ein und bestimmt die Voraussetzungen, den Umfang und die sonstigen Modalitäten der Erwerberhaftung. Diese Haftung erscheint nicht mehr als eine einfach normale Folge des Unternehmenswesens[347], sie ist vielmehr eine rechtlich vor-

[339] Das kann in den Rechtsordnungen der Fall sein, die einen Ausschluß der Erwerberhaftung nach außen zulassen, so z. B. in Deutschland § 25 II HGB, vgl. Friedrich S. 10, aber auch unten S. 77—78.

[340] So z. B. im griechischen (ZGB Art. 479) und im österreichischen (ABGB Art. 1409) Recht.

[341] HGB § 25 II.

[342] So wenn die Rechtsordnung eine Beschränkung der Haftung nach außen vorsieht (griech. ZGB Art. 479, österr. ABGB Art. 1409).

[343] Erster Fall: wenn die Haftung im Innenverhältnis teilweise ausgeschlossen worden ist. Zweiter Fall — ein juristisches Kuriosum: wenn der Erwerber im Außenverhältnis auch für die Privatschulden des Veräußerers haftbar gemacht wird, die nach der Vermutung des § 344 II HGB als Geschäftsschulden zu gelten haben, während eine solche Vermutung für das Innenverhältnis nicht existiert, vgl. Wolff S. 256, und unten S. 183.

[344] Vor der Tilgung kann er vom Veräußerer Deckung beanspruchen, Ihde S. 107, 108.

[345] Würdinger Anm. 2 zu § 25.

[346] Wolff S. 265. — Auch Geschäftsführung ohne Auftrag könnte u. U. in Frage kommen. — Der Erwerber und der Veräußerer sind zwar gewöhnlich Gesamtschuldner, der § 426 I 1 BGB kommt jedoch nicht zur Anwendung; so auch Wolff S. 265 Anm. 51, „ein anderes" ist eben durch die im Innenverhältnis wirkende abweichende Vereinbarung bestimmt. — Wenn nichts vereinbart worden ist, dann hat der Erwerber-Gesamtschuldner überhaupt keinen Anspruch, weil dann die Übernahme der Passiven als vereinbart gilt.

[347] Aus diesem Grund wird auch in den meisten Rechtsordnungen die Haftung des Erwerbers für die Passiven besonders erwähnt, ohne daß man daraus entnehmen darf, solche Vorschriften beweisen, daß der Gesetzgeber die Passiven nicht

geschriebene und geregelte Folge desselben. Man könnte drei Gründe erwähnen, die dieses Eingreifen des Gesetzgebers veranlaßt haben:

a) die alte römische, dogmatisch bedingte Tradition des Mißtrauens gegen einen Personenwechsel innerhalb des obligatorischen Verhältnisses, des vinculum juris[348], ist in der modernen Zeit nicht spurlos verschwunden und hat, was die passive Seite des Schuldverhältnisses anbetrifft, eine rationale Begründung gefunden: dem Gläubiger kann nicht ohne seine Mitwirkung ein neuer, eventuell insolventer Schuldner aufgedrängt werden. Die Schuldübernahme kann aber als eine kumulative ausgestaltet werden. In diesem Fall verursacht sie für den Gläubiger gar keinen Nachteil. Im Gegenteil ist die Veräußerung gewisser Gegenstände, insbesondere eines Unternehmens ohne Mitveräußerung der Passiven, für die Gläubiger besonders nachteilig. Alle diese Erwägungen haben jedoch nicht dazu geführt, in den älteren Gesetzgebungswerken das ursprüngliche Mißtrauen gegen jede Veräußerung der Passiven und die damit zusammenhängenden technisch-juristischen Schwierigkeiten völlig zu überwinden[349]. Die Gesetzgeber wollten wenigstens diese Anomalie der Mitveräußerung der Passiven selbst regeln;

b) einem weiteren Grund, der mit dem ersten eng zusammenhängt, dürfte noch größere Bedeutung zukommen: sollte nämlich die Passivenveräußerung einfach als natürliche Folge der Unternehmensveräußerung gelten, dann würde sie eine vollkommene Übertragung der Passiven auf den Erwerber und dementsprechend auch eine völlige Entlastung des Veräußerers bedeuten. Ebenso wie der Veräußerer dem veräußerten Unternehmen fremd wird, würde er auch den mitveräußerten Schulden fremd werden, wenn diese zwei Gegenstände einfach auf dieselbe Ebene gestellt wären. Hier greift

---

als Bestandteil des Unternehmens angesehen hat. (A. M.: Sourlas S. 124; vgl. auch unten S. 106 f.)

[348] Jörs-Kunkel-Wenger § 126; Petropoulos, S. 978. — Daß dieses Mißtrauen trotz der dogmatischen Schwierigkeit schon im römischen Recht teilweise praktisch überwunden war, und zwar durch die novatio oder durch die mit der litis contestatio entstehenden novatio necessaria, vgl. Jörs-Kunkel-Wenger § 128, 1; Petropoulos, S. 978 ff. — Übrigens waren im römischen Recht auch andere Formen für eine Schuldnernachfolge möglich, so z. B. durch pactum in favorem tertii (und zwar eventuell unter der Bedingung des Abschlusses eines pactum de non peteredo zwischen Urschuldner und Gläubiger) oder durch eine auf prozessuale Stellvertretung gerichtete „Erfüllungsübernahme“ und nachfolgende cessio der daraus entstehenden actio gegen ein pactum de non petendo, vgl. K. Adler S. 2—3.

[349] Vgl. Grunzweig S. 18. — Die Entwicklungstendenz geht deutlich dahin, die Schuldübernahme als normale Erscheinung anzusehen. Was den Fall z. B. der Unternehmensveräußerung betrifft, so war die Mitveräußerung der Passiven in der älteren Gesetzgebung bis zum Ende des XIX. Jahrhunderts (ALR, Code Civil, Code de Commerce, AGBG, ADHGB, Codice Civile) völlig unbekannt, sie entwickelte sich durch Gewohnheitsrecht, sie erscheint zunächst zögernd im HGB und sie bestätigt sich durch das französische Gesetz von 1909, die schweizerische Gesetzesänderung von 1911, die österreichische Teilnovelle von 1916, das italienische Zivilgesetzbuch von 1942 bis zum griech. ZGB von 1946 in zunehmendem Maße. Für die letzteren Gesetzgebungen trifft der im Text angegebene Grund eigentlich nicht mehr zu: sie bezeugen gar keine Bedenken gegen die Mitveräußerung der Passiven.

der Gesetzgeber ein, um den kumulativen Charakter der Schuldübernahme, d. h. die weitere (Mit)haftung des Veräußerers vorzuschreiben;

c) noch wichtiger ist jedoch der dritte Grund des gesetzgeberischen Eingreifens. Die im Innenverhältnis anzunehmende Mitveräußerung der Passiven enthält zwar eine Auslegung der Parteiwillen, aber keine Beschränkung der Vertragsfreiheit der Parteien: wenn sie wollen, können sie jederzeit diese Mitveräußerung durch abweichende Vereinbarung ausschließen. Eine solche Funktion, eine vom Parteiwillen abhängige Geltung der Passivenveräußerung könnte keineswegs den Belangen des Kreditverkehrs gerecht werden. Wenn dem Gläubiger Sicherheit gewährt werden soll, dann muß die Haftung des Unternehmenserwerbers eine zwingende sein. Dazu aber ist eine Gesetzesvorschrift nötig, die die Vertragsfreiheit beseitigt und abweichende Vereinbarungen ausschließt. Zwar sind nicht alle Rechtsordnungen so weit gegangen und manche begnügen sich mit einer Erschwerung, insbesondere durch Publizitätsvorschriften der eventuellen abweichenden Vereinbarungen. Aber auch in diesem letzten Fall war die gesetzgeberische Regelung ebenso nötig.

Angesichts des ersten Grundes könnte man sagen, der Gesetzgeber erblicke in der Mitveräußerung der Passiven eine Ausnahme, und dies könnte für die älteren Gesetzgebungen stimmen. Heute aber nimmt der dritte Grund ständig an Bedeutung zu, während der erste immer mehr durch die Entwicklungstendenz beseitigt wird. Dieser dritte Grund, der im Einklang mit dem Wesen des Unternehmens und mit der im Innenverhältnis angenommenen Lösung steht, besagt zweifelsohne, daß der Gesetzgeber prinzipiell auch die nach außen wirkende Mitveräußerung der Passiven im Falle der Unternehmensveräußerung als den Regelfall ansieht, den er durch zwingende Vorschriften zu bestätigen versucht.

III. In den beiden vorausgegangenen Paragraphen dieses Kapitels ist die Trennung zwischen dem Innen- und dem Außenverhältnis dargelegt worden. Die im Innenverhältnis angenommene prinzipielle Mitveräußerung der Passiven hat aber auch für das Außenverhältnis unter Umständen eine Bedeutung[350]. Diese Eventualität einer Auswirkung des Innenverhältnisses auf das Außenverhältnis wird im folgenden genauer nachgeprüft. Vorausgreifend kann man schon jetzt alle diese Fälle unter dem Satz zusammenfassen: für alle Fälle, in denen die Rechtsordnung den nach außen wirkenden Übergang der Passiven von der Existenz einer Parteivereinbarung abhängig macht, soll bereits eine solche Vereinbarung als in der Unternehmensveräußerung enthalten angesehen werden[351]. Die konkrete Ausgestaltung dieses Satzes hängt von den verschiedenen positivrechtlichen Regelungen der betreffenden Fälle ab.

---

[350] In einem anderen Zusammenhang erörtert Sieg insb. S. 85 ff. und passim dasselbe Problem.

[351] Bruckhuisen S. 67—68.

a) Nach der im deutschen geltenden Recht angenommenen Konstruktion der Schuldübernahme[352] kann die im Unternehmensveräußerungsvertrag enthaltene Erfüllungsübernahme[353] leicht zu einer Schuldübernahme, und zwar zu einer privativen, umgewandelt werden[354]. Der Schuldner (Unternehmensveräußerer) und der Dritte (Unternehmenserwerber) haben schon durch den Unternehmensveräußerungsvertrag eine Schuldübernahme vereinbart, einfach deswegen, weil sie nichts Abweichendes vereinbart haben. Damit nun der Dritte auch nach außen hin, d. h. direkt den Gläubigern gegenüber, haftet, ist seine Mitwirkung nicht mehr erforderlich. Der interessierte Schuldner kann dem Gläubiger diese interne Schuldübernahme (Erfüllungsübernahme) selbst mitteilen; wenn der Gläubiger sie genehmigt, dann erlangt die vermutlich vereinbarte Erfüllungsübernahme eine Wirkung nach außen: der Schuldner wird befreit, während der Gläubiger nunmehr den Dritten in Anspruch nehmen kann. Bemerkenswert ist dabei, daß die direkte Haftung des Unternehmenserwerbers nach außen in diesem Fall nur auf seinem Unternehmenserwerb beruht und keine andere Handlung seinerseits erfordert.

Dieser Vorgang wird allerdings nicht besonders häufig sein. Der Gläubiger wird meistens seine Genehmigung verweigern, zumal sie zu einer Befreiung des alten Schuldners führt (privative Schuldübernahme). Allerdings dürfte der Fall nicht undenkbar sein, in dem der Gläubiger tatsächlich ein Interesse daran hat, den Dritten direkt in Anspruch nehmen zu können[355].

Die dem § 415 BGB zugrunde gelegte Konstruktion der Schuldübernahme ist seit jeher stark kritisiert worden[356], insbesondere deswegen, weil der Abschluß des Vertrages zwischen Schuldner und Dritten mit dem Erfordernis einer Genehmigung des Gläubigers und die damit zusammenhängende Schwebezeit zu unüberwindbaren dogmatischen Schwierigkeiten führen. Selbst das BGB hat diesem Typ der Schuldübernahme keine alleinige Geltung zugesprochen, sondern in § 414 in Anlehnung an die römisch-rechtliche expromissio eine Schuldübernahme durch Vertrag zwischen Gläubiger und

---

[352] BGB § 414 ff.; der hier behandelte Fall beruht auf dem § 415.

[353] Die nur im Innenverhältnis geltende Veräußerung der Schuld wird in der Rechtslehre Erfüllungsübernahme genannt, vgl. Hedemann, Schuldrecht, § 29 I b; denselben Tatbestand sollen auch die weniger gebräuchlichen Ausdrücke „subjektiver Schuldübergang" (vgl. Ihde S. 17; Krug S. 6), „Befreiungsversprechen" (vgl. v. Tuhr-Siegwart § 99 I 2) decken.

[354] Es wird nirgendwo im Gesetz verlangt, daß die Parteien bei dem ausdrücklichen oder stillschweigenden Abschluß dieses Erfüllungsübernahmevertrages die Absicht gehabt haben sollten, diese Erfüllungsmaßnahme könne zu einer echten Schuldübernahme umgewandelt werden. — Vgl. Würdinger Anm. 24 zu § 22; anders Palandt Bem. 1 zu § 415.

[355] Wenn der Dritte die Firma nicht fortführt, ist der Gläubiger auf § 415 BGB hingewiesen, falls er einen Anspruch gegen den Dritten erwerben will; sonst haftet der Dritte auf Grund des § 25 HGB.

[356] Schon K. Adler, passim; vgl. Heck, Schuldrecht § 73, 1 ff.; Esser § 186; Palandt Anm. 1 zu § 415.

Schuldner anerkannt[357]. Andere, neuere Gesetzgebungen, wie z. B. das schweizerische OR (Art. 176) und das griechische ZGB (Art. 471) haben nur diesen letzteren Typ der Schuldübernahme aufgenommen[358].

Unter einer solchen gesetzlichen Regelung kommt der Unternehmensveräußerung nicht die Wirkung nach außen zu, welche im deutschen Recht auftritt. Die im Veräußerungsvertrag enthaltene Erfüllungsübernahme kann nicht durch eine bloße Genehmigung des Gläubigers, und zwar ohne Mitwirkung des Übernehmers zu einer Schuldübernahme umgewandelt werden. Hier bedarf es vielmehr eines neuen Vertrages, auf dem dann die Schuldübernahme beruht, und für dessen Wirksamkeit das Vorhandensein eines Unternehmensveräußerungsvertrages oder gar überhaupt einer Erfüllungsübernahme völlig gleichgültig ist. Die Wirkung also des Passivenübergangs den Gläubigern gegenüber kann nicht als ein Ausfluß des internen Verhältnisses betrachtet werden.

b) Man könnte auch auf einem anderen Weg versuchen, der internen Schuldübernahme eine Wirkung nach außen zukommen zu lassen, nämlich über die Rechtsfigur des Vertrages zugunsten eines Dritten[359]. Wenn der Unternehmenserwerber sich — wenn auch nur stillschweigend — verpflichtet, die Schulden des Unternehmensveräußerers zu tilgen, so könnte man annehmen, daß der Parteiwille dahin ging, dem Gläubiger einen direkten Anspruch gegen den Erwerber einzuräumen[360]. Eine solche Auslegung des Parteiwillens wäre auch deswegen begründet, weil einer der Gründe, die den Übergang der Schulden so wichtig für die Erhaltung der Unternehmenseinheit machen, der ist, daß dadurch der Erwerber die alten Beziehungen zu den Gläubigern fortsetzen kann[361]. Die Fortsetzung der Beziehungen aber setzt eben ein direktes Rechtsverhältnis zwischen Gläubiger und Erwerber voraus, welches also im Parteiwillen enthalten sein sollte.

Es ist selbstverständlich, daß die Parteien eine Leistung an den Dritten vereinbaren können. Hier handelt es sich aber darum, ob die Unternehmensveräußerung an sich ohne irgendeine zusätzliche Vereinbarung genügen könnte, damit der angenommenen stillschweigenden Passivübernahme eine Wirkung auf das Außenverhält-

---

357 Vgl. K. Adler, passim. — Zu betonen ist es aber, daß diese „expromissio" des § 414 BGB sich dadurch scharf von der römischrechtlichen unterscheidet, daß sie keine novatio herbeiführt: die Identität der Schuld bleibt dieselbe wie vorher, trotz des Schuldnerwechsels, vgl. Jörs-Künkel-Wenger § 124, 1.

358 Im schweizerischen Recht (OR Art. 176 II) wird es vorgesehen, daß die Mitteilung der internen Schuldübernahme an den Gläubiger als Vertragsofferte angesehen werden soll: das ändert jedoch nichts an der Natur der Sache, zumal diese Mitteilung nur vom Übernehmer erfolgen kann, während der Schuldner nur auf Grund einer Vollmacht dahin handeln darf. Ob eine ähnliche Konstruktion für das deutsche Recht möglich ist, mag dahingestellt bleiben.

359 BGB §§ 328 ff.

360 Grunzweig S. 101

361 Ihde S. 83.

nis zukommt. Aus den oben hinsichtlich der Erhaltung der Unternehmenseinheit erwähnten Gründen ist man geneigt, die Frage zu bejahen und mangels jeglicher Vereinbarung einen entsprechenden Parteiwillen anzunehmen[362]. Danach wäre im Unternehmensveräußerungsvertrag auch ein Vertrag zugunsten Dritter enthalten. Der hier behandelte Fall läßt sich praktisch nur dadurch vom Falle des § 415 BGB unterscheiden, daß in jenem eine kumulative, keine privative Schuldübernahme entstehen würde[363].

Dem steht keineswegs der § 329 des BGB entgegen, welcher vorschreibt, im Zweifel sei kein unmittelbares Recht des Gläubigers gegen den Dritten anzunehmen, und zwar

aa) weil dieser Paragraph kein Auslegungsverbot[364] enthält bzw. nicht die ausdrückliche Vereinbarung des unmittelbaren Rechts des Gläubigers verlangt; was diese Bestimmung verbieten will, ist nur, daß man, wenn sich aus der Vertragsauslegung kein Parteiwille feststellen läßt, dann („im Zweifel") etwa aus der Rechtsnatur des Vertrages zugunsten eines Dritten das direkte Anspruchsrecht des Gläubigers entnimmt. Im Falle aber der Unternehmensveräußerung läßt sich der dahingehende Parteiwille annehmen[365], und insofern besteht kein „Zweifel"[366];

bb) Übrigens ist der § 329 BGB überhaupt nur dann anzuwenden, wenn keine Erfüllungsübernahme stattgefunden hat („ohne die Schuld zu übernehmen"), d. h. wenn der neue Schuldner sich einfach verpflichtet hat, an den Gläubiger seines Gläubigers zu leisten, ohne daß diese Leistung direkt dem Zweck dient, die Schuld des alten Schuldners zu tilgen[367]. Wie aber aus den vorangegangenen Ausführungen hervorgeht, enthält die Unternehmensveräußerung keinen solchen Vertrag zugunsten Dritter, sondern eine qualifizierte Erfüllungsübernahme, eine Verpflichtung des Erwerbers, die Unternehmensschulden zu tilgen[368].

c) Eine dritte, jedoch geringere Auswirkungsmöglichkeit des Innen- auf das Außenverhältnis läßt sich in den Rechtsordnungen feststellen, welche die action oblique des Gläubigers gegen den

[362] So Ihde S. 83. Anderer Meinung Cosack S. 70; Geller S. 179—180.

[363] Enneccerus-Lehmann § 84 IV 2 a, b. Rechtskonstruktiv gesehen gibt es allerdings auch einen weiteren Unterschied zwischen den beiden Fällen: bei dem Vertrag zugunsten eines Dritten wird nicht die alte Forderung (d. h. die Forderung des Veräußerers gegen den Erwerber auf Tilgung der Schuld) auf den Dritten übertragen, sondern entsteht ein neuer Anspruch des Dritten.

[364] Ähnlich Hedemann, Schuldrecht, § 112 III b.

[365] Vgl. auch Palandt Anm. 1 b zu § 329.

[366] Ähnlich im schweiz. Recht (OR Art. 112 II) „wenn es die Willensmeinung der beiden Andern war, oder wenn es der Übung entspricht", und im französischen Recht (Cid. civ. Art. 1121) „... à moins que le contraire ne soit exprimé ou ne résulte de la nature de la convention". — Vgl. auch Heck, Schuldrecht, § 49,3.

[367] Vgl. Planck-Siber Anm. 1 zum § 329; Oertmann Anm. 2 zum § 329.

[368] Der Art. 478 des griech. ZGB, der sonst eine wörtliche Übersetzung des § 329 BGB ist, hat das zweite Element des Tatbestandes („ohne die Schuld zu übernehmen") wegfallen lassen. Das Ergebnis wäre jedoch deswegen nicht anders, weil der unter a) genannte Grund sowieso gilt.

Schuldner seines Schuldners anerkennen. Das ist zwar in Deutschland nicht der Fall[369], wohl aber z. B. in Frankreich und in Griechenland.

Die französische Regelung dieses Falles, welche für manche Rechtsordnungen als Vorbild gedient hat, hat ihren Niederschlag im Cod. civ. Art. 1166 gefunden: „. . . die Gläubiger können alle Rechte und Klagen ihres Schuldners geltend machen mit Ausnahme derjenigen, die ausschließlich an der Person haften“[370]. Diese Vorschrift setzt einfach voraus, daß der Schuldner einen Anspruch gegen seinen eigenen Schuldner hat. Das ist aber immer bei einer Erfüllungsübernahme der Fall, sei es, daß sie direkt vereinbart worden ist, sei es, daß sie als im Unternehmensveräußerungsvertrag miteinbegriffen gilt. Im Falle einer Unternehmensveräußerung und sofern nichts Abweichendes vereinbart worden ist, hat also die interne Schuldübernahme auf diesem Wege wiederum eine Wirkung nach außen: der Gläubiger kann sich auf sie berufen und gegen den Unternehmenserwerber Klage erheben[371].

Die praktische Bedeutung aber des Art. 1166 Cod. civ. darf in diesem Fall wie überhaupt keineswegs überschätzt werden[372]. Die action oblique ist nichts mehr als eine mesure conservatoire, die die Verringerung der Haftungsgrundlage verhindern und die eigentliche Vollstreckung vorbereiten soll. Die Beschränktheit ihrer Anwendung und ihrer Wirkung tritt besonders deutlich in folgenden Punkten hervor:

aa) es muß immer geprüft werden, ob der Kläger ein Interesse an der Geltendmachung des Rechts seines Schuldners hat, was insbesondere dann verneint wird, wenn dieser zahlungsfähig ist oder sein Vermögen mit Sorgfalt verwaltet[373];

[369]) Dafür ZPO §§ 829 ff., die die Pfändung einer Geldforderung regeln, wodurch der Gläubiger entweder ein Pfändungspfandrecht an der Forderung erwirbt oder die Forderung überwiesen bekommt, §§ 835 ff., vgl. Jonas-Pohle Anm. zu den betreffenden §§. — Die Regelung läßt keine Auswirkung auf die hier behandelten Probleme zu. Denn der Unternehmensveräußerer hat wegen der Unternehmensschulden keine Geldforderung gegen den Erwerber; er kann nur verlangen, daß der Erwerber seine Schulden tilgt, er kann also nur auf ein Tun klagen.

[370] Ähnlich griech. ZPO Art. 1025. „Jeder Gläubiger hat das Recht . . . im Namen seines Schuldners alle Rechte desselben geltend zu machen, insbesondere die ihm zustehenden Hypotheken eintragen zu lassen und dergleichen mehr, soweit solche Handlungen zur Sicherung, Erhaltung oder Befriedigung seiner eigenen Ansprüche beitragen können.“

[371] Es wäre einfach falsch, wenn man behaupten würde (so Ihde S. 76), der Unternehmenserwerber haftet nach französischem Recht dem Gläubiger gegenüber auf Grund des Art. 2093 Cod. civ. auch dann, wenn er keine Haftung im Innenverhältnis trägt. Die Haftung des Unternehmenserwerbers ist in besonderen Gesetzen geregelt, der Art. 2093 Cod. civ. hat damit nichts zu tun. Er besagt nur, „das Vermögen des Schuldners ist das gemeinsame Pfand seiner Gläubiger“; wenn das Unternehmen veräußert wird, dann gehört es nicht mehr zum Vermögen des Schuldners und das Pfand des Art. 2093 Cod. civ. enthält kein Verfolgungsrecht.

[372] Wahl S. 18.

[373] Wahl S. 16. — Zum Gedanken des Rechtsschutzbedürfnisses überhaupt nach deutschem Recht s. Schmidt S. 37—38 und die dort angegebene Literatur.

bb) der Gläubiger erwirbt durch die Erhebung der action oblique keinerlei Vorzugsrecht am geltendgemachten Anspruch. Sie hat nur zur Folge, daß eine Leistung in das Vermögen des Schuldners erbracht wird, welche dann zur Befriedigung aller Gläubiger dienen kann. Auch im Konkurs des Schuldners hat der Kläger keine bessere Stellung[374].

IV. Die vorstehenden Ausführungen sollten nur beweisen, daß der prinzipiell im Innenverhältnis ohne besondere Vereinbarung anzunehmende Übergang der Passiven auf den Erwerber eines Unternehmens nicht ohne Auswirkungen auf das Außenverhältnis zwischen Erwerber und Gläubiger verbleibt. Dieses Ergebnis ist allerdings von beschränkter praktischer Bedeutung, und zwar

a) weil die Wirkung nach außen doch in den meisten Fällen durch zwingende Vorschriften geregelt wird, so daß sich der Gläubiger eigentlich nicht auf das Innenverhältnis zu berufen braucht. Als Ausnahmefälle, in denen der Gläubiger auf das Innenverhältnis angewiesen ist, könnten zwei hier in Betracht kommen:

aa) Wenn die Erwerberhaftung nach außen gesetzlich beschränkt ist, während die Haftung im Innenverhältnis unbeschränkt geblieben ist[375]. Dann kann sich der Gläubiger über die hier angeführten Rechtsfiguren auf die Haftung im Innenverhältnis berufen und die volle Tilgung seiner Forderung verlangen[376].

bb) Wenn man annehmen würde, daß die Vertragsparteien die nach außen gesetzliche Haftung des Erwerbers ausschließen könnten[377], obwohl er im Innenverhältnis kraft Vereinbarung oder mangels abweichender Vereinbarung doch verpflichtet ist, die Schulden zu tilgen. Dann wäre der Gläubiger darauf angewiesen, sich auf die im Innenverhältnis fortbestehende Haftung zu berufen. Die juristische Zulässigkeit eines solchen Falles ist aber abzulehnen[378]: es gibt gar keinen Grund, diese Ausschlußmöglichkeit durch die Auslegung zu erweitern, und schon aus dieser Erwägung, die der Interessenlage Rechnung zu tragen versucht, muß man zum Ergebnis

[374] Wahl S. 18. — Anders natürlich bei der action directe, die scharf von der action oblique getrennt bleiben muß. — Anders auch im Falle einer subrogation judiciaire in das Klagerecht des Schuldners, deren Anerkennung aber im französischen Recht zweifelhaft ist, vgl. Wahl S. 19 und passim.

[375] Vgl. oben S. 70 Anm. 343.

[376] So im Ergebnis Michailidis-Nouaros Anm. 16 zum Art. 479, der allerdings eine besondere Vereinbarung für die Annahme einer Erfüllungsübernahme verlangt.

[377] Z. B. auf Grund des § 25 II HGB. — Übrigens ist diese im deutschen Recht anerkannte Ausschlußmöglichkeit ein einzelner Fall unter den hier betrachteten Rechtsordnungen; in Frankreich, Griechenland, Österreich und Italien ist der Haftungsausschluß gesetzlich unzulässig, während in der Schweiz das Problem anders aussieht, da die Haftung nach außen dort immer auf dem Innenverhältnis beruht.

[378] Die Frage dreht sich um die Bedeutung der Worte „abweichende Vereinbarung" in § 25 II HGB. Kann die Vereinbarung nur von dem in § 25 I HGB vorgeschriebenen Grundsatz der nach außen gesetzlichen Haftung des Erwerbers abweichen, oder muß sie auch von dem als Regelfall anzusehenden Prinzip der stillschweigenden internen Haftung abweichen? Oben S. 69 ist die zweite Ansicht verfochten worden.

kommen, der Ausschluß der Haftung nach außen setzt einen durch abweichende Vereinbarung erfolgenden Ausschluß der Haftung im Innenverhältnis.

b) weil dem Innenverhältnis in seiner heutigen Ausgestaltung insofern prinzipiell eine geringere Bedeutung zukommt, als es immer von dem Parteiwillen abhängig ist. Wenn die Haftung des Unternehmenserwerbers für die Unternehmensschulden ein Mittel zur Sicherung der Unternehmensgläubiger sein soll, dann muß sie kraft zwingender Gesetzesvorschrift erfolgen und nicht dem guten Willen der Vertragschließenden überlassen bleiben.

Das haben alle modernen Rechtsordnungen eingesehen, und dementsprechend haben sie auch eine teilweise Verdinglichung des Forderungsrechts des Unternehmensgläubigers durchgeführt, welche eben zur Folge hat, daß die Haftung des Unternehmenserwerbers kraft Gesetzes eintritt. In den nachstehenden Ausführungen dieser Arbeit wird versucht, die jeweilige juristische Ausgestaltung, insbesondere den jeweiligen Grad dieser Verdinglichung in den verschiedenen Rechtsordnungen festzustellen, und dabei wird gezeigt, wie eine ständige Entwicklung die verschiedenen typischen Merkmale des absoluten Rechts dem Forderungsrecht des Unternehmensgläubigers beigefügt hat. Schon jetzt aber dürfte der Problemkreis, der die folgenden Ausführungen beschäftigen wird, klar sein: Hier interessiert die kraft Gesetzes eintretende Haftung des Unternehmenserwerbers dem Unternehmensgläubiger gegenüber.

V. Eine weitere Einschränkung des in den nachstehenden Ausführungen zu behandelnden Problemkreises ergibt sich dadurch, daß nur der Normalfall der Unternehmensschulden, nicht dagegen die besonders geregelten oder sonst Besonderheiten aufweisenden erörtert werden soll. Solche Besonderheiten können entweder auf dem Rechtsgrund der Schuld oder zugleich auf ihrem Rechtsgrund und auf ihrem Gegenstand beruhen. Hier werden die wichtigsten von diesen besonders gearteten Schulden kurz betrachtet, eben weil sie in den nächsten Kapiteln nicht wieder in Betracht kommen.

a) Wichtige Besonderheiten kann die Schuld aufweisen, die nicht allein im Rechtsleben steht, sondern als Teil eines s y n a l l a g m a t i s c h e n V e r t r a g e s[379] auftritt. Mit ihr sind dann nicht nur die aktive Seite desselben Rechtsverhältnisses, sondern auch die oft wichtigsten im Rechtsverhältnis enthaltenen unselbständigen Gestaltungsrechte eng gebunden. Wie wirkt sich diese Besonderheit angesichts des Übergangs der Schulden auf den Unternehmenserwerber aus?

[379] Hier wird wiederum der synallagmatische Vertrag überhaupt betrachtet. Besonders geartete Formen desselben siehe unten S. 82 ff.

[380] Es wird hier vom Fall ausgegangen, in dem der synallagmatische Vertrag bei der Veräußerung des Unternehmens noch von keiner Seite erfüllt worden ist. Wenn die eine Seite schon gehörig geleistet hat, dann bleibt vom synallagmatischen Vertrag entweder eine Forderung oder eine Schuld über — allerdings auch die dazu gehörigen Gestaltungsrechte. Auf die diese letzteren betreffenden Einzelprobleme kann hier nicht eingegangen werden.

Und überhaupt inwiefern wird die Regelung des Personenwechsels im synallagmatischen Vertrag dadurch beeinflußt, daß dieser Personenwechsel als Folge der Unternehmensveräußerung erscheint[380]?

Prinzipiell nimmt die Rechtsordnung eine ablehnende Haltung der Übernahme eines ganzen synallagmatischen Vertrages uno actu gegenüber ein. Praktisch wird jedoch ein wirtschaftlich ähnliches Ergebnis ermöglicht: der in das Rechtsverhältnis Eintretende erwirbt die Forderung (wie er es ja ohne weiteres kann) und übernimmt die Schuld entweder durch privative oder durch bloße kumulative Schuldübernahme, je nachdem, ob der Gläubiger zustimmt oder nicht[381]. Das Wichtige ist, daß im Falle einer solchen Abtretung — und — Übernahme auch die unselbständigen Gestaltungsrechte auf den Erwerber übergehen bzw. gegen ihn wirken[382].

Die erste Besonderheit, die diese Regelung im Falle der Unternehmensveräußerung erfährt, dürfte sich eigentlich aus den vorangegangenen Ausführungen ergeben; es braucht keine besondere Vereinbarung zwischen Veräußerer und Erwerber über diese Abtretung — und — Übernahme stattzufinden, eine solche Vereinbarung ist vielmehr schon im Veräußerungsvertrag enthalten[383]. Das ist schon oben für die Schuldübernahme (im Innenverhältnis) nachgewiesen worden; das muß um so mehr für die Forderungen gelten, die ebenso Bestandteil des Unternehmensganzen sind, und bei denen keine Schwierigkeiten im Zusammenhang zu der Haltung des Dritten bestehen. Im Falle einer Unternehmensveräußerung und mangels besonderer Vereinbarung kann der Erwerber also die Erfüllung des synallagmatischen Vertrages verlangen, während er für seine Pflichtseite in Anspruch genommen werden kann[384].

Viel wichtiger ist eine zweite Besonderheit der Vertragsübernahme bei einer Unternehmensveräußerung, die dadurch entsteht, daß in manchen Rechtsordnungen[385] die Forderungsabtretung immer von den Parteien vertraglich ausgeschlossen werden kann, während die Haftung des Erwerbers für die Passiven durch zwingendes Recht geregelt wird und überhaupt nicht ausgeschlossen werden kann[386]. Es könnte nämlich vorkommen, daß der Unternehmens-

---

381 Vgl. Lehmann, Abtretung, S. 395.

382 Enneccerus-Lehmann § 87 I 2, II; Lehmann, Abtretung, S. 386 f.; Oppikofer, Unternehmen, S. 28.

383 Vgl. Lehmann, Abtretung, S. 389.

384 Der Fall ist auch denkbar, in dem der Erwerber die beiderseitige Erfüllung des Vertrages wünscht, der Dritte aber nicht (etwa infolge Preisveränderungen). Hier greift § 267 BGB ein: der Dritte kann die vom Erwerber erbrachte Leistung grundsätzlich nicht ablehnen (im Falle des Vertrages mit einem Unternehmensinhaber wird der Fall äußerst selten sein, in dem „der Schuldner in Person zu leisten hat") und wenn er sie angenommen hat, dann hat er keine Einrede mehr (etwa § 320 BGB) gegen die sowieso gültig abgetretene Forderung.

385 So z. B. in Griechenland und in Österreich.

386 Anders in Deutschland, wo der Ausschluß sowohl der Forderungsabtretung als auch der Haftung für die Verbindlichkeiten möglich ist und derselben strengen Publizität unterliegt. Das Problem würde in Deutschland nur in dem in der folgenden Anmerkung konkretisierten Fall auftauchen können.

veräußerer und der Unternehmenserwerber eine einheitliche Behandlung des synallagmatischen Vertrages im Unternehmensveräußerungsvertrag gewollt und dann die Übernahme des ganzen Vertrages ausgeschlossen haben. Der Ausschluß gilt für die Forderung, nicht aber für die Schuld, welche kraft Gesetzes auf den Erwerber übergeht[387]. Dieser Zustand hätte eine unbefriedigende Folge: der Gläubiger könnte vom Unternehmenserwerber die Befriedigung seiner Forderung verlangen und dabei seine Gegenleistung dem Unternehmensveräußerer erbringen.

Wenn man hierbei an den gesetzlichen Vorschriften genau festhalten würde, dann wäre die konsequente Lösung des vorliegenden Falles folgende: der Erwerber wäre zur Leistung kraft Gesetzes verpflichtet, und er könnte seinerseits sich an den Veräußerer auf Grund eines Bereicherungsanspruches wenden. Die Bereicherung des Veräußerers läge darin, daß er vereinbarungswidrig — und insofern „ohne Grund"[388] — von seiner Verbindlichkeit befreit worden ist.

Eine solche strenge Lösung würde aber die größten Gefahren für den Erwerber in sich bergen, und deswegen muß hier das Prinzip der einheitlichen Behandlung des Vertragsganzen eingreifen, ein Prinzip[389], welches auch von den Vertragschließenden gewollt ist: in einem solchen Fall darf keine Trennung zwischen Forderung und Schuld stattfinden, es muß entweder alles beim Veräußerer bleiben oder alles auf den Erwerber übergehen. Die Wahl zwischen den beiden Möglichkeiten muß dem Gläubiger überlassen bleiben, zu dessen Gunsten ja alle diese Erschwerungen der Vertragsübernahme vorgeschrieben sind. Allein wird seine Wahlfreiheit durch seine eigenen Handlungen beschränkt, d. h. praktisch, daß diese Wahl auch durch die Erfüllung der Gegenleistung getroffen wird, ganz gleich, ob dies beabsichtigt war oder nicht. Die hier in Frage kommenden Möglichkeiten sind folgende:

aa) Der Gläubiger (Dritte) hat seine Gegenleistung schon vor der Veräußerung des Unternehmens erbracht, selbstverständlich an den Veräußerer. Dann besteht zur Zeit der Veräußerung aus dem ganzen Vertragskomplex praktisch hauptsächlich nur noch die Schuld, und sie geht auf den Erwerber kraft Gesetzes über. Der Gläubiger kann sich also an den Erwerber wenden und von ihm die Tilgung der Schuld verlangen, ohne daß der Erwerber etwas dagegen einwenden kann. Denn der Vertrag ist seitens des Gläubigers schon erfüllt, und der Erwerber haftet kraft Gesetzes für die

[387] In Deutschland: wenn die Publizitätsvoraussetzungen bezüglich der Nichtabtretung der Forderungen erfüllt sind, bezüglich aber der Nichthaftung für die Verbindlichkeiten nicht (und die Firma fortgeführt wird).

[388] Unter dem Gesichtspunkt der erforderlichen Unmittelbarkeit der Vermögensverschiebung dürften keine Bedenken gegen das Vorliegen einer ungerechtfertigten Bereicherung in diesem Fall entstehen, vgl. Palandt Anm. 4 B b zu § 812.

[389] Wichtiger gesetzlicher Fall einheitlicher Übertragung des ganzen Vertrags, BGB §§ 571 ff. (griech. ZGB Art. 619), vgl. Lehmann, Abtretung, S. 382 und weiter S. 387 und 393, wo das Prinzip der Vertragseinheit anerkannt wird.

Schuld[390]. Natürlich kann der Gläubiger sich auch an den Veräußerer wenden, denn dieser bleibt Mitschuldner kraft Gesetzes[391]. Hier bleibt also die Wahlmöglichkeit des Gläubigers unbeschränkt;

bb) der Gläubiger (Dritte) erbringt seine Gegenleistung in der Zwischenzeit zwischen der Unternehmensveräußerung und dem Verlangen nach seiner Befriedigung. Wenn er sie dem Veräußerer erbracht hat, dann hat er dadurch sein Wahlrecht ausgeübt und muß grundsätzlich[392] das Prinzip der einheitlichen Behandlung des Vertrages gegen sich gelten lassen; er kann auch nur vom Veräußerer die Leistung verlangen, er verzichtet auf die Möglichkeit, sich an den Erwerber zu halten. Wenn dagegen der Gläubiger die Gegenleistung an den Erwerber bewirkt, so kann er auch nur von ihm die Leistung verlangen, er verzichtet auf die Möglichkeit, sich an den Veräußerer zu halten[393];

cc) der Gläubiger hat, wenn er die Leistung verlangt, seine Gegenleistung noch nicht bewirkt. Er muß sie an denjenigen bewirken, von dem er die Leistung verlangt. Wenn er den Veräußerer oder den Erwerber in Anspruch nimmt, dann erklärt er damit, daß er den Vertrag als beim alten Partner geblieben bzw. auf den Erwerber übergegangen ansieht, allenfalls aber als Einheit[394].

Die hier auf Grund des Prinzips der (möglichst) einheitlichen Behandlung des synallagmatischen Vertrages verfochtenen Lösungen haben den Vorteil, keiner gesetzlichen Bestimmung zu widersprechen

[390] Dieser formellen Begründung kommt auch eine Gerechtigkeitserwägung zur Seite: die vom Gläubiger, und zwar vor der Unternehmensveräußerung erbrachte Gegenleistung wird den Wert der Unternehmensaktiven erhöht haben, sie wird sozusagen irgendwo im Unternehmen darin stecken, so daß der Erwerber sie eigentlich miterwirbt. (Natürlich vom Ausnahmefall abgesehen, in dem der Veräußerer die fragliche Gegenleistung hat in sein Privatvermögen übergehen lassen.) Vgl. dazu Ghidini S. 181 ff.

[391] Z. B. HGB § 26. — Man könnte diese Haftung des Veräußerers dadurch materiell begründen, daß man sie als der Eventualität entsprechend ansieht, daß der Veräußerer die Gegenleistung in seinem (nicht veräußerten) Privatvermögen behält, so Ghidini S. 181. — Richtig ist jedoch zu sagen, daß diese mitschuldnerische Haftung des Veräußerers darum vorgeschrieben ist, damit nicht dem Gläubiger ein neuer Schuldner aufgedrängt werden kann.

[392] Die Frage verwickelt sich, wenn der Gläubiger die Unternehmensveräußerung und die dadurch als Folge des Prinzips der Vertragseinheit eintretende „Forderungsabtretung" nicht kannte. Hier muß ihm durch eine analoge Anwendung des § 407 BGB geholfen werden: die bewirkte Gegenleistung schließt ihm die Möglichkeit nicht aus, sich an den Erwerber zu wenden.

[393] Anders natürlich, wenn der Gläubiger wegen der Abtretung der Forderung an den Erwerber leisten m u ß t e, so auch Würdinger Anm. 14 zu § 25 und 2 zu § 26.

[394] In den meisten Fällen wird die Einrede des nicht erfüllten Vertrages hier helfen können: wenn man annimmt, daß der Gläubiger sich die einheitliche Behandlung des Vertrages gefallen lassen muß, so ist es keine Vertragserfüllung, wenn der Gläubiger an einen anderen seine Gegenleistung bewirkt bzw. zu bewirken beabsichtigt. Es können aber Fälle vorkommen, bei denen die exceptio non adimpleti contractus deswegen nicht eingreifen kann, weil „das Unternehmen" zur Vorleistung verpflichtet ist.

und den Bedürfnissen des Wirtschaftslebens gerecht zu werden, ohne auf fragwürdigen Konstruktionen aufzubauen[395].

b) Besonderheiten auch gegenüber den sonstigen synallagmatischen Verträgen weist der für das Unternehmen u. U. außerordentlich wichtige Dienstvertrag auf. Das Fortbestehen des Arbeitsverhältnisses trotz einer Unternehmensveräußerung dürfte im Normalfalle den Interessen aller drei in Frage kommenden Parteien entsprechen: der Unternehmensveräußerer wird dadurch von seinen Pflichten faktisch befreit[396], der Unternehmenserwerber sichert die Kontinuität und die Identität des von ihm erworbenen Unternehmens, der Arbeitnehmer verliert seine Beschäftigung nicht. Den beiden letzten Parteien aber könnte u. U. die Möglichkeit einer Auflösung des Arbeitsverhältnisses als günstig erscheinen: der Erwerber könnte bei der Gelegenheit des Unternehmenserwerbs versuchen, die Personalkräfte des Unternehmens zu beschränken oder durch andere zu ersetzen, der Arbeitnehmer könnte versuchen, diese Gelegenheit auszunutzen, um sich von einer nicht mehr erwünschten Bindung zu befreien oder um durch eine solche Drohung (wenn seine Dienste besonders wichtig für die Bewahrung der Kontinuität des Unternehmens sind), einen höheren Lohn zu erreichen.

Der zweite Fall dürfte allerdings nicht sehr oft vorkommen, denn die große Masse der Arbeitnehmer ist ohne weiteres ersetzbar, und die Gefahr der Arbeitslosigkeit ist eine genügende Warnung vor solchen Manipulationen[397]. Der Fall, der nun im Rahmen dieser Arbeit interessiert, ist wohl der erste, der eine mitzuübernehmende Schuld des Unternehmens entstehen läßt. Genauer gesehen besteht die Pflichtseite des Dienstvertrages für den Arbeitgeber aus folgenden einzelnen Pflichten[398]: die schon fällige Vergütung zu bezahlen, in

---

[395] Grunzweig S. 44—53, der das Problem des synallagmatischen Vertrages bei einer Unternehmensveräußerung eingehend behandelt hat, meint, man könnte nur mit der Konstruktion der Rechtspersönlichkeit des Unternehmens die befriedigenden Lösungen rechtfertigen.

[396] Für die schon bei der Veräußerung fällige Vergütung sowie auch für seine Schuld, die darin besteht, dem Arbeitnehmer seine Beschäftigungsgelegenheit in dem vom Gesetz vorgeschriebenen Maße zu sichern, haftet der Veräußerer selbstverständlich weiter, als Mitschuldner des Erwerbers. Wenn aber das Arbeitsverhältnis tatsächlich zwischen Erwerber und Arbeitnehmer fortgeführt wird, dann muß darin zwar keine Novation (also kein neues Verhältnis, was z. B. für die Kündigungsfrist bedeutend sein kann), aber doch ein Verzicht des Arbeitnehmers auf sein Zugriffsrecht gegen den Veräußerer angesehen werden. Der Unternehmensveräußerer kann nicht ewig haften, wie das der Fall wäre im Falle eines zeitlich unbegrenzten Arbeitsverhältnisses.

[397] Dieser Fall läßt sich übrigens wie der andere im Text behandelte lösen. Der § 613, 2 BGB ist kein Hindernis: wenn der Arbeitnehmer in einem Unternehmen angestellt wird, dann kann so gut wie nie ein Zweifel darüber bestehen, daß eine Übertragung des Anspruchs auf die Dienste im Falle einer Unternehmensveräußerung gewollt ist. Es handelt sich nicht (in der heutigen Wirtschaft!) um einen Vertrag intuitu personae und was der oben zitierte Paragraph im Zweifel verbietet, ist eine Einzelübertragung des Anspruchs des Arbeitgebers, vgl. auch Nikisch § 29 I.

[398] Hueck S. 99 ff.

der Zukunft dem Arbeitnehmer diese Vergütung zu leisten, ja sogar u. U. ihn zu beschäftigen und die eventuelle Kündigung nur unter den gesetzlich vorgesehenen Voraussetzungen und Beschränkungen vorzunehmen[399]. Die Frage nach dem Übergang dieser Verbindlichkeiten auf den Unternehmenserwerber muß ohne Zweifel bejaht werden, und zwar schon auf Grund der allgemeinen Vorschriften über die Mitübernahme der Passiven[400]. Die Kündigungsmöglichkeit bleibt zwar dem Erwerber offen, allein ist die Unternehmensveräußerung an sich noch kein genügender Kündigungsgrund.

c) Besonders im Gesetz vorgesehen und geregelt ist der Fall des Versicherungsvertrages. Gewöhnlich wird durch den Versicherungsvertrag das an einzelnen Sachen bestehende Interesse versichert, und deswegen sieht zunächst das Gesetz (VVG § 69 ff.) den Fall der Veräußerung der versicherten Sache vor: Eintritt des Erwerbers an Stelle des Veräußerers in das Verhältnis und beiderseitiges Kündigungsrecht[401]. Daß diese Vorschriften auch dann Anwendung finden, wenn die Veräußerung der Sache im Rahmen und als Folge einer Unternehmensveräußerung stattfindet, steht außer Zweifel[402].

Es gibt aber auch Versicherungsarten, deren Grundlage das Unternehmensganze ist. So z. B. die Versicherung für die Haftpflicht

[399] KSchG, insbes. §§ 1, 11, 12 usw.; BGB §§ 621 ff.

[400] Anders, wenn solche Vorschriften nicht zur Anwendung kommen (etwa in Deutschland, weil die Firma nicht fortgeführt wird usw.) oder wenn der Übergang der Passiven gemäß § 25 II HGB ausgeschlossen worden ist. Um auch in solchen Fällen die Haftung des Erwerbers zu begründen — und jeden Zweifel bezüglich der Dauerverhältnisse auszuschließen —, sind verschiedene Theorien aufgestellt worden dahingehend, daß das Arbeitsverhältnis kein echtes vertragliches Schuldverhältnis sei, sondern eben eine durch die Anstellung im Betriebe entstehende Rechtslage des Arbeitnehmers, vgl. Nikisch § 16 II. — Auch wenn man im § 613 BGB ein allgemeines Prinzip des persönlichen Charakters des Arbeitsverhältnisses sehen will (was allerdings aus seinem Wortlaut nicht hervorgeht: § 613 spricht von den Verbindlichkeiten des Arbeitgebers überhaupt nicht), so findet dieser Paragraph im Falle der Anstellung in einem Unternehmen doch keine Anwendung: der Arbeitnehmer verpflichtet sich zu Dienstleistungen nicht mit Rücksicht auf die Person des Unternehmers, sondern vielmehr auf das Unternehmen. Vgl. Hedemann, Wirtschaftsrecht, S. 276; Valery S. 293; v. Gierke § 16 I 1; v. Gierke, Handelsunternehmen, S. 17; Ripert Nr. 352. Der Gesetzgeber greift oft ein, um jeden Zweifel über den Fortbestand des Arbeitsverhältnisses zu beseitigen, vgl. z. B. Gesetz über die Fristen für die Kündigung von Angestellten (vom 9. Juli 1926) § 2 I 1. Das franz. Gesetz vom 19. Juli 1928 schreibt vor: „Tritt eine Veränderung in der juristischen Lage des Arbeitgebers insbes. durch Erbfolge, Kauf, Fusion, Umgestaltung des Unternehmens, Beitritt zu einer Gesellschaft ein, so bleiben alle am Tage der Veränderung laufende Arbeitsverträge zwischen dem neuen Unternehmen und dem Unternehmenspersonal betehen." Der deutsche Gesetzesentwurf über das Arbeitsverhältnis von 1938 sah in § 90 vor: „Geht ein Betrieb als Ganzes, wenn auch unter Abtrennung einzelner Teile oder unter Aufgabe einzelner Betriebszweige, in andere Hände über, so tritt der neue Unternehmer in die bestehenden Arbeitsverhältnisse mit dem Tage des Übergangs ein. Eine abweichende Regelung durch Vereinbarung zwischen dem bisherigen und dem neuen Unternehmer ist nichtig." — Ähnlich die griechischen Gesetze 2112 von 1920 und 3514 von 1928. Zu all diesem vgl. auch Sakellaropoulos insbes. S. 36—40; 46; Oppikofer, Unternehmen, S. 30.

[401] Prölß, Anm. zu den betreffenden Paragraphen.

[402] Vgl. Prölß Anm. 5 zu § 69.

aus einem geschäftlichen Betrieb. Für diesen Fall ist die entsprechende Anwendung der §§ 69 ff. VVG ausdrücklich vom Gesetz vorgeschrieben, und zwar direkt für die Unternehmensveräußerung[403]. Der kraft Gesetzes erfolgende Übergang des Versicherungsverhältnisses auf den Unternehmenserwerber gilt auch in dem für das Unternehmensganze trotz seiner geringeren Verbreitung besonders wichtigen Fall der Betriebsunterbrechungsversicherung[404]. Der § 13 der „Allgemeinen Versicherungs-Bedingungen für die Versicherung gegen Schaden durch Betriebsunterbrechung infolge Brand, Blitzschlag oder Explosion" verweist auf die Bestimmungen der „Allgemeinen Feuerversicherungsbedingungen", deren § 11 wiederum ausdrücklich auf die §§ 69 ff. VVG verweist[405].

d) Ein letzter Fall von synallagmatischen Verträgen, deren Übergang auf den Unternehmenserwerber wichtig für den Fortbestand des Unternehmens ist, ist der Mietvertrag. Hier entstehen dadurch besondere Schwierigkeiten, daß das Gesetz schon die Möglichkeit einer Untermiete von der Erlaubnis des Vermieters abhängig macht[406]. Danach müßte man um so mehr die Möglichkeit einer völligen Übernahme des ganzen Verhältnisses ohne Mitwirkung des Vermieters verneinen, es sei denn, daß man annehmen wollte, der Vermieter hat schon im voraus seine Erlaubnis gegeben, indem er seine Sache für den Betrieb eines Unternehmens vermietet hat, dessen Veräußerbarkeit er ja kannte[407].

Das besonders in den Rahmen dieser Arbeit fallende Problem, nämlich die eventuelle Pflicht des Unternehmenserwerbers, das Mietverhältnis fortzuführen, ist an sich von geringerer praktischer Bedeutung. Denn hier steht das Interesse des Erwerbers an einer solchen Fortführung fest, so daß diese Fortführung praktisch immer freiwillig erfolgen wird. Ist das nicht der Fall, dann gilt auch hier das überhaupt von den synallagmatischen Verträgen Gesagte, nämlich der Übergang der Schulden kraft Gesetzes und die einheitliche Behandlung des Vertragsganzen[408].

VI. Jetzt kann der Problemkreis genauer bestimmt werden, der nunmehr behandelt werden soll:

---

403 VVG § 151 II; und dazu Prölß Anm. 3; Sieg S. 79—80.

404 Vgl. die auf S. 8 Anm. 29 zit. Literatur. — Allgemeinere Ausführungen zum Problem der Versicherung der Unternehmenschancen s. bei Tsirintanis, Studien, S. 220 ff.

405 Die Unternehmensveräußerung kann auch auf der Seite des Versicherers stattfinden. — Auf die mit der „Bestandsübertragung" zusammenhängende Problematik kann hier nur hingewiesen werden, s. VAG § 14 und dazu Rehm-Berliner-Fromm zu diesem Paragraphen.

406 BGB § 549; Enneccerus-Lehmann § 87 II; Lehmann, Abtretung, S. 395.

407 Eine solche kühne Annahme entbehrt zwar der direkten gesetzlichen Begründung, sie ist aber das einzige Mittel, den wichtigen Bedürfnissen des Wirtschaftslebens Rechnung zu tragen. Vgl. andere Begründungsversuche bei Grunzweig S. 81—88.

408 Andere gesetzlich geregelte Fälle von Vertragsübernahme, die aber das Unternehmensrecht nicht besonders interessieren, s. BGB §§ 571, 581, 1251; VVG § 177, 6; DVO zum EheG § 5; MSchG § 30.

Unter welchen Voraussetzungen und Beschränkungen haftet der Erwerber[409] eines Unternehmens für die Schulden desselben den Gläubigern gegenüber, wie wird seine Haftung juristisch ausgestaltet und welche rechtsdogmatische Bedeutung kommt dieser Ausgestaltung zu. Dabei wird unter Schulden nur der reine Normalfall derselben verstanden, d. h. die Schulden werden als selbständige, außerhalb eines eventuellen synallagmatischen Vertrages stehende Verbindlichkeiten angesehen.

Viertes Kapitel

Geschichtlicher Rückblick

I. Aus dem altgriechischen[410] attischen Recht ist ein besonders bedeutender Fall überliefert worden, der den Passivübergang bei einer Unternehmensveräußerung in eindeutiger Weise bezeugt. Es handelt sich um eine Ende des vorigen Jahrhunderts in Ägypten entdeckte Rede des berühmten Athener Redners Hyperides (Ὑπερείδης), die ausschließlich das hier erörterte Thema behandelt[411].

Der Sachverhalt kann folgendermaßen zusammengefaßt werden: Der Bauer Epikrates hat sich bei einer Reise nach Athen entschlossen, von einem gewissen Athenogenes drei Sklaven zu kaufen, Vater (Midas) und Söhne. Midas betreibt eine Parfümerie[412], deren Mitübernahme seitens Epikrates als selbstverständliche Folge des Sklavenkaufs angesehen wird. Es wird zwischen Athenogenes und Epikrates vereinbart, daß Epikrates die Schulden des Unternehmens mitübernimmt, wobei einige davon in der Vertragsurkunde nomi-

---

[409] Besonderheiten, die dadurch entstehen, daß die Unternehmensveräußerung einen Einsatz desselben in eine Gesellschaft darstellt, werden berücksichtigt. — Die Untersuchung beschränkt sich auf den Unternehmenserwerb unter Lebenden. Erbrechtliche Gesichtspunkte werden, soweit erforderlich, nur am Rande mitberücksichtigt. — Die besondere Problematik der Unternehmensverbände bleibt außerhalb des Rahmens dieser Arbeit, ebenso wie die der Zweigniederlassungen.

[410] Es wäre unmöglich, die Regelung unseres Themas in den Rechten des Altertums zu verstehen, sollte man sich die wirtschaftliche und juristische Bedeutung der Sklaven nicht vergegenwärtigt haben. Sie waren die Hauptfaktoren des Wirtschaftslebens, denn sie haben die für den freien Menschen als unvornehm angesehenen Handelstätigkeiten ausgeübt. Die Regelung des peculium ist das altertümliche Pendent mancher modernen Institutionen des Handelsrechts, wie anläßlich des römischen Rechts genauer gezeigt werden soll, vgl. unten S. ! ff. — Was das hier behandelte Thema besonders betrifft, so sei schon jetzt daran erinnert, daß oft die Veräußerung eines Unternehmens durch eine Veräußerung des Sklaven, zu dessen peculium es stand, erfolgte und da dabei die actio tributoria gegen den jeweiligen Gewalthaber gerichtet werden konnte, war damit praktisch eine Veräußerung der Geschäftsschulden erreicht. Vgl. Valery S. 225 ff.; Jörs-Kunkel-Wenger §§ 164 ff.

[411] Vgl. Valery S. 227—228; Grunzweig S. 14 Anm. 43. — Den Text s. in der Teubnerschen Auflage von Jensen, Hyperides (Lipsiae, MCMXVII), S. 69—89.

[412] Es darf daraus entnommen werden, daß Midas zur Kategorie der χωρὶς οἰκοῦντες gehörte, deren juristische Lage große Ähnlichkeit zu der Lage derjenigen römischen Sklaven aufwies, die ein peculium besaßen; vgl. zu den χωρὶς οἰκοῦντες und zu dieser Ähnlichkeit Beauchet II S. 446 ff.

natim erwähnt werden, während die anderen unter der Klausel gedeckt „und was sonstwem Midas schuldet“[413]. Es stellt sich nachher heraus, daß das Unternehmen völlig überschuldet war, und die verschiedenen Gläubiger nahmen den Erwerber in Anspruch für Forderungen in Höhe von fünf Talenten. Der Erwerber klagt nun gegen den Veräußerer auf Anfechtung des Kaufs wegen Täuschung, oder er will ein Rücktrittsrecht wegen Rechtsmängel der verkauften Sachen ausüben[414].

Aus diesem Text lassen sich allerlei interessante Folgerungen über die Regelung der Frage im altgriechischen Recht entwickeln:

a) die Veräußerung eines Handelsgeschäftes war in Athen praktisch bekannt, ja üblich[415] und rechtlich möglich, wenn auch unter dem Gesichtspunkt der Veräußerung des Sklaven, in dessen peculium sich dieses Geschäft befand;

b) der Begriff der Geschäftsschulden, die am Unternehmen haften, ist auch über den Begriff der Schulden des Sklaven[416] bestimmt worden, der dieses Geschäft betrieb;

c) die Gläubiger erwarben einen direkten Anspruch gegen den Unternehmenserwerber für die Unternehmensschulden[417];

d) es gab keine Haftungsbeschränkung, etwa auf den Bestand der übernommenen Werte, sondern der Erwerber mußte die Schulden auch mit seinem Privatvermögen tilgen[418];

e) was sich nicht klar feststellen läßt, ist, ob der Übergang der Passiven auf den Unternehmenserwerber kraft Gesetzes oder nur kraft Vereinbarung stattfand. In dem vorliegenden Fall scheint eine solche Vereinbarung, und zwar auch mit Wirkung gegenüber den Gläubigern, getroffen zu sein. Allerdings ist diese Vereinbarung ganz allgemein gefaßt[419], und sie umfaßt alle Schulden, nicht nur die nicht nominatim erwähnten, sondern auch diejenigen, die dem Erwerber wie auch dem Veräußerer unbekannt waren[420];

---

[413] „*καὶ εἴ τῳ ἄλλῳ ὀφείλει τι Μίδας*“, *Κατὰ Ἀθην.* V, 2.

[414] Ganz genau läßt sich das Ziel der Klage nicht feststellen: es wird von Betrug und Arglist und Täuschung, von der Kenntnis des Veräußerers, von der Unwirksamkeit und der Sittenwidrigkeit des Vertrags, von den Rechtsmängeln der Sklaven usw. gesprochen. Valery S. 228 sieht als Ziel der Klage nur die Anfechtung des Kaufs wegen Täuschung an.

[415] „*πολλαὶ ὠναὶ γίγνονται ἐν τῇ πόλει*“ (X, 11—12); L. Goldschmidt S. 56. — Von der Verpachtung eines Unternehmens spricht Demosthenes pro Formione (in der Auflage Rennie's, Oxonii o. J. [1920]).

[416] Die Sklaven konnten eigentlich ähnlich wie im römischen Recht keine Schulden haben: „*τὰς ζημίας ἃς ἐργάσωνται οἱ οἰκέται καὶ τὰ ἀδικήματα διαλύειν τὸν δεσπότην παρ' ᾧ ἂν ἐργάσωνται οἱ οἰκέται*“; das bezeugt noch klarer, daß es sich hier um eine juristische Fiktion handelt, die in der Wirklichkeit nichts anderes als die Geschäftsschulden des Gewalthabers bezeichnet.

[417] „*ἐπάξειν μοι . . . ὕστερον τοὺς χρηστὰς καὶ τοὺς πληρωτὰς τῶν ἐράνων . . .*“ (III, 22—24), „*προσῄεσάν μοι οἱ χρησταί, οἷς ὠφείλετο παρὰ τῷ Μίδᾳ, καὶ οἱ πληρωταὶ τῶν ἐράνων*“ (IV, 12—14, vgl. auch X, 4—5).

[418] „. . . *προσαπολλύει τοῦ πριαμένου τὴν οὐσίαν . . .*“ (VII, 9—10).

[419] Vgl. Anm. 413.

[420] Vgl. IX, 7—17.

f) interessant ist schließlich die Argumentation des Erwerbers, der zu beweisen versucht, die Überschuldung des Unternehmens (bzw. des Sklaven) sei als Mangel ähnlich den Sachmängeln zu behandeln; die Krankheiten des zu verkaufenden Sklaven müssen vom Verkäufer verlautbart werden, sonst kann eine Wandelung stattfinden; um so mehr muß die Überschuldung verlautbart werden, die nicht nur den Wert der Kaufsache mindert, sondern auch weitere Vermögensverluste des Käufers verursacht[421].

II. Dieselbe Funktion wie im altgriechischen Recht erfüllt das peculium und die Veräußerung des Sklaven oder überhaupt des Gewaltunterworfenen[422] auch im römischen Recht. Nicht nur befinden sich der Sklave und das Hauskind im Mittelpunkt des römischen Wirtschaftslebens[423], sondern ihr Dasein hat auch als Rechtsinstitution eine weitgehende Bedeutung. Sie ist die juristische Form, über welche manche Rechtsbildungen des modernen Handelsrechts schon damals erreicht werden konnten. Beispiele[424]:

a) durch den Gewaltunterworfenen und sein peculium wurde im römischen Recht eine Möglichkeit erreicht, die noch im heutigen Recht angestrebt wird, nämlich die Haftungsbeschränkung des Einzelunternehmers: die Haftung des Gewalthabers ist bei der actio tributoria beschränkt, und zwar anders als bei der actio de peculio (wenn der Gewaltunterworfene keine Handelstätigkeit betreibt bzw. es ohne Wissen des Gewalthabers tut), aber jedenfalls nicht unbeschränkt wie bei der actio institoria[425]. Übrigens hatte der Gewalthaber die Wahl und konnte einen Gewaltunterworfenen (oder auch einen Freien) als institor nennen und sich der unbeschränkten Haftung unterwerfen, wenn er den Kredit seines „Prokuristen" erweitern wollte[426];

b) wenn die Gesellschaft im römischen Recht so knapp und immer in Anlehnung an ihre familienrechtliche Herkunft geregelt

---

[421] „μετὰ δὲ ταῦτα ἕτερος νόμος ἐστὶ περὶ ὧν ὁμολογοῦντες ἀλλήλοις συμβάλλουσιν, ὅταν τις πωλῇ ἀνδράποδον, προλέγειν, ἐάν τι ἔχῃ ἀρρώστημα· εἰ δὲ μή, ἀναγωγὴ τούτου ἐστίν. καίτοι ὅπου παρὰ τῆς τύχης νοσήματα ἂν μὴ δηλώσῃ τις πωλῶν οἰκέτην ἀνάγειν ἔξεστι, πῶς τά γε παρὰ σοῦ ἀδικήματα συσκευασθέντα οὐκ ἀναδεκτέον σοι ἐστίν; ἀλλὰ μὴν τό μὲν ἐπίληπτον ἀνδράποδον οὐ προσαπολλύει τοῦ πριαμένου τὴν οὐσίαν· ὁ δὲ Μίδας, ὃν σύ μοι ἀπέδου, καὶ τὴν τῶν φίλων τῶν ἐμῶν ἀπολώλεκε" (VI, 25 — VII, 12). Vgl. Beauchet II S. 442. Nach heutiger Terminologie würde man sagen: eine Wertbeziehung wird weniger wertvoll und eine neue Unwertbeziehung entsteht; vgl. Möller S. 12.

[422] Im folgenden ist von Gewaltunterworfenen die Rede, womit der Sklave (servus) oder das Hauskind (filius familiae) gemeint sind. Ähnlich Jörs-Kunkel-Wenger § 164, 1.

[423] Vgl. Declareuil S. 139—142.

[424] Die folgenden Beispiele und überhaupt die Ausführungen über die juristische Bedeutung der Sklaven angesichts des hier erörterten Themas sind zum großen Teil durch entsprechende Ansichten Valerys S. 220 ff. angeregt worden. Vgl. auch Andeutungen bei Oppikofer S. 31 Anm. 1 i. f.; (Ehrenberg)-Rehme S. 75.

[425] Vgl. die Unterschiede bei Jörs-Kunkel-Wenger §§ 166—169.

[426] Girard S. 103—104.

war, so hängt dies damit zusammen, daß die echten handelsrechtlichen Gesellschaftsformen durch die merx peculiaris eines Sklaven ersetzt werden konnten: es genügte Miteigentum der „Gesellschafter" am Sklaven, der das zu seinem peculium stehende Handelsunternehmen betrieb[427]. Wenn man nun bedenkt, daß die Haftung dieser Gesellschafter eine beschränkte war, und daß ihr Anteil an der Gesellschaft sehr leicht durch eine Veräußerung des ideellen Bruchteils am Eigentum des Sklaven veräußert werden konnte[428], dann wird es auffallend, welche große Ähnlichkeit dieser Gesellschaftstyp zu den heutigen Aktiengesellschaften aufwies.

Daß die Handelstätigkeit des Gewaltunterworfenen häufig zu solchen juristischen Zwecken benutzt wurde, läßt sich auch aus der Tatsache erkennen, daß das römische Recht das zum Handelsbetrieb bestimmte peculium (merx peculiaris) von den übrigen Fällen einer sonstigen Bestimmung des peculium abgesondert und besonders geregelt hat. Neben die actio de peculio trat die actio tributoria, deren besonderer Zweck eine abweichende Gestaltung der Haftung des Gewalthabers für den Fall war, daß der Gewaltunterworfene mit dessen Wissen ein Unternehmen betrieb[429]. Die Verschiedenheiten der Haftungsausgestaltung traten in dreierlei Richtung ein:

a) einerseits war die haftende Vermögensmasse auf das Unternehmensganze beschränkt, und sie umfaßte nicht die eventuell außerhalb des Unternehmens stehenden Werte; so sagt Gaius über die actio tributoria: in hac actione de qua loquimur hac solum in divisionem venit, quod in mercibus est quibus negotiatur quodque eo nomine receptum est: at in actione de peculio totius peculio quantitas spectatur, in quo et merces continentur"[430];

b) andererseits aber konnte hier der Gewalthaber nicht das ihm vom peculium (freilich als Naturalobligation)[431] geschuldete „id quod domino debetur"[432] abziehen, sondern er mußte sich mit einem verhältnismäßigen Teil begnügen[433];

c) überhaupt galt hier im Gegensatz zur actio de peculio[434] das Prinzip der verhältnismäßigen Befriedigung aller Gläubiger[435], was an sich den Kredit des Unternehmers verstärken sollte.

---

[427] Ähnliche Erscheinung heute die Partenreederei, bei der die Gesellschaft auf dem Miteigentum an dem Schiff beruht, vgl. Wüstendörfer S. 198 ff.

[428] Siehe allerdings die Beschränkung unten S. 89 Anm. 437.

[429] Petropoulos S. 1030.

[430] D. 14, 4, 11 (Gai.); vgl. D. 14, 4, 5 § 5 (Ulp.), dazu Jörs-Kunkel-Wenger § 166; Petropoulos S. 1030. — Das im Text zitierte Fragment zeigt, wie der Gedanke der Unternehmenseinheit dem römischen Recht eigen war.

[431] Jörs-Kunkel-Wenger § 166 Anm. 5.

[432] D. 15, 1, 5, § 4 (Ulp. nach Tubero und Celsus).

[433] Jörs-Kunkel-Wenger § 167; Sohm-Mitteis-Wenger S. 470; Petropoulos S. 1030; Ihde S. 34.

[434] D. 15, 1, 10 (Gai) „in actione de peculio occupantis melior est condicio, occupare autem videtur non qui prior litem contestatus est, sed qui prior ad sententiam judicis pervemit".

[435] D. 14, 4, 5 § 19 (Ulp.) „tributio autem fit pro rata eius quod cuique debeatur", vgl. Petropoulos S. 1030.

Was nun den Passivübergang bei Unternehmensveräußerung besonders betrifft, so hatte eine durch Veräußerung des Sklaven erfolgende Veräußerung der merx peculiaris (des von ihm betriebenen Unternehmens) die Haftung des Erwerbers zur unabdingbaren Folge[436]. Das wird durch ein Fragment von Paulus (D. 14, 4, 10) ausdrücklich bewiesen; dasselbe Fragment aber schreibt eine Besonderheit der Erwerberhaftung vor, indem es heißt: „de peculio actione etiam cum emptore servi agi potest, tributoria non potest". Der Grund dieser Umgestaltung der Haftung des Gewalthabers im Falle einer Veräußerung könnte folgender sein: der frühere Gewalthaber haftete deswegen nach den besonderen Grundsätzen der actio tributoria, weil er den Betrieb des Unternehmens durch den Gewaltunterworfenen bewilligt oder wenigstens wissentlich geduldet hatte; dies trifft bei dem neuen Gewalthaber nicht zu, und deswegen richtet sich seine Haftung nicht nach den Ausnahmevorschriften der actio tributoria, sondern nach den Regelvorschriften der actio de peculio.

Die Hauptlinien der Haftung des Unternehmenserwerbers nach römischem Recht, im Falle einer Veräußerung des Unternehmens durch Veräußerung des Sklaven, in dessen peculium es sich befand, waren folgende:

a) Bestimmung des Geschäftsschuldenbegriffes durch die Person des Sklaven in der Weise, daß der Erwerber für sämtliche Schulden des erworbenen Sklaven haftete;

b) Beschränkung der Erwerberhaftung auf den Bestand des mitübernommenen peculiums (nicht aber ausschließlich des Unternehmens);

c) zwingende Haftung des Erwerbers, aber nur dann, wenn das peculium mitübernommen war[437].

Was die Fälle betrifft, in denen der Betrieb des Unternehmens nicht durch einen Gewaltunterworfenen erfolgte, bzw. das Unternehmen selbständig ohne den es betreibenden Gewaltunterworfenen veräußert wurde, so findet man keine ausdrücklichen Bestimmungen im römischen Recht. Jedoch kann man aus einem Papinian'schen Fragment entnehmen, daß die Lösung auch in diesem Falle nicht

[436] Eine andere Folge der Sklavenwirtschaft war, daß manche obligatorischen Rechtsverhältnisse insb. die Arbeitsverhältnisse durch ein dingliches Recht am Sklaven ersetzt wurden, vgl. Oppikofer S. 44—45.

[437] Die einzige aber sehr wichtige Beschränkung des im Text geschilderten Systems liegt daran, daß die Mitübernahme des peculium besonders vereinbart werden sollte: an sich war das peculium kein accessorium des veräußerten Sklaven (D. 18, 1, 29 [Ulp.]; D. 21, 2, 3 [Paul.]). Diese beiden Fragmente aber sprechen von einer „Ausnahme" des peculium, die allerdings immer als vereinbart gilt („sive non sit exceptum, sive exceptum sit . . . non cum peculio distractus videtur", „peculium semper exceptum esse intellegitur"), woraus Zulueta S. 40 entnimmt, daß früher das Gegenteil angenommen werden sollte. Immerhin ist es zu vermuten, daß auch in späteren Zeiten die Mitübernahme des peculium als Normalfall angesehen wurde; sonst wäre das Fragment D. 14, 4, 10 (Paul.) unverständlich, welches die Haftung des Erwerbers ohne weiteres vorschreibt. Sollte der Erwerber auch dann auf Grund des actio de peculio haften, wenn das peculium beim alten Gewalthaber geblieben war?

anders war, d. h. daß der Erwerber für die Unternehmensschulden haftete. Papinian sagt (D. 31, 77 § 16): „mensae negotium ex causa fideicommissi cum indemnitate heredum per cautionem susceptum emptioni simile videtur et ideo non erit quaerendum an plus in aere alieno sit quam in quaestu“[438]. Derjenige, der auf Grund eines Fideikommisses eine Bank erworben hat, mußte den Erben von den Schulden des Unternehmens befreien, ohne daß seine Haftung auf den Bestand des übernommenen Vermögens beschränkt sei. Es fragt sich aber, ob diese Regel ein allgemeines Prinzip zum Ausdruck bringt oder eine Ausnahmevorschrift darstellt.

Was könnte der allgemeinen Geltung eines solchen Prinzips entgegenstehen? Es ist behauptet worden[439], daß die Vorschrift nur die Bankgeschäfte (mensae) betrifft, welche eigentlich nur aus Forderungen und Schulden bestehen. Dieses Argument aber dürfte deswegen nicht ausschlaggebend sein, weil jedes Unternehmen notwendigerweise Forderungen und Schulden umfaßt, und insofern liegt keine qualitative Besonderheit der Banken vor. Weiter könnte man denken, daß diese Vorschrift zwar eine Singularsuccession betrifft, aber immerhin läßt sie sich von erbrechtlichen Gesichtspunkten beeinflussen. Gegen eine solche Argumentation wendet sich schon der Text des Fragments, der die Lösung dadurch begründet, daß dieses Rechtsgeschäft ähnlich einem Kauf zu behandeln ist, emptioni simile videtur, als ob diese Lösung bei einem Kauf selbstverständlich sein sollte[440].

Man ist hier auf Hypothesen angewiesen. Die Annahme wäre jedoch nicht unbegründet, daß dem Fragment Papinians eine allgemeine Geltung zukommen sollte. Dafür sprechen auch andere Fragmente, die, ohne sich direkt auf die Unternehmensveräußerung und die Erwerberhaftung zu beziehen, die Einheit des Unternehmens einschließlich der Passiven betonen. So insbesondere das Fragment D. 14, 4, 5 §§ 15—16 (Ulp.): es wird hier ausdrücklich gesagt, daß jedes Unternehmen für seine eigenen Schulden haften soll, denn „jeder Gläubiger hat dem Unternehmen eher als dem Unternehmer Kredit gewährt“[441].

Es muß jedoch zugegeben werden, daß auch, wenn dem oben zitierten Fragment[442] eine allgemeine Geltung zukommen sollte, damit die Kenntnisse über die genauere Regelung des Problems im römischen Recht wenig gefördert worden wären. Diesem Fragment läßt sich nämlich nicht entnehmen, ob die Haftung des Erwerbers kraft Gesetzes oder nur auf Grund des Willens der Erblasser eintrat,

---

[438] Mühlenbruch S. 350; Valery S. 227; Grunzweig S. 14 f. — Auch wenn die von Beseler S. 114 behauptete Interpolation zutreffen sollte, so würde doch das Fragment dem Sinne nach unverändert bleiben.

[439] Vgl. Grunzweig S. 15.

[440] Grunzweig S. 14; a. M.: Simon S. 125.

[441] „unusquisque enim eorum merci magis quam ipsi credidit“. Vgl. dazu Valery S. 226.

[442] D. 31, 77 § 16.

ob eine eventuelle gesetzliche Haftung sich durch abweichende Vereinbarung beseitigen ließe, ob weiter die Gläubiger ein direktes Anspruchsrecht gegen den Erwerber hatten. Die Dürftigkeit der Texte erlaubt keine weitere Nachforschung[443].

Nur noch eine Schlußbemerkung: die vorausgegangenen Ausführungen dürfen nicht zum Ergebnis führen, das Unternehmen sei dem peculium gleichgestellt. Das peculium kann ein Unternehmen umfassen, ja, es kann aus einem Unternehmen bestehen; in beiden Fällen wird die Unternehmensveräußerung durch die Regelung der Veräußerung des peculium mitgeregelt. Der begriffliche Unterschied der beiden Tatbestände bleibt jedoch bestehen[444].

III. Die Rechtswissenschaft der späteren Zeit, von den Glossatoren bis zur italienischen Rechtsschule der Spätrenaissance, weist eine bedeutende Entwicklung auf, die von der Anerkennung des Unternehmens als Rechtsgesamtheit (universitas iuris) zu der ausdrücklich geäußerten Meinung führt, wonach der Unternehmenserwerber für die Unternehmensschulden haftet, um im XVIII. Jahrhundert zu einer buchstäblichen Auffassung der römisch-rechtlichen Texte zurückzukehren. Einige ausgewählte Zitate[445]:

Schon die accursische Glosse (ad D. 31, 77 § 16) betrachtet das Unternehmen als „universitas debitorum und creditorum", und Bartolus (ad D. 20, 1, 34) spricht von der taberna als von einer „universitas mercantiae quae ibi exercetur". Cuiacius[446] führt den Gedanken weiter, indem er die universitas iuris, „iuris nomen quod complectitur et commoda et incommoda" mit der Erbschaft vergleicht „denique mensa nomen est iuris sicut hereditatis". Straccha[447] schließt sich der Betrachtung des Unternehmens als Rechtsgesamtheit an und spricht weiter vom Übergang der Passiven auf den Erwerber, allerdings in einem besonderen Fall: „unde si mercator mercantiam legaverit, et debita et credita huic legato cedere respondit". Das wird von Petrus Barbosa[448] verallgemeinert: „succedens in ea (mensa) tanquam successor universalis, tenetur solvere debita, ratione mensae contracta, et in ea fiat executio et in subsidium in aliis bonis debitoris". Überraschend weit führt etwas später Ansaldus[449] den Gedanken der Unternehmenseinheit, indem er überhaupt eine Trennung zwischen Unternehmens- und

---

[443] Auf die Möglichkeit einer (besitzlosen) Verpfändung des Warenlagers (taberna) weit Scaevola in D. 20, 1, 34, pr. hin. Vgl. hierzu Mühlenbruch S. 377—378.

[444] Vgl. Ihde S. 35.

[445] Den Stand des Unternehmensrechts in derselben Zeit im germanischen Recht s. ausführlich bei Oppikofer S. 47—104.

[446] Commentarius in lib. VIII Responsorum Emilii Papiniani ad § Mensa (D. 31, 77 § 16).

[447] Tractatus de mercatura, P. I., Nr. 25 und 96 (zit. nach Valery S. 229 Anm. 5).

[448] Commentarii ad interpretationem tituli pandectrum de judiciis, Coloniae 1737 (ad leg. Haeres absens § apud Labeonem ff. de Judiciis Nr. 11).

[449] Discursus legales de commercio et mercatura, Coloniae, 1718, Disc. 98 Nr. 40 (zit. nach Grunzweig S. 10 Anm. 26).

Privatvermögen und dementsprechend auch eine Beschränkung der Haftung des Einzelunternehmers annimmt — eine Meinung, die ganz modern klingt, die aber wohl vereinzelt und ohne Folgen geblieben ist: „ubi negotium erigitur cum certo et limitato capitali creditores solummodo habent obligatum idem capitale nullamque obligationem exercere possunt adversus alias bona ejus, qui negotium erexit".

Ungefähr gleichzeitig ist Casagersis[450] schon viel zurückhaltender: Er erkennt zwar das Unternehmen als Rechtsgesamtheit „universitas nominum creditorum et debitorum"[451] an, er betont die Selbständigkeit des Unternehmens dem Unternehmer gegenüber „per mutationem personarum non immutatur"[452] und weist darauf hin, daß jedes Unternehmen seinen eigenen Kredit hat, „unumquodque negotium habet suam distinctam fidam"[453]. In einem Fall jedoch, wenn es sich um die Haftung des neu eintretenden Gesellschafters für die früheren Schulden handelt, verneint er diese Haftung: sic creditores causati tempore primi socii nullum jus et actionem habent contra novum socium et illius capitale et lucra, neque cum creditoribus secundae societatis concurrere possunt"[454].

Die eben zitierte Meinung macht also den früheren weitherzigen Konstruktionen ein Ende. Der Wortlaut des corpus iuris civilis übernimmt allmählich wieder die Herrschaft, aber ohne das Rechtsinstitut des peculium[455], welches damals den Übergang der Passiven ermöglicht hatte. Die Pandektenwissenschaft des XIX. Jahrhunderts muß in leerem Raum nach einer Lösung suchen.

IV. Unter der Geltung des gemeinen Rechts und des ADHGB hat die Rechtstheorie und -praxis auf zwei Wegen versucht, diesen leeren Raum mit einer befriedigenden praktischen Lösung zu erfüllen: wenn das Gesetz versagt[456] (oder als versagend angesehen wird), dann bleibt nur entweder das Gewohnheitsrecht oder der Parteiwille über[457].

---

[450] Discursus legales de commercio, Florentiae (zit. nach Grunzweig S. 8, 14 und Krug S. 7; als Erscheinungsjahr ist beim ersten 1729, beim zweiten 1719 angegeben).

[451] Disc. CXLVI Nr. 41 und 53.

[452] Disc. CXLVI Nr. 41.

[453] Disc. XXXIX Nr. 20.

[454] Disc. XXXIX Nr. 39.

[455] Welches mit der Sklavenwirtschaft eng gebunden und deswegen von den modernen Rechtsordnungen nicht übernommen worden ist. Nachwirkungen des peculium sind allerdings in dem Kindervermögen zu erblicken.

[456] Daß auch das ADHGB versagt, s. bei Regelsberger S. 20—27; Simon S. 133—137, 144—160; Mommsen S. 204—207. — Aus allgemeinen rechtskonstruktiven Prinzipien versuchten Mommsen, insbes. S. 214 ff. und Ladenburg S. 33 ff. die Haftung des Unternehmenserwerbers herzuleiten, und zwar ganz unabhängig davon, ob er die alte Firma fortführt oder nicht. Ladenburg S. 39—47 versucht, sich auf positivrechtliche Vorschriften des ADHGB zu stützen.

[457] Siehe einen ausführlichen Bericht über die älteren Auffassungen, Regelsberger S. 4, 11.

a) Ein gemeines Gewohnheitsrecht dahingehend, daß der Unternehmenserwerber schon als solcher oder wenigstens wenn er die Firma fortführt, für die Unternehmensschulden haften sollte, ist vielfach behauptet worden, aber doch immer zweifelhaft geblieben. Die herrschende Meinung hat zum Schluß eine solche Gewohnheit abgelehnt[458]. Nur in Hamburg wurde eine solche gewohnheitsrechtliche Regelung des Falles fest angenommen, deren Inhalt allerdings nicht immer ganz klar war: einmal wurde die Haftung des Unternehmenserwerbers an die bloße Übernahme des Unternehmens mit Fortführung der Firma[459] geknüpft, einmal dagegen an die öffentliche Anzeige des Unternehmenserwerbs, in der man gleichzeitig eine Schuldübernahmeerklärung erblickte[460];

b) daß eine von den Parteien gewollte und vereinbarte Schuldübernahme in den verschiedensten Gestalten und mit den verschiedensten Wirkungen[461] immer möglich war, wurde nicht bezweifelt[462]. Das war jedoch keine wirkliche Lösung des Problems, indem eine dadurch entstehende Haftung des Erwerbers immer vom Parteiwillen abhängig war und durch dieses ausgeschlossen werden konnte. Die Rechtstheorie und die Rechtsprechung haben lediglich versucht, einen dahingehenden Parteiwillen den Umständen zu entnehmen, und so wurde z. B. angenommen, daß der Erwerber schon dann einen solchen Willen geäußert hat, wenn er das Unternehmen unter der bisherigen Firma fortführt oder wenn er seinen Haftungswillen (öffentlich oder den Gläubigern privatim) in handelsüblicher Weise bekanntgemacht hat[463].

Das waren die Regelungsversuche der Praxis[464], die im Jahre 1897 vom neuen BGB aufgenommen und systematisch geregelt worden sind[465]. Daneben ist auch eine Fülle von theoretischen Konstruktionen vertreten worden, wie z. B. die Theorie der Rechtspersönlichkeit des Unternehmens[466], die aber ohne praktische Folgen geblieben sind: ihre dogmatische Unzulänglichkeit war stärker als die Tatsache, daß sie von einem gesunden Gerechtigkeitsgefühl herstammten.

---

[458] Ihde S. 73; Krug S. 103; Simon S. 137—160.

[459] Ihde S. 74; und zwar so, daß eine abweichende Vereinbarung wirkungslos war.

[460] Krug S. 20.

[461] Vertrag zwischen Erwerber und Gläubigern, kumulativer oder privater Schuldübernahmevertrag zwischen Veräußerer und Erwerber, Vertrag zugunsten Dritter, vgl. Ihde S. 104.

[462] Regelsberger S. 27—31, wo auch ausführlich über die verschiedenen Wirkungsmöglichkeiten, vgl. auch Simon S. 96—109.

[463] Krug S. 8; Ihde S. 104; Hellwig S. 402; Simon S. 160—169; Ladenburg S. 55.

[464] Überhaupt die Haftung des Erwerbers — auch de lege ferenda — ablehnend Regelsberger passim.

[465] Vgl. unten S. 109 ff.

[466] Vgl. oben S. 60 f.

Fünftes Kapitel

Das dingliche Sicherungsrecht am Unternehmen
(Das französische Gesetz vom 17. März 1909)

I. Die radikale Lösung des Problems der Verstärkung des Gläubigerrechts ist natürlich die Anerkennung der Möglichkeit eines dinglichen Sicherheitsrechts am Unternehmen. Diese Lösung ist bisher nur von der französischen Rechtsordnung angenommen worden, die ein Registerpfandrecht zur Sicherung der Unternehmensgläubiger vorsieht. Die anderen Rechtsordnungen dagegen sind nur bis zu einer teilweisen und jeweils verschieden stark betonten Verdinglichung des Gläubigerrechts gegangen. Dieses Kapitel enthält eine Darstellung der „absoluten" französischen Lösung, während im nächsten Kapitel die sonst von den Rechtsordnungen beschrittenen Etappen auf dem Wege zur Verdinglichung behandelt werden sollen.

Das französische Recht sieht zwei Fälle eines dinglichen Sicherheitsrechts am Unternehmen:

a) den allgemeinen Fall des Registerpfandrechts und
b) die besonderen Fälle der Vorzugsrechte des Unternehmensverkäufers.

A. Das Registerpfandrecht

II. Das Registerpfand am Unternehmen ist in Frankreich allmählich durch die Praxis entstanden. In der zweiten Hälfte des XIX. Jahrhunderts hat sich der Brauch entwickelt, Pfandrechte am Unternehmensganzen zu bestellen, wobei die Form dieser Pfandrechtbestellung davon abhing, ob die materiellen oder die immateriellen Elemente des Unternehmens überwogen. Im ersten Fall war eine Besitzübergabe erforderlich, im zweiten nicht. Die Zivilgerichte[467] haben dann in ständiger Rechtsprechung die unkörperlichen Bestandteile eines Unternehmens immer als vorherrschend angesehen, und so hat sich die Möglichkeit bestätigt, ein Unternehmen ohne Besitzübergabe zu verpfänden, was zu einer außerordentlichen Verbreitung dieser bequemen Pfandrechtsbestellung geführt hat[468]. Der Gesetzgeber griff zum ersten Male im Jahre 1898 ein, um die Publizität dieses Pfandrechts vorzuschreiben, ohne auf eine genauere Regelung einzugehen[469].

Das Gesetz vom 17. März 1909[470] hat u. a. eine ausführliche Regelung des Pfandrechts am Unternehmen vorgenommen, wobei auch das Prinzip klar festgestellt wurde: „Die Unternehmungen können Gegenstand einer Verpfändung werden, ohne weitere Be-

[467] Im Gegensatz zu den Handelsgerichten, vgl. Butz S. 14.

[468] Vgl. die Entwicklung bei Butz S. 12—14; Montier-Faucon Nr. 1—12.

[469] Das Gesetz vom 1. März 1898 hat bloß einen zweiten Absatz zum Art. 2075 Cod. civ. hinzugefügt, der heute abgeschafft worden ist.

[470] Abgedruckt in Montier-Faucon S. 15—34; dort auch die betreffenden Verordnungen, Gesetzesänderungen und Gesetzesentwürfe S. 34—134. Neuere Gesetzesänderungen s. Ripert Nr. 447; Montier, passim; Montier-Montier, Acte, passim.

dingungen und Formalitäten als die an diesem Gesetze vorgeschriebenen[471]." Sehr charakteristisch für die Entwicklung der Rechtsgedanken in Frankreich und für die völlige Einbürgerung des Pfandrechts am Unternehmen in die französische Rechtsordnung ist die Tatsache, daß die Kommission zur Reform des französischen Handelsgesetzbuches diese prinzipielle Erklärung im Entwurf beseitigt hat, weil sie eine solche als selbstverständlich angesehen hat[472].

Das Gesetz spricht von einem „nantissement" des Unternehmens, und dieser Ausdruck wird meistens, angesichts der Eigenschaft des Unternehmens als „beweglicher Sache", mit dem Wort Pfandrecht (bzw. Pfandrechtsbestellung) übersetzt[473]. Im Grunde genommen aber ist dieses dingliche Sicherungsrecht eine Hypothek; zwar ist sein Gegenstand kein Grundstück, seine ganze Ausgestaltung aber und insbesondere die Besitzlosigkeit seiner Bestellung und das Erfordernis nach einer Registrierung weisen die größten Ähnlichkeiten zur Hypothek (man denke insbesondere an die Schiffshypothek, hypothèque maritime) auf[474].

Das Gesetz verwendet weiter den Ausdruck „fonds de commerce", welcher mit dem Ausdruck „Handelsunternehmen" (bzw. „Handelsgeschäft") übersetzt werden könnte. Hier ist jedoch vom „Unternehmen" schlechthin die Rede, weil auch in der französischen Praxis der Begriff fonds de commerce sehr weit verstanden wird und keine Kaufmannseigenschaft nach den Bestimmungen des code de commerce bei seinem Inhaber voraussetzt[475].

III. Das ganze Rechtsinstitut des französischen Pfandrechts am Unternehmen beruht auf der Publizität, die durch Eintragung in ein besonderes Register erfolgt[476].

Die Pfandrechtsbestellung muß schriftlich vereinbart werden[477]. Eine Abschrift der betreffenden Urkunde muß beim Gericht hinterlegt werden, und das Pfandrecht muß innerhalb von fünfzehn Tagen[478] nach Ausstellung der Urkunde ins Register eingetragen

[471] Art. 8 § 1.

[472] Travaux de commission S. 425, vgl. auch S. 366.

[473] Die Systematik des Code civil entspricht nicht ganz der der Pandektenwissenschaft und den neuen deutsch beeinflußten Gesetzbüchern (BGB, schweiz. ZGB, griech. ZGB). Das nantissement ist der Oberbegriff, welcher das gage (Faustpfand an beweglichen Sachen) und die antichrèse (Fruchtentziehungsrecht an unbeweglichen Sachen zur Sicherung einer Forderung) umfaßt. Die Hypothek wird als ein Unterfall des Vorzugsrechts angesehen. Vgl. Code civil Art. 2071 ff., 2085 ff., 2094 ff.

[474] Ripert Nr. 545; Butz S. 30.

[475] Butz S. 34; Glaser S. 57; einschränkend Cendrier Nr. 295; a. M. Montier-Faucon Nr. 48—51.

[476] Vgl. Ripert Nr. 547; Oppikofer S. 148; Glaser S. 65.

[477] Montier-Faucon Nr. 59—60; Oppikofer, Unternehmen, S. 38.

[478] Fehlt die fristgemäße Eintragung, so ist die Pfandrechtsbestellung ungültig, Art. 11 § 1.

[479] Cendrier Nr. 299; Oppikofer, Unternehmen, S. 39. — Wenn das Pfandrecht auch ein vom Unternehmen benutztes Patent belastet, dann muß die Eintragung auch beim Nationalamt des industriellen Eigentums (Office national de la propriété industrielle) erfolgen, Art. 24 § 3.

werden, welches vom Handelsgericht der Niederlassung des Unternehmens geführt wird[479].

Die Eintragung muß folgende Punkte angeben[480]:

„a) die Namen, Vornamen, Wohnsitze des Gläubigers und des Schuldners sowie auch des Unternehmenseigentümers, wenn der letztere ein Dritter ist, ihren Beruf, falls sie einen haben;

„b) das Datum und die Natur der Urkunde;

„c) . . . den in der Urkunde erwähnten Betrag der Forderung, die Bedingungen bezüglich der Zinsen und der Fälligkeit;

„d) die Bezeichnung des Unternehmens und seiner Zweigniederlassungen falls vorhanden, mit genauer Angabe der Elemente, aus denen sie bestehen und die vom . . . Pfandrecht umfaßt sind, den Gegenstand ihres Betriebes und ihren Sitz unbeschadet aller übrigen sie kennzeichnenden Angaben; falls . . . das Pfandrecht sich auf andere Elemente des Unternehmens erstreckt als die Etablissementsbezeichnung, die Firma, das Pachtrecht und die Kundschaft, so müssen diese Elemente namentlich aufgeführt werden;

„e) Domizilwahl des . . . Pfandgläubigers im Gerichtsbereich des Unternehmerssitzes."

Es wird jedoch angenommen, daß eine mangelhafte Eintragung nicht immer die Unwirksamkeit des Pfandrechts zur Folge hat, nämlich dann nicht, wenn das eingetragene zur Aufklärung der Dritten über die Rechtslage und die Identität des betreffenden Unternehmens genügt[481].

IV. Was den Umfang des belasteten Objekts betrifft, so hat das französische Gesetz eine auch nach allgemeinen rechtsdogmatischen Gesichtspunkten bedeutsame Einteilung der Unternehmenselemente vorgenommen und drei Kategorien daraus gebildet:

a) Elemente, die auf jeden Fall vom Pfandrecht belastet werden, auch wenn nichts darüber vereinbart worden ist[482]);

b) Elemente, die nur dann vom Pfandrecht belastet werden, wenn dies ausdrücklich vereinbart ist[483] und

c) Elemente, die auf keinen Fall vom Pfandrecht belastet werden können[484].

Die Frage taucht sofort auf: Warum hat das Gesetz eine solche Einteilung vorgeschrieben, warum hat es nicht einfach bestimmt, daß

---

[480] Art. 24 § 2; weitere Einzelheiten s. bei Montier-Faucon Nr. 302 ff.

[481] Cendrier Nr. 301 ff.

[482] Art. 9 § 3: „Etablissementsbezeichnung und Firma, Pachtrecht und Kundschaft", vgl. Montier-Faucon Nr. 74; Escarra Nr. 504.

[483] Art. 9 § 1: „die Geschäftseinrichtung, die Gerätschaften und die sonstigen dem Betrieb des Unternehmens dienenden beweglichen Sachen, die Patente, die Lizenzen, die Industrie- und Handelswarenzeichen, die industriellen Zeichen und Muster und im allgemeinen die dem Unternehmen haftenden Rechte aus dem industriellen, literarischen oder künstlerischen Eigentum". — Einige dieser Elemente können als Grundstückszubehör auch hypothekarisch belastet werden. Die Rechtsprechung entscheidet sich in diesem Fall für den Hypothekengläubiger, s. Escarra Nr. 504; Oppikofer, Unternehmen, S. 37.

[484] Siehe unten S. 97.

das Unternehmens ganze dem Pfandrecht unterliegt? Und weiter: Was wird bei einer solchen Einteilung aus dem Gedanken der Unternehmenseinheit und der Nutzbarmachung des Unternehmensmehrwerts? Die Haltung des Gesetzgebers beruht auf wesentlichen und zutreffenden Erwägungen, und zwar:

a) was die Unterscheidung zwischen a) und b) betrifft:

aa) das Gesetz hat dem Rechtsinstitut des Pfandrechts am Unternehmen eine Elastizität geben wollen, die es ihm erlaubt, sich dem Parteiwillen anzupassen: die Vertragschließenden können bis zu einem bestimmten Grad selbst den Umfang der dinglichen Kreditgrundlage bestimmen;

bb) dieselbe Elastizität erlaubt dem Pfandrecht, sich auch den besonderen Eigenschaften jedes Unternehmungstyps und jedes einzelnen Unternehmens anzupassen;

cc) die genauere Betrachtung der Elemente, die unbedingt als Pfandrechtsobjekt angesehen werden, beweist, daß der Gesetzgeber besonders an den Unternehmensmehrwert gedacht hat; „Etablissementsbezeichnung und Firma, Pachtrecht und Kundschaft"[485] sind wohl Erscheinungen und Folgen des allgemeinen Immaterialgutes[486], welches dem Unternehmensmehrwert einen juristischen Ausdruck gibt;

dd) der Pfandgläubiger hat, wenn auch sein Pfandrecht nur einen Teil der Unternehmenselemente belastet, ein Recht darauf, diesen Elementen den Wert zu bewahren, den sie innerhalb des funktionierenden Unternehmensganzen besitzen[487]. Insofern haftet ihm immer das Unternehmensganze, und dadurch trägt der Gesetzgeber dem Einheitsgedanken Rechnung.

b) Was nun die zwingende Ausnahme gewisser Unternehmenselemente aus der Pfandrechtsbelastung betrifft (Fall c), so kann sie nur dann beurteilt werden, wenn man diese Elemente genauer vor Augen hat. Das Gesetz enthält keine Aufzählung, die Rechtslehre aber hat durch argumenta a contrario eine Liste der ausgeschlossenen Elemente zusammengestellt[488]. Die wichtigsten dieser Elemente sind wohl die Waren, die Rohstoffe und Produkte, die Geschäftsforderungen und Geschäftsschulden[489]. Von den letzteren abgesehen, die weiter unten ausführlicher behandelt werden, könnte man als erste Begründung der Ausnahme dieser Elemente die Tatsache berück-

[485] Art. 9 § 3.

[486] S. oben S. 9f.; vgl. Geller S. 151 Anm. 21.

[487] Der Unternehmer darf z. B. nicht sein Unternehmen ohne Genehmigung des Pfandgläubigers verlegen, er darf den Pachtvertrag nicht vertraglich aufheben usw. Jeder Gläubiger darf eine Versteigerung des Unternehmensganzen verlangen (vgl. Art. 13, 14, 18). Ripert Nr. 555—556.

[488] Cendrier Nr. 311, 312; Glaser S. 69—73; Butz S. 44—50; Montier-Faucon Nr. 66.

[489] Weiter gelten als ausgeschlossen: der praenumerando gezahlte Miet- und Pachtzins, die Rücklagen bei Aktiengesellschaften, die Wohnungseinrichtung des Unternehmers (selbstverständlich!), das Grundstück und die Gebäude des Unternehmens; vgl. die in der vorigen Anmerkung Zitierten.

sichtigen, daß sie ständig wechseln können. Sie läßt sich dogmatisch wie auch praktisch schlecht mit einer dinglichen Belastung vereinbaren. Dieser Grund dürfte jedoch nicht überbetont werden, denn eine Belastung des jeweiligen Bestandes wäre keineswegs unmöglich[490].

Ein weiterer Grund dürfte aber viel maßgeblicher sein: Der Gesetzgeber geht vom Gedanken aus, daß der Personalkredit nie völlig aus dem Handelsverkehr ausgeschlossen und durch den Realkredit ersetzt werden kann. Die Waren, Rohstoffe usw. sollen deswegen außerhalb der Pfandrechtsbelastung bleiben, weil sie der Befriedigung des Personalgläubigers dienen sollen. Das führt nun aber zum Problem der Verhältnisse zwischen Real- und Personalgläubiger, die besonders behandelt werden sollen, und zwar unter Berücksichtigung des anderen außerhalb der Pfandrechtsbelastung bleibenden Elementes, nämlich der Geschäftsschulden.

V. Die Anerkennung eines Pfandrechts am Unternehmen bringt die Notwendigkeit einer genaueren Bestimmung der Rangverhältnisse zwischen Personal- und Realgläubiger mit sich. Angesichts dieses Problems herrscht in der französischen Rechtsordnung die Meinung, daß die Unternehmensschulden nicht vom Pfandrecht erfaßt werden und weiter, daß sie nicht zum Unternehmensganzen gehören, woraus auch entnommen wird, daß das Unternehmen keine universitas juris darstellt[491]. Die praktische Erwägung, die zu diesem Ergebnis führt, ist folgende: Wenn auch die Schulden mit vom Pfandrecht umfaßt wären, dann hätte der Pfandgläubiger praktisch nur das etwa aktive „Differenzvermögen" des Unternehmens zu seiner Befriedigung, d. h. der Pfandgläubiger dürfte seine gesicherte Forderung erst nach der Befriedigung aller anderen (Personal-) Gläubiger befriedigen. Danach wären also die Personalgläubiger im Range bevorrechtigt. Deswegen muß nur das Aktivvermögen des Unternehmens als Pfandobjekt angesehen werden[492].

Diese Meinung der französischen Rechtstheorie und Praxis ist nicht unwiderlegbar. Davon abgesehen, daß nicht nur dem Wesen des Unternehmens, sondern auch seiner positivrechtlichen Gestaltung in Frankreich[493] nach das Unternehmensganze die Schulden mitumfaßt, muß weiter bemerkt werden, daß die Rangstellung des Realgläubigers dem Personalgläubiger gegenüber nicht von der juristischen Konstruktion, sondern von dem geäußerten Willen des Gesetzgebers abhängt. Wenn der Gesetzgeber eine Pfandrechtsbestellung am Unternehmen zuläßt, so ist es selbstverständlich, daß der Pfandgläubiger grundsätzlich den Personalgläubigern gegenüber den Vorrang haben soll[494].

---

[490] A. M. bezüglich der Forderungen Glaser S. 72.

[491] Vgl. Morel S. 183; Ripert Nr. 452, 546.

[492] Escarra Nr. 478; vgl. Grunzweig S. 102 Anm. 6.

[493] Siehe unten S. 121 ff.

[494] Grunzweig S. 102—103, Anm. 6.

Das praktische Ergebnis scheint jedenfalls nach französischem Recht festzustehen: der Realgläubiger wird allen Personalgläubigern vorgezogen — und dies ganz unabhängig von der rechtsdogmatischen Begründung dieses Ergebnisses. Dann aber tritt die Bedeutung der Ausnahme der Waren, Rohstoffe usw. vom Pfandrecht deutlich hervor. Die Gefahr wäre nämlich zu groß für die Personalgläubiger, wenn alle Elemente des Unternehmens verpfändet werden könnten[495]: sie sehen, daß das Unternehmen frei von Belastungen ist, und deswegen gewähren sie dem Unternehmer Personalkredit; später kommt der dinglich gesicherte Pfandgläubiger und beseitigt ihre Zugriffsmöglichkeit an manchen Unternehmenselementen. Nicht aber an allen: etwas, nämlich die Waren, Rohstoffe, Forderungen usw. müssen zur Befriedigung der Personalgläubiger vorbehalten bleiben[496].

Während nun diese Lösung des französischen Rechts immerhin die Realgläubiger begünstigt, ist eine andere Lösung vorgeschlagen worden[497], die die Personalgläubiger bevorzugt; nach dieser sollen die Realgläubiger nur den nach der Bestellung des Pfandrechts begründeten Personalforderungen vorgehen; die zur Zeit der Pfandrechtsbestellung schon bestehenden Forderungen müssen dem Pfandrecht vorgehen[498]. Diese Lösung aber geht vielleicht zu weit auf dem Wege des Schutzes der Personalgläubiger, denn der eventuelle Realgläubiger könnte sich unmöglich über die schon bestehenden Unternehmensschulden erkundigen.

VI. Die Rechte des Pfandgläubigers am Unternehmen ergeben sich in konsequenter Weise aus seiner allgemeinen Rechtsstellung, welche der des Hypothekengläubigers ähnlich ist[499]. In gewisser Hinsicht jedoch treten Abweichungen ein, die durch die Tatsache verursacht sind, daß das Unternehmen nicht die absolute Unbeweglichkeit und Unauswechselbarkeit der Grundstücke aufzuweisen vermag.

---

[495] Aus diesem Grund hat der italienische Gesetzgeber das Pfandrecht am Unternehmen überhaupt abgelehnt; so ausdrücklich die Relazione Ministeriale (Nr. 1040) zum neuen Codice civile, zit. von Ghidini S. 55.

[496] Oppikofer, Unternehmen, S. 38; Glaser S. 69ff. mit zutreffender Begründung; vgl. Montier-Faucon Nr. 68. — Daß dies der Zweck dieser Ausnahme ist, bestätigt auch das entsprechende belgische Gesetz (vom 25. Oktober 1919), welches eine Pfandrechtsbelastung der Waren bis zu 50% ihres Wertes zuläßt. — Eine weitere Schutzmaßnahme zugunsten des Personalgläubigers ist durch den Art. 13 § 4 des Getzes getroffen worden, der den Personalgläubigern gestattet, auf Fälligkeit ihrer Forderungen beim Handelsgericht zu klagen, sobald eine Verpfändung des Unternehmens ins Register eingetragen worden ist; das Handelsgericht muß dann würdigen, ob die Verpfändung die Forderung des Personalgläubigers gefährdet, vgl. Butz S. 60—61.

[497] Isay S. 194.

[498] Eine Anwendung des Prinzips prior tempore potior jure zugunsten der Personalgläubiger.

[499] Er kann z. B. nicht, wie der gewöhnliche Pfandgläubiger, sein Recht über die Vorschriften zum Schutze des Eigentums schützen (vgl. BGB § 1227; griech. ZGB Art. 1236), denn dies würde zu einer Besitzerlangung führen, vgl. Butz S. 53.

[500] Oppikofer, Unternehmen, S. 39.

Normal aus dem Wesen der Hypothek[500], ohne Abweichungen und deswegen auch nicht besonders vom Gesetze (1909) vorgeschrieben oder geregelt, entstehen die zwei ersten Rechte des Gläubigers, nämlich

a) das Versteigerungsrecht („droit de vendre"), das Recht, das Unternehmen öffentlich versteigern zu lassen, wenn die Schuld fällig ist und doch nicht vom Schuldner getilgt[501],

b) das Vorzugsrecht („droit de préférence"), das Recht, sich vor allen Personalgläubigern und vor den später eingetragenen Realgläubigern befriedigen zu lassen[502].

Komplizierter erscheint das dritte Recht des Gläubigers, nämlich

c) das Verfolgungsrecht („droit de suite"), das Recht, sich gegen den dritten Erwerber des Unternehmens zu wenden. Dies Recht steht fest, was die Veräußerung des Unternehmens als Ganzen betrifft und wird auch ausdrücklich vom Gesetz vorgeschrieben[503]. Wie ist es aber mit der Veräußerung der Einzelelemente des Unternehmens?

Es besteht darüber keine Meinungseinheit. Manche behaupten, der Pfandgläubiger habe immer ein Verfolgungsrecht gegen den Dritterwerber des Einzelelements[504], andere wollen das Einzelelement dann von der Pfandhaft befreit wissen, wenn die Veräußerung innerhalb der Grenzen einer ordnungsgemäßen Wirtschaft erfolgt ist[505], und andere wollen immer den gutgläubigen Erwerber des Einzelelements schützen[506].

Die letztere Meinung scheint begründeter[507] und wohl auch die überwiegende zu sein. Dadurch entsteht für den Gläubiger keine allzu große Gefahr, denn

aa) die Sachen, die am häufigsten veräußert werden, nämlich die Waren und Produkte, unterliegen sowieso nicht dem Pfandrecht; was also übrig bleibt, ist hauptsächlich das Betriebsinventar;

bb) diese Lösung kann doch nicht zu einer Zersplitterung des Unternehmensganzen führen, weil die immateriellen Werte (Etablissementsname, Firma, Kundschaft, Pachtrecht) nicht einzeln veräußert werden können oder aber ihre Veräußerung der Veräußerung des Unternehmensganzen gleichgestellt wird, so daß ihr Erwerber als Erwerber des Unternehmens angesehen wird und aus

---

[501] Butz S. 53; Montier-Faucon Nr. 115.

[502] Cendrier Nr. 322; Montier-Faucon Nr. 104—110; Escarra Nr. 506; Oppikofer, Unternehmen, S. 39—40.

[503] Art. 16, 22; vgl. Cendrier Nr. 323; Montier-Faucon Nr. 111—114, 198 ff.; Montier-Montier, Droit de suite, insbes. S. 7—26; Escarra Nr. 506; Oppikofer, Unternehmen, S. 40.

[504] Vgl. Butz S. 59.

[505] Vgl. Glaser S. 66.

[506] Cendrier Nr. 323—325; Montier-Faucon Nr. 87; Montier-Montier, Droit de suite, S. 36—39; Escarra Nr. 506. — Sicher dürfte jedoch die analoge Anwendung des Art. 1188 Cod. civ. zum Schutz des Gläubigers sein, wonach die Forderung fällig wird, wenn der Schuldner die Sicherheiten des Gläubigers vermindert, vgl. Butz S. 52.

[507] Vgl. Cod. civ. Art. 2119.

diesem Grunde dem Verfolgungsrecht des Pfandgläubigers unterliegt[508];

cc) das Gesetz greift in besonderen Fällen ein und räumt dem Gläubiger das Recht ein, gegen die Zergliederung des Unternehmens Einspruch zu erheben, was von der Theorie als besonderes

d) Recht des Gläubigers, gegen die Zergliederung des Unternehmens Einspruch zu erheben („droit de s' opposer au démembrement du fonds") aufgefaßt wird. Das Gesetz kennt dieses Einspruchsrecht in folgenden Fällen:

aa) im Fall der Verlegung des Unternehmens[509]; findet eine solche Verlegung statt, ohne daß der Unternehmer sie wenigstens fünfzehn Tage vorher dem Pfandgläubiger mitgeteilt hat, so werden die Forderungen der Pfandgläubiger von Rechts wegen fällig; findet die Verlegung ohne Genehmigung des Pfandgläubigers statt, so entscheidet das Gericht, ob die Fälligkeit der gesicherten Schulden eintreten soll;

bb) das Pachtverhältnis über Unternehmensgrundstücke[510] kann nicht aufgehoben werden, ohne daß die Aufhebung dem Pfandgläubiger einen Monat vorher mitgeteilt wird[511]; sonst wird der Grundstückseigentümer dem Pfandgläubiger schadensersatzpflichtig, wenn die Aufhebung durch das Gericht erfolgt, oder, falls sie vertraglich erfolgt, bleibt sie dem Pfandgläubiger gegenüber unwirksam[512];

cc) im Falle einer Einzelvollstreckung der Gläubiger[513]; sie muß dem Pfandgläubiger zehn Tage vorher mitgeteilt werden, und er hat das Recht, eine Gesamtversteigerung des Unternehmensganzen zu verlangen[514].

Die weitere Regelung des Registerpfandrechts am Unternehmen, wie z. B. das Erlöschen, die Verjährung usw., interessiert hier nicht direkt[515]. Noch ein Wort muß aber über die Vorzugsrechte des Verkäufers gesagt werden.

B. Die Vorzugsrechte des Unternehmensverkäufers

VII. Das französische Gesetz ist vom Gedanken ausgegangen, daß es einen besonderen Fall gibt, in dem der Unternehmer am dringendsten Kredit braucht, nämlich dann, wenn er sich gerade am Anfang seiner Unternehmertätigkeit befindet. Gewöhnlich — wenigstens soll das in Frankreich sehr üblich sein — begründet er kein

[508] Vgl. Oppikofer, Unternehmen, S. 40.

[509] Art. 13; Montier-Faucon Nr. 280-300.

[510] Diese besondere Hervorhebung des Pachtverhältnisses hängt mit der Anerkennung in der französischen Rechtsordnung eines besonderen absoluten Rechts des Pächters am Unternehmensgrundstück zusammen. Über diese „propriété commerciale" s. Escarra Nr. 530 ff.; Ripert S. 156 ff.; zur Vorgeschichte s. André, passim.

[511] Art. 14; Montier-Faucon Nr. 235—279.

[512] Cendrier Nr. 460 bis.

[513] Art. 20; Montier-Faucon Nr. 228—234.

[514] Cendrier Nr. 328; Ripert Nr. 562; Escarra Nr. 506.

[515] Vgl. Cendrier Nr. 293 ff.; Montier-Faucon Nr. 450 ff.; Montier-Montier, passim.

neues Unternehmen, sondern er zieht vor, ein schon existierendes zu kaufen und weiter zu betreiben. Dann wäre aber eine gute Kreditaufnahmemöglichkeit insofern gegeben, als der Verkäufer des Unternehmens den Kaufpreis unter günstigen Bedingungen[516] stunden könnte. Daher hat das französische Gesetz dem Unternehmensverkäufer zwei dingliche Kreditsicherungsmöglichkeiten eingeräumt[517]:

a) die eine ist genau dem Vorbild des normalen Pfandrechts nachgebildet und unterliegt einer ungefähr ähnlichen Regelung. Allerdings mit einem wichtigen Unterschied: in diesem Fall sind auch die Waren mit vom Pfandrecht belastet[518]. Die Entstehungsformalitäten[519], die Art und die Wirkung der Gläubigerrechte sind dieselben wie beim Pfandrecht[520];

b) die zweite Sicherung des Verkäufers besteht aus einem „dinglichen" (d. h. mit Wirkung auch gegen den Dritten) Rücktrittsrecht, falls der Kaufpreis nicht nach Ablauf der Frist bezahlt wird; dieses Rücktrittsrecht knüpft wiederum an das andere Vorzugsrecht, setzt es voraus, entsteht unter denselben Formalitäten und hat denselben Umfang[521]. Die dingliche Wirkung seiner Ausübung zeigt sich auch dadurch, daß sie die Rückübertragung des Eigentums an den Verkäufer zur Folge hat, was übrigens mit der dinglichen Wirkung des Kaufvertrages überhaupt im französischen Recht zusammenhängt.

C. Schlußbemerkung

VIII. Die beiden oben besprochenen Fällegruppen, nämlich das Pfandrecht und die Vorzugsrechte, wiesen ein gemeinsames Moment auf: die Dinglichkeit der Gläubigerrechte. Wenn man nun diesen gesamten Rechtskomplex, der dem Pfandgläubiger oder dem pfandähnlich gesicherten Verkäufer zusteht, vom Standpunkt des Unternehmenserwerbers aus betrachtet, so muß man zum Ergebnis kommen, daß das französische Recht eine echte Realhaftung des Unternehmenserwerbers vorschreibt, und zwar in derselben Form wie bei jedem anderen Erwerb von hypothekarisch belasteten Sachen. Der Erwerber schuldet nicht, er muß aber die Zwangsvollstreckung auf das Unternehmen dulden, und meistens wird er selbst die Schuld tilgen, wenn der Wert des erworbenen Unternehmens höher ist als der Betrag der zu tilgenden Schulden.

---

[516] Hauptsächlich: geschützt gegen die Gefahr eines Konkurses des Schuldners, vgl. Escarra Nr. 495.

[517] Art. 1; vgl. Ripert S. 224—225; Oppikofer, Unternehmen, S. 44.

[518] Cendrier Nr. 220; Montier-Faucon Nr. 149.

[519] Es wird nur zusätzlich vorgeschrieben, daß der Kaufpreis getrennt für die unkörperlichen Elemente, für das Inventar und für die Waren bestimmt werden soll, was als Einschränkung des Pfandgegenstandes im Falle einer Weiterveräußerung und einer hinzukommenden Veränderung der Werte gemeint ist. Vgl. Cendrier Nr. 220; Montier-Faucon Nr. 142 ff.

[520] Vgl. Montier-Faucon Nr. 171—188; Escarra Nr. 500.

[521] Cendrier Nr. 243 ff.; Montier-Faucon Nr. 478 ff.

All das ist bloß die natürliche Folge des dinglichen Gläubigerrechts, welches allein von der französischen Rechtsordnung angenommen worden ist, und zwar als ein Fall des Realkredits überhaupt[522]. Der Handelsverkehr kann aber unmöglich auf den Personalkredit verzichten[523]. Selbst der französische Gesetzgeber hat es eingesehen und hat neben dieser Realkreditmöglichkeit auch dafür gesorgt, daß das Recht des Personalgläubigers eine Verstärkung d. h. eine teilweise Verdinglichung dahingehend erfährt, daß es sich gegen den Unternehmenserwerber richten kann. Diese teilweise Verdinglichung des Personalgläubigerrechts, die man im Gegensatz zur Realsicherung als eine relative Lösung des hier gestellten Problems ansprechen kann, ist auch von den übrigen Rechtsordnungen in verschiedenen Formen und Graden angenommen worden.

Sechstes Kapitel

Die dingliche Wirkung des Personalgläubigerrechts

I. Das besitzlose Pfandrecht — d. h. die Hypothek — an beweglichen Gegenständen ist ein Rechtsinstitut, welches sich schlecht mit den heutigen juristischen Vorstellungen und Gebräuchen vereinbaren läßt. Auch wenn die Publizitätsforderungen durch eine Eintragung erfüllt werden können, so bleibt die Beweglichkeit des Pfandgegenstandes immerhin ein Moment, das die Rechtssicherheit zu bedrohen scheint, wenn dem Pfandgläubiger keine direkte und sinnlich wahrnehmbare Macht über diesen Gegenstand eingeräumt wird. Das Dasein eines Grundstücks übt sozusagen eine „beruhigende“ Wirkung auf unsere Rechtsgedanken aus: es ist da, es kann nie verschwinden, sein Wert kann nur innerhalb gewisser Grenzen schwanken[524], es kann nicht aufgelöst und zergliedert werden, und all das ergibt sich einfach aus natürlichen Grundgegebenheiten, ohne daß dafür besondere Maßnahmen getroffen zu werden brauchen, welche wenigstens unsere geistige Bequemlichkeit stören würden.

Zu diesen teils dogmatischen, teils psychologischen Gründen kommen die praktischen Bedenken, die sich gegen das Registerpfandrecht richten können, und die begründete Überlegung, daß der Realkredit nicht immer den Bedürfnissen des Verkehrslebens gerecht zu werden vermag. Aus allen diesen Gründen haben die meisten Rechtsordnungen die Anerkennung eines dinglichen Sicherungsrechts am Unternehmen abgelehnt. Dafür aber haben sie einen mittleren Weg beschritten und aus der abgelehnten dinglichen Gläubigerstellung in ihrer Ganzheit gewisse Elemente herausgesucht, die sie dann an-

---

[522] Kritische Bemerkungen zum französischen Registerpfandrecht am Unternehmen s. Morel S. 178 f.; Glaser S. 98 ff.; Butz S. 18 ff. und passim; Isay S. 191; Ripert Nr. 545; Tsimaras S. 251.

[523] Siehe oben S. 34—35.

[524] Vgl. A. Koch S. 62.

genommen und verwendet haben, so daß das Ergebnis eigentlich eine Kompromißlösung ist, nämlich eine teilweise — und in den verschiedenen Rechtsordnungen verschieden betonte — Verdinglichung des Gläubigerrechts[525]. Dabei ist immer der persönliche schuldrechtliche Charakter des Gläubigerrechts Ausgangspunkt geblieben, und dementsprechend sind für dieses Recht auch keine Publizitätserfordernisse aufgestellt worden.

Die teilweise Verdinglichung des Gläubigerrechts, welche sich durch das Rechtsinstitut der Erwerberhaftung verwirklicht, bietet den Gläubigern naturgemäß keine absolute Sicherheit. Zwar werden sie gegen die Veräußerung des Unternehmens geschützt, die Befriedigung ihres Rechtes aber kann auch auf andere Weise gefährdet werden, etwa durch Überschuldung des Unternehmers oder durch Untergang des Unternehmens. Ein Schutz gegen diese Gefahren — oder doch wenigstens gegen die Gefahr der Überschuldung — würde entweder ein wirklich dingliches Sicherungsrecht am Unternehmen oder aber eine juristische Trennung zwischen dem Unternehmens- und dem Privatvermögen voraussetzen, eine Trennung, welche auch im statischen Zustand, d. h. unabhängig von jeglicher Veräußerung[526] gelten würde. Diese letztere Lösung ist noch von keiner Rechtsordnung akzeptiert worden[527]. Daher erscheint die Erwerberhaftung als eine Teillösung, welche immerhin die Gläubiger gegen die wichtige Gefahr der Unternehmensveräußerung zu schützen vermag.

Die Untersuchung wendet sich jetzt einer genaueren Darstellung der verschiedenen Rechtssysteme zu. Im Laufe der nachfolgenden Ausführungen wird ersichtlich werden, wie die verschiedenen Merkmale der Dinglichkeit zu dem ursprünglichen persönlichen Gläubigerrecht hinzugefügt werden, von den weniger bedeutenden und kaum das Prädikat der Dinglichkeit verdienenden bis zu einer beinahe vollständigen Verdinglichung. Daß diese inhaltliche Entwicklung auch einer zeitlichen ungefähr entspricht, dürfte vielleicht als Beweis dafür dienen, daß die Entwicklungstendenz auf einer progressiven Überwindung der rechtsdogmatischen Vorurteile beruht und immer mehr den Bedürfnissen des Wirtschaftslebens gerecht wird[528].

---

[525] In derselben Richtung (Ehrenberg)-Pisko S. 211, der von einer relativen „Gebundenheit von Verbindlichkeiten an den Betrieb eines . . . Unternehmens" spricht.

[526] S. oben S. 37.

[527] S. aber oben S. 37 Anm. 197 und S. 42 Anm. 227.

[528] Soll die absolute Dinglichkeit des Gläubigerrechts, wie sie im französischen Recht vorkommt, als natürliches Ende dieser Entwicklung angesehen werden? Zwischen der auch noch so weit geführten teilweisen Verdinglichung eines obligatorischen Rechts und der schlichten Anerkennung eines dinglichen Rechts besteht immerhin ein nicht mehr quantitativer, sondern auch qualitativer Unterschied. Zur Betonung dieses Unterschieds wird das französische Registerpfandrecht nicht zum Schluß der Ausführungen über das teilweise verdinglichte Recht, sondern in einem besonderen Kapitel als eine Lösung für sich dargestellt. Gegen diese Lösung nämlich können sich besondere Bedenken erheben, welche die teilweise Verdinglichung nicht betreffen.

A. Die erleichterte Schuldübernahme (schweizerisches Recht)[529]

II. Das Rechtsinstitut der Schuldübernahme verbleibt grundsätzlich innerhalb des Rahmens der obligatorischen Rechtsverhältnisse. Zwar erlangt der Gläubiger u. U. das Recht von einem Dritten, die Befriedigung seiner Forderung zu verlangen, dies aber bedeutet keinerlei „dingliche Wirkung" seines Rechts, sondern das Ganze spielt sich auf der Ebene der vertraglichen Vereinbarungen ab. Es gibt nun aber — und zwar auffallenderweise in den meisten Rechtsordnungen — einen besonderen Fall, in welchem gewisse dinglichrechtliche Gesichtspunkte mit eine Rolle in der Gesamtregelung der Schuldübernahme spielen und zu einer bedeutenden Erleichterung derselben führen.

Es handelt sich um den Fall der Veräußerung eines hypothekarisch belasteten Grundstücks. Der Gesetzgeber versucht die Spaltung zwischen der Schuld, die beim Veräußerer verbleibt, und der Realhaftung, die mit dem belasteten Grundstück auf den Erwerber übergeht, möglichst zu beseitigen und die Einheit von Schuld und Haftung wiederherzustellen[530]. Zu diesem Zweck schreibt er eine erleichterte Form der vertraglichen Schuldübernahme vor; während gewöhnlich die Schuldübernahme entweder nur durch Vertrag zwischen Übernehmer und Gläubiger[531] oder doch auch durch Vertrag zwischen Schuldner und Übernehmer, aber dann mit Genehmigung des Gläubigers[532], erfolgen kann, ist im Falle des Erwerbs eines hypothekarisch belasteten Grundstücks die Abhängigkeit von der Genehmigung des Gläubigers wenigstens nicht so stark betont[533].

[529] Bei allen Abweichungen unter den verschiedenen positivrechtlichen Regelungen gibt es doch gewisse Problemkomplexe, die bei allen auftauchen und allen gemeinsam sind, auch wenn sie nicht bei allen dieselbe Lösung finden. Während hier die allgemeine Stellungnahme jeder einzelnen Rechtsordnung zum grundsätzlichen Problem der Verdinglichung des Gläubigerrechts sowie auch (kurz) die Probleme behandelt werden, die jeder eigen sind, werden im dritten Teil dieser Arbeit die gemeinsamen Probleme untersucht, welche — rechtsvergleichend gesehen — die „allgemeine Problematik" der Erwerberhaftung darstellen.

[530] Hedemann § 45 I a 4; Hedemann, Schuldrecht, § 29 III a. Einzelproblematik s. bei Heck § 93. — Daß auch in der Schweiz die Erleichterung der Schuldübernahme beim Erwerb eines hypothekarisch belasteten Grundstücks diesem Zweck dienen soll, v. Tuhr-Siegwart § 99 IX 2.

[531] Griech. ZGB Art. 471; Schweiz. OR Art. 176; BGB § 414.

[532] BGB § 415.

[533] In Deutschland (BGB § 416 im Gegensatz zum § 415) „sind seit dem Empfang der Mitteilung sechs Monate verstrichen, so gilt die Genehmigung als erteilt, wenn nicht der Gläubiger sie dem Veräußerer gegenüber vorher schon verweigert hat"; in der Schweiz (ZGB Art. 832 § 2; vgl. OR Art. 183 und im Gegensatz zum Art. 176 OR) „hat ... der neue Eigentümer die Schuldpflicht für die Pfandforderung übernommen, so wird der frühere Schuldner frei, wenn der Gläubiger diesem gegenüber nicht binnen Jahresfrist schriftlich erklärt, ihn beibehalten zu wollen"; in Griechenland (ZGB Art. 476 im Gegensatz zum Art. 471) „wenn der Gläubiger innerhalb von sechs Monaten, nachdem die Transkription der Veräußerung und anschließend eine schriftliche Mitteilung der Schuldübernahme an ihn erfolgt ist, den Wechsel des Schuldners nicht schriftlich ablehnt".

Ein Unternehmen als solches kann in der Schweiz bekanntlich nie hypothekarisch belastet sein. Das Merkwürdige aber ist eben, daß trotzdem die Übernahme eines Unternehmens insofern dem Erwerb eines hypothekarisch belasteten Gegenstandes gleichgestellt wird, als bei jener wie bei diesem eine ähnliche Erleichterung der vertraglichen Schuldübernahme vorgeschrieben ist: es genügt grundsätzlich eine Mitteilung der Schuldübernahme an den Gläubiger, ohne daß ein Vertrag mit demselben erforderlich sei. Man könnte sagen, daß der schweizerische Gesetzgeber, obwohl er keine Hypothek am Unternehmen hat anerkennen wollen, doch von dem latenten Gedanken einer solchen beherrscht wird. Das Ergebnis bezüglich der Schuldübernahme ist jedenfalls dasselbe[534]. Sie wird erleichtert, als ob es eine Realhaftung des Unternehmenserwerbers gegeben hätte[535].

Auf diesem, eigentlich sehr indirekten Umweg läßt sich eine Spur von „dinglicher" Wirkung des Personalgläubigerrechts im schweizerischen Recht feststellen. Daß diese Regelung kaum von einer echten — wenn auch beschränkten — „Verdinglichung" zu sprechen erlaubt, dürfte auf der Hand liegen, zumal sie schon das Hauptmerkmal der Verdinglichung, nämlich die Wirkung gegen Dritte, vermissen läßt. Da die Haftung des Unternehmenserwerbers von dem Willen der Vertragschließenden immer abhängt[536], kann diese Regelung nicht als eine praktisch befriedigende Lösung des Kreditsicherungsproblems angesehen werden.

III. Aus der Formulierung der schweizerischen Regelung entsteht eine weitere rechtskonstruktive Frage, die übrigens auch in anderen Rechtsordnungen, wenn auch nicht in einer so ausgeprägten Form, auftaucht. Wenn das Gesetz von einer Übernahme des (Vermögens oder des) Unternehmens „mit Aktiven und Passiven" spricht, muß man dann nicht daraus entnehmen, daß

[534] Es bestehen jedoch gewisse rechtsdogmatisch unerhebliche Unterschiede: beim Unternehmenserwerb bleibt der Veräußerer als Mitschuldner während zwei Jahre haftend, während beim Erwerb der hypothekarisch belasteten Grundstücke der Veräußerer sofort befreit wird, bloß kann der Gläubiger diese privative Schuldübernahme innerhalb eines Jahres ablehnen. — Die Ähnlichkeit zwischen den beiden Fällen unterstreicht auch v. Tuhr-Siegwardt § 99 IX 2, ohne jedoch daraus weitere Konsequenzen zu ziehen.

[535] Eine ähnliche Erscheinung tritt auch im deutschen Recht auf: zur Begründung einer Haftung des Unternehmenserwerbers genügt (auch wenn die Firma nicht fortgeführt wird) eine Bekanntmachung der Schuldübernahme in handelsüblicher Weise, HGB § 25 III, vgl. unten S. 115.

[536] In der schweizerischen Rechtswissenschaft ist der Versuch gemacht worden, diese Haftung des Unternehmenserwerbers als zwingendes Recht anzusehen (so Oser-Schönenberger, Art. 181 Nr. 3, zit. nach v. Tuhr-Siegwart § 99 VII 2, Anm. 112). Dieser Versuch scheint aber unbegründet angesichts der eindeutigen Formulierung des Gesetzes. Sicher ist dagegen, daß die Vertragschließenden die Schuldübernahme ausschließen können, so v. Tuhr-Siegwart § 99 VII, 2, Quid juris wenn die Parteien nichts über diesen Punkt vereinbart haben? Die oben genannten Autoren nehmen keine eindeutige Stellung dazu. Anzunehmen ist aber wohl, daß auch dann keine Schuldübernahme im Sinne des Art. 181 OR erfolgt. Das Gesetz scheine eine positive Vereinbarung zu verlangen, vgl. auch Oppikofer, Unternehmen, S. 34.

der Gesetzgeber die Schulden eben nicht als Bestandteil des Unternehmens, sondern als ein bloß zusätzliches Element ansieht? Eine solche Argumentation wäre indessen unzutreffend. Der Gesetzgeber hat nur die Möglichkeit vor Augen, daß die Vertragsparteien die Schulden aus dem Unternehmensganzen, dem sie eigentlich angehören, herausziehen und getrennt behandeln. Nur in diesem Sinne stellt sich der Gesetzgeber ein Unternehmen „ohne Schulden“ vor. Und dies abgesehen davon, daß diese Absonderung und getrennte Behandlung eventuell nur einen Teil der Passiven betreffen kann.

Übrigens zeigt sich die Unzulänglichkeit dieser Argumentation dann am deutlichsten, wenn man sie bis zu ihren logischen Endfolgerungen führt. Das Gesetz spricht nämlich von „Aktiven und Passiven“. Sollen nun diese beiden Begriffe dem des Unternehmens oder des Vermögens in der Weise gegenübergestellt werden, daß ein Vermögen oder ein Unternehmen überhaupt ohne Aktiven und Passiven vorstellbar sein sollte?

Der wahre Gedanke des Gesetzgebers widerspricht einer wesensgerechten Auffassung des Unternehmensganzen nicht. Der Unternehmensbegriff umfaßt alle Elemente des Unternehmens, alle Aktiven und Passiven, alle Unternehmensforderungen und Unternehmensschulden[537]. Die gesetzliche Regelung ist keine Begriffsbestimmung, sondern sie stellt eine positivrechtliche Anerkennung der Möglichkeit dar, die Passiven oder die Aktiven oder einen Teil derselben vertraglich besonders zu behandeln.

IV. Nach dem bisher Gesagten[538] scheint es, daß dem Prinzip der Unternehmenseinheit im Rahmen der schweizerischen Rechtsordnung eine geringere Bedeutung zukommt. Dieses Prinzip behält aber doch seine Bedeutung als Richtschnur für die Auslegung, wie dies sich am besten hinsichtlich des viel umstrittenen Problems der „unrichtigen Mitteilungen“ zeigen wird.

Die hier zu beantwortende Frage kann folgendermaßen formuliert werden: Was geschieht, wenn die den Gläubigern mitgeteilte Schuldübernahme nicht der wahren vertraglichen Vereinbarung entspricht? Soll der Übernehmer trotz der Vereinbarung haften oder soll der Gläubiger trotz der Mitteilung sich nicht an den Übernehmer wenden können[539]? Die Frage kann nicht auf Grund begriffslogischer Erwägungen, wie z. B. welcher von den beiden gesetzlichen Voraussetzungen (Vereinbarung und Mitteilung) ein größeres Gewicht zukommen soll[540], eine befriedigende Antwort finden. Die

[537] Gerade hinsichtlich des Art. 181 OR sehen Fick Anm. 15 zu § 181 und Gmür-Becker Anm. 4 zu § 181 die obligatorischen Verpflichtungen als Bestandteil des Vermögens an.

[538] Vgl. insb. oben S. 106 Anm. 536 i. f.

[539] Gmür-Becker Anm. 6 zu § 181 spricht der Mitteilung überhaupt eine geringere Bedeutung zu; er behauptet (zu Unrecht), daß die Mitteilung keine Voraussetzung der Übernehmerhaftung sei, daß die Gläubiger immer die Übernahme beweisen und sich danach an den Erwerber wenden können.

[540] Vgl. v. Tuhr-Siegwart § 99 VII 4. — Daß prinzipiell alle Tatbestandsmerkmale gleichwertig sind, s. bei Würdinger, Anwartschaft, S. 28—32.

Lösung muß vielmehr auf einer zutreffenden Auffassung der Unternehmenseinheit beruhen.

Man muß folgende Fälle unterscheiden[541]:

a) Die Mitteilung läßt eine Schuldübernahme in weiterem Umfang annehmen, als es der Tatsache entspricht (es wird z. B. eine beschränkte Schuldübernahme vereinbart und eine unbeschränkte mitgeteilt);

b) es wird eine Schuldübernahme — gleich ob beschränkt oder unbeschränkt — mitgeteilt[542], während in Wirklichkeit keine vereinbart worden ist (oder die scheinbar vereinbarte nichtig ist);

c) es wird eine Schuldübernahme mitgeteilt, während das ganze sie enthaltende Rechtsgeschäft (Vermögens- bzw. Geschäftsübernahme) nichtig oder überhaupt nicht vorgenommen worden ist.

In den Fällen a) und b) erwirbt der Erwerber grundsätzlich das Unternehmen (oder das Vermögen), d. h. praktisch, er erwirbt wenigstens einen Teil der Aktiven; im Fall c) dagegen hat der Erwerber nichts erworben, er ist überhaupt kein „Erwerber". Diese unterschiedliche Ausgestaltung der Interessenlage gebietet eine unterschiedliche juristische Behandlung der Erwerberhaftung: in den ersteren Fällen greift die Wirkung der Publizität ein, und der Erwerber haftet auf Grund und nach Maßgabe der Mitteilung, weil er ja die Aktiven — wenigstens teilweise — erworben hat, die ihm die Tilgung der Schulden ermöglichen. Im letzteren Fall muß die Wirkung der Publizität zurückgedrängt werden: der „Erwerber" muß trotz der Mitteilung frei von jeder Haftung bleiben, weil er eben nichts erworben hat. Der Gedanke der Unternehmenseinheit gerade bezüglich der Schulden übt hier seine Wirkung aus, wenn auch nur in dem beschränkten Spielraum, welchen ihm die schweizerische Rechtsordnung zuspricht: die Schulden bleiben bei dem Veräußerer oder gehen auf den Erwerber über, je nachdem, ob das Unternehmensganze beim Veräußerer verbleibt oder auf den Erwerber übergeht[543].

V. Die sonstige Regelung der Erwerberhaftung im schweizerischen Recht zeigt nur, wie wenig weit der Gedanke der Verdinglichung des Gläubigerrechts getragen ist. Hier dürfen zwei Punkte besonders betont werden:

---

[541] Vgl. ähnliche Unterscheidungen, die übrigens z. T. zu ähnlichen praktischen Ergebnissen führen, obwohl sie meistens auf empirischen oder formallogischen Begründungen beruhen, bei v. Tuhr-Siegwart § 99 VII 5; Fick Anm. 25 ff zu § 181.

[542] Es muß hier erwähnt werden, daß nach schweizerischem Recht nur der Unternehmenserwerber die Mitteilung vornehmen kann; Fick Anm. 12 zu § 181; der Veräußerer kann es nur als Vertreter des Erwerbers, v. Tuhr-Siegwart § 99 VII 3, Anm. 113.

[543] Ein weiterer Ausfluß des Prinzips der Unternehmenseinheit wäre dann gegeben, wenn man annehmen würde, daß der Erwerber im Innenverhältnis immer die Schulden übernimmt, und zwar einfach dadurch, daß er das Geschäft übernommen hat; so in einer nicht widerspruchslosen Formulierung Gmür-Becker Anm. 1, 2 zu § 181. Eine solche Annahme paßt aber zum ganzen System der schweizerischen Regelung unseres Themas nicht: das Gesetz verlangt immer eine positive Vereinbarung der Parteien.

a) es gibt keine betrags- oder gegenstandsmäßige Beschränkung der Erwerberhaftung[544]. Die (erleichterte) vertragliche Schuldübernahme hat eine echte persönliche Haftung des Unternehmenserwerbers zur Folge, keine Realhaftung. Die Lösung übrigens erscheint als eine folgerichtige Konsequenz der ganzen Ausgestaltung der Erwerberhaftung, die sich auf der obligatorischen Ebene abspielt und immer vom Parteiwillen abhängt;

b) die Erwerberhaftung wird nicht einmal in dem Falle anders ausgestaltet, in welchem auch gesellschaftsrechtliche Gesichtspunkte eine Rolle spielen und die Haftung des neuen Inhabers entsprechend strenger und mehr nach dinglicher Art ausgestalten könnten. Das schweizerische Recht[545] schreibt ausdrücklich vor, daß die Regeln über den Unternehmenserwerb bezüglich der Unternehmensschulden auch dann zur Anwendung kommen, wenn zwei Einzelunternehmungen sich vereinigen oder wenn das bisher vom Einzelinhaber betriebene Geschäft von einer Personalgesellschaft weiter betrieben wird[546].

B. Die bedingte und abdingbare persönliche Haftung des Unternehmenserwerbers (deutsches Recht)

VI. Einen weiteren und viel bedeutenderen Schritt auf dem Wege zur Verdinglichung des Personalgläubigerrechts hat die deutsche Rechtsordnung durch die §§ 25ff. HGB gemacht. Die Regelung erlangt hier eins der hauptsächlichsten Merkmale der Verdinglichung, nämlich die Wirkung des Gläubigerrechts gegen den Dritten (Verfolgungsrecht). Der Unternehmenserwerber haftet grundsätzlich kraft Gesetzes für die Unternehmensschulden[547].

Es handelt sich nicht um einen echten Schuldübergang etwa mit der Wirkung einer privativen Schuldübernahme. Zwar kann eine solche besonders vereinbart sein, was aber das Gesetz als zwingendes Recht vorschreibt, ist nur eine „Mithaftung" des Erwerbers[548], die den Veräußerer nicht befreit, die also praktisch nur die Wirkung einer kumulativen Schuldübernahme hat. Juristisch handelt es sich um einen Fall des Schuldbeitritts kraft Gesetzes. Diese Lösung, die übrigens auch von allen Rechtsordnungen angenommen wird, welche eine Haftung des Unternehmenserwerbers vorschreiben, stellt sich als Verwirklichung des Grundgedankens dar, daß den Gläubigern nicht ohne ihre Mitwirkung ein neuer Schuldner aufgedrängt werden darf[549]. Den Belangen des Veräußerers ist nur insofern Rechnung

---

[544] Fick Anm. 17 zu § 181.

[545] OR Art. 182.

[546] Vgl. Fick Anm. zu § 181; v. Tuhr-Siegwart § 99 VIII.

[547] Vereinzelte Auffassung Oppikofers, Unternehmen, S. 34, der die Regelung der §§ 25ff HGB als eine Maßnahme zum Schutze des Verkehrs, nicht dagegen der Gläubiger ansieht.

[548] Vgl. Friedrich S. 16; Würdinger Anm. 12 zu § 25; Müller-Erzbach S. 82.

[549] Domke S. 84 mit ausführlicher und zutreffender Begründung.

getragen worden, als das Gesetz die Ansprüche der Gläubiger gegen den früheren Inhaber einer kürzeren Verjährung unterliegen läßt[550].

VII. Die eben angeführte dingliche Wirkung des Gläubigerrechts könnte schon deswegen bedenklich erscheinen, weil das mit dinglicher Wirkung verstärkte Recht des Unternehmensgläubigers ohne jegliche Publizität der Unternehmensschulden entsteht. Dieser Zustand birgt gewisse Gefahren für den Unternehmenserwerber, der die Höhe der Unternehmenspassiven nicht genau erfahren kann, eine Schwierigkeit, die bei jeder Verdinglichung eines Forderungsrechts auftritt und die den Gesetzgeber veranlaßt, dadurch ein gewisses Gleichgewicht wiederherzustellen, daß er die dingliche Wirkung anderweitigen beschränkenden Voraussetzungen unterstellt.

Das Fehlen an einer Publizität der Unternehmensschulden ist jedoch nicht der einzige und auch nicht der wichtigste Grund, welcher diese anderweitigen beschränkenden Voraussetzungen der dinglichen Wirkung erfordert. Auch ohne Publizität kann sich der Erwerber über den Bestand der Passiven, obzwar nicht mit absoluter Sicherheit, Kenntnis verschaffen, z. B. durch Privatauskünfte[551] und durch die Handelsbücher. Was vielmehr eine Beschränkung der dinglichen Wirkung unbedingt verlangt, ist die Tatsache, daß diese Wirkung nach deutschem Recht in einer gewissen Hinsicht weit über die normale Wirkung des dinglichen Rechts hinausgeht.

Während das dingliche Recht normalerweise eine entsprechende dingliche Haftung des Dritten hervorruft, hat im deutschen Recht das verdinglichte Forderungsrecht gegen den Unternehmenserwerber eine persönliche Haftung desselben zur Folge[552]. Der Unternehmenserwerber haftet auf Grund des § 25 HGB unbeschränkt auch mit seinem Privatvermögen für die Unternehmensverbindlichkeiten. Seine Haftung ist weder betrags- noch gegenstandsmäßig beschränkt[553].

In dieser Richtung ist der Gesetzgeber so weit gegangen, daß er die normalen Grenzen der Dinglichkeit überstiegen hat. Diese abnormale, zu einer persönlichen Haftung des Dritten führende Ausgestaltung der dinglichen Wirkung zusammen mit dem Fehlen an

---

[550] HGB § 26. — Diese „handelsrechtliche" Verjährung tritt nur dann ein, wenn der Erwerber kraft zwingender handelsrechtlicher Vorschriften (Firmenfortführung oder Bekanntmachung der Schuldübernahme in handelsüblicher Weise), nicht dagegen, wenn er auf Grund eines „besonderen (bürgerlichrechtlichen) Verpflichtungsgrundes" haftet, so Friedrich S. 48. Übrigens widerspricht es guter kaufmännischer Moral, Verjährung einzuwenden, Friedrich S. 49.

[551] Lehmann, Gläubigerschutz, S. 3 f., weiter S. 7—20; Herold-Hilgermann-Bernicken S. 83; daß die Banken aber nur sehr beschränkt Auskünfte über ihre Kunden erteilen dürfen, s. Loukopoulos S. 86—90; Dalsheim S. 13 ff.

[552] Diese Tatsache kommt auch in dem vergleichbaren § 27 HGB zum Ausdruck. Wenn nämlich der Erbe das ererbte Unternehmen mit Firma fortführt, haftet er auch dann unbeschränkt persönlich, wenn nach erbrechtlichen Regeln seine Haftung auf den Nachlaß beschränkt sein sollte, s. unten S. 114—115.

[553] Davon abgesehen, daß er u. U. auch für Privatschulden des Unternehmensveräußerers, und zwar wiederum unbeschränkt haftbar gemacht werden könnte, vgl. oben S. 70 Anm. 343.

Publizität haben es dringend notwendig gemacht, daß der Gesetzgeber an Auswege denkt, welche den Erwerber schützen und seine Haftung auf andere Weise beschränken könnten.

VIII. Das deutsche Gesetz schreibt für die Unternehmenserwerberhaftung zwei beschränkende Voraussetzungen[554] vor:

a) Der Unternehmenserwerber haftet nur dann, wenn er die bisherige Firma fortführt[555].

Die Rechtswissenschaft hat auf den verschiedensten Wegen versucht, diese Anknüpfung der Erwerberhaftung an die Firmenfortführung zu begründen. Schon die Denkschrift zum Entwurf des HGB[556] hat sich auf zwei wesensverschiedene Gründe berufen: einmal sollte der neue Inhaber der Firma deswegen haften, weil die Verkehrsauffassung „die Firma ohne Rücksicht auf die Person ihres Inhabers als Eigentümerin des Handelsvermögens, als Trägerin der durch den Handelsbetrieb begründeten Rechte und Pflichten" ansieht, was übrigens die Denkschrift selbst als eine „rechtlich nicht zutreffende Auffassung" bezeichnet, und zweitens sollte der Erwerber haften, „denn der Erwerber eines Geschäfts, der die Firma, wenngleich nur mit einem Zusatze, fortführt, erklärt dadurch seine Absicht, in die Geschäftsbeziehungen des früheren Geschäftsinhabers so weit als möglich einzutreten".

Die erste Begründung, die eigentlich die Erwerberhaftung „kraft Firmenfortführung" auf einer „rechtlich nicht zutreffenden" Verkehrsauffassung beruhen läßt, stellt in der Tat eine abgeschwächte Form der Rechtspersönlichkeitstheorie dar und dürfte heute als allgemein überwunden gelten[557]. Die Theorie der durch die Firmenfortführung erfolgenden stillschweigenden Willenserklärung hat sich als lebenskräftig erwiesen[558]. Sie ist aber ebenso unbegründet, wie die erste: warum eine Willenserklärung konstruieren, wenn keine

---

[554] Zum Begriff der „Voraussetzung" s. Schmidt S. 64 ff.; nach der von Schmidt eingeführten Terminologie handelt es sich dabei um „funktionelle Nötigungstatbestände" (im Gegensatz zu den teleologischen) s. S. 76 und 81. Zwar löst das Verhalten der Person gewisse Rechtsnachteile aus, die nachteiligen Rechtsfolgen aber bezwecken nicht das Hervorrufen des entgegengesetzten Verhaltens (in diesem Fall: der Nichtfortführung der Firma oder des Abschlusses einer abweichenden Vereinbarung).

[555] Die in der Rechtswissenschaft herrschende Auffassung über die Bedeutung der Firmenfortführung für die Erwerberhaftung stimmt mit der im Text vertretenen Meinung nicht überein; gewöhnlich wird die Fortführung der Firma als der eigentliche gesetzliche Grund der Erwerberhaftung, während sie hier nur als eine „beschränkende Voraussetzung" aufgefaßt wird. Die herrschende Meinung mag historisch begründet sein, rechtsdogmatisch jedoch kann die Anknüpfung der Erwerberhaftung an die Firmenfortführung nur als eine „Ausnahme" vom Prinzip der dinglichen Wirkung des Personalgläubigerrechts verstanden werden, s. weiter im Text.

[556] Zit. nach Krug S. 12.

[557] Nachwirkungen dieser Theorie auch bei Bruckhuisen S. 15—16. — Immerhin zeigen sich hier gewisse Ausstrahlungen des Rechtsscheingedankens, der in diesem Fall an die Firmenfortführung anknüpft, dazu Eichler insbes. S. 101.

[558] Vgl. Heymann S. 34.

vorhanden ist und keine vorhanden zu sein braucht, wenn das Gesetz eine Folge an einen objektiven Tatbestand anknüpft[559]? Und weiter: wie könnte hier im Rahmen der heutigen Rechtssystematik eine einseitige Willenserklärung verbindlich sein ohne besondere gesetzliche Bestimmung[560]? Und wie wäre es, wenn der Erwerber beweisen würde, daß er die Vorschrift des § 25 nicht kannte und sich daher über den Inhalt seiner Erklärung geirrt hatte[561]?

An sonstigen Begründungsversuchen hat es nicht gefehlt. In einer früheren Zeit, zu der die Firmenfortführung überhaupt als eine rechtlich abnormale und praktisch unerwünschte Erscheinung angesehen wurde[562], hat man die Haftung des Erwerbers als eine anzustrebende erschwerende Bedingung der Veräußerbarkeit der Firma befürwortet[563]. Später ist die Firma als Bezeichnung einer besonderen „kaufmännischen" Persönlichkeit des Unternehmers und die Firmenfortführung als eine Nachfolge in diese Persönlichkeit angesehen worden[564]. Schließlich ist die Meinung vertreten worden, daß der Firmenerwerber nicht nur ein Vermögen, sondern auch eine „Erwerbsgelegenheit" erwirbt, was seine Haftung, und zwar persönlich-unbeschränkt rechtfertigt[565].

Alle diese Begründungsversuche können nichts gegen die einfache Überlegung, daß die Haftung des Unternehmenserwerbers ein Institut ist, welches zum Schutz der Unternehmensgläubiger eingeführt worden ist, und daß die Lage dieser Gläubiger ganz die gleiche ist, ob der Erwerber die bisherige Firma fortführt oder eine neue annimmt[566]. Man kann die Anknüpfung der Erwerberhaftung an die Fortführung der Firma nur als einen — eigentlich mißglückten — Versuch des Gesetzgebers verstehen, die zu weit getragene und zu einer persönlichen Haftung des Erwerbers führende Verdinglichung des Gläubigerrechts durch eine zusätzliche Voraussetzung zu beschränken, so daß das Gleichgewicht wieder einigermaßen hergestellt

[559] Hellwig S. 402—403; vgl. Würdinger Anm. 1 zu § 25. — Hier sei auch die beiläufige Bemerkung gestattet, daß der BGH gegenüber der Rechtsprechung des RG sehr viel vorsichtiger mit der Annahme einer sog. „stillschweigenden Willenserklärung" verfährt.

[560] BGB § 305; vgl. Hedemann, Schuldrecht, § 4 I. — Allerdings muß hier bemerkt werden, daß das HGB in demselben Paragraphen (Absatz III) einer einseitigen Willenserklärung eine bindende Wirkung zuspricht, vgl. unten S. 115, aber auch Hellwig S. 403.

[561]) Ihde S. 116—117.

[562] Vgl. Anonymus S. 515—516, der im Jahre 1827 von „Ärger", „Mißbrauch", „Täuschung", „irrige Vorstellung" usw. bezüglich der Firmenfortführung spricht, die „gewiß keine Begünstigung verdient".

[563] So Adler S. 31. — Gegen eine solche Auffassung mit Recht Schmidt S. 81.

[564] So Geller S. 121—131, 102.

[565] So Helle S. 56. — In derselben Richtung schreibt Müller-Erzbach S. 81, daß „allein im Falle der Fortführung der Firma eine wirkliche Übernahme des Unternehmens vorliegt".

[566] Ausdrücklich so Domke S. 64—65; vgl. Morel S. 194. Über die beschränkte Bedeutung der Publizität in diesem Zusammenhang s. unten S. 113.

wird[567]. Dazu dient übrigens auch eine zweite beschränkende Voraussetzung, nämlich daß

b) der Unternehmenserwerber nur dann haftet, wenn keine abweichende Vereinbarung getroffen worden ist[568].

Anders als die erste bedarf diese zweite beschränkende Voraussetzung keiner besonderen Begründung: hier stellt der Gesetzgeber die Haftung des Unternehmenserwerbers der Schuldübernahme teilweise gleich und läßt die dingliche Wirkung des Gläubigerrechts vom Willen der Vertragschließenden abhängen. Der gesetzliche Gedanke scheint klar zu sein: die viel zu starke Belastung des Erwerbers soll ausgeschlossen werden können — wiederum ein Versuch, das durch die persönliche, unbeschränkte Haftung des Erwerbers gestörte Gleichgewicht zwischen den Belangen der Gläubiger und dem des Erwerbers wiederherzustellen.

Die abweichende Vereinbarung genügt übrigens an sich noch nicht, damit die Erwerberhaftung ausgeschlossen sei. Sie muß vielmehr auch entweder in das Handelsregister eingetragen und bekanntgemacht oder dem Dritten mitgeteilt werden. Was nützt nun praktisch den Gläubigern diese ganze Publizität[569]? Natürlich werden sie sich nicht auf die Haftung des Erwerbers verlassen können, und sie werden schnellstens gegen den Veräußerer klagen. Die Klage aber wird sich als zwecklos erweisen, wenn die Kreditgrundlage, nämlich das Unternehmen, ihrem Zugriff entzogen ist und der Veräußerer kein anderes greifbares Vermögen besitzt. Die praktische Bedeutung dieser Publizitätsvoraussetzungen scheint also ziemlich gering zu sein. Was sie eigentlich bezwecken, ist lediglich eine technische Erschwerung des Haftungsausschlusses. Es ist so, als ob der Gesetzgeber das Gefühl hatte, er wäre durch die Anerkennung der Ausschlußmöglichkeit zu weit in der entgegengesetzten Richtung zum Schutz des Erwerbers und zum Nachteil der Gläubiger gegangen, und nun versucht er, diesen Ausschluß wenigstens durch Formvorschriften zu erschweren[570].

---

[567] Die einzelnen Auslegungsfragen bezüglich der Firmenfortführung können hier nicht eingehend besprochen werden: die Fortführung der Firma hat die Haftung des Erwerbers zur Folge, auch wenn sie ohne Genehmigung des Veräußerers erfolgt, Helle S. 61; Friedrich S. 14; Bruckhuisen S. 190; Hellwig S. 403; die Firma braucht nicht eingetragen zu sein, Friedrich S. 14; Krug S. 13; Würdinger Anm. 4 c zu § 25; wenn eine „Fortführung“ vorliegt, ist eine questio facti, Friedrich S. 12; der Erwerber haftet auch dann, wenn der Gläubiger eine sich im Innenverhältnis beschränkende eventuelle Nichtübernahme kennt, a. M. Wolff S. 263; er haftet dagegen nicht, wenn der Gläubiger die Unwirksamkeit oder die Anfechtbarkeit des Unternehmenserwerbs kennt, Würdinger Anm. 10 a zu § 25.

[568] Einzelproblematik bei Würdinger Anm. 20—24 zu § 25.

[569] Natürlich außer einer Klarstellung, die durch die Publizität erreicht wird.

[570] Einzelproblematik: wenn dem Gläubiger von dem Erwerber und dem Veräußerer zwei abweichende Mitteilungen zugehen, so ist die der Wirklichkeit entsprechende wirksam, Würdinger Anm. 23 zu § 25; a. M. Wolff S. 263 Anm. 45; die auf § 15 II beruhende Einrede des Gläubigers, daß er den Anschluß weder kannte noch kennen mußte, bewirkt keine Haftung des Erwerbers; höchstens kann der Gläubiger in diesem Fall die aus der abgewiesenen Klage (gegen den Erwerber) erwachsenen Prozeßkosten verlangen, Wolff S. 262.

IX. Zu diesen beschränkenden Voraussetzungen kommt eine Einschränkung des Anwendungsbereichs der betreffenden Vorschriften, auf welche hier nur ganz kurz hingewiesen werden soll:

a) die Vorschriften finden nur auf Handelsunternehmungen Anwendung. Die land- und forstwirtschaftlichen Unternehmungen sind auf jeden Fall ausgeschlossen[571]. Sonst ist aber diese Beschränkung nicht so sehr wichtig; denn die Aufzählung des § 1 HGB umfaßt so gut wie alle Industrie-, Handels- (i. e. S.) und Hilfsunternehmungen;

b) die Vorschriften über die Unternehmenserwerberhaftung finden nach herrschender Meinung keine Anwendung auf Kleinunternehmungen, d. h. auf Unternehmungen, die von Minderkaufleuten betrieben werden[572]. Diese Lösung kann sich sowohl auf begriffsjuristische wie auch auf teleologische Argumente berufen: einerseits sind die Vorschriften über die Erwerberhaftung im dritten Abschnitt des ersten Buches des HGB unter dem Titel „Handelsfirma" enthalten, und der § 4 HGB schließt ausdrücklich die Anwendung der Vorschriften über die Firma auf Handwerker und Kleingewerbetreibende aus; andererseits — was allein maßgebend sein dürfte — ist eine „Veräußerung" des kleinen Unternehmens faktisch unmöglich[573], so daß eine Erwerberhaftung schon aus diesem Grunde ausscheidet. Dazu kommt die wirtschaftliche Erwägung, daß oft der Minderkaufmann weniger vom Kredit abhängt und demnach ein besonderer Schutz seiner Gläubiger nicht so notwendig ist.

X. Die Regelung der Haftung des Unternehmenserwerbers nach deutschem HGB wird allgemein und mit Recht als unbefriedigend angesprochen: die dauernde Schwankung des gesetzgeberischen Gedankens zwischen der zu weit getragenen Haftung des Erwerbers und den etwas willkürlichen beschränkenden Voraussetzungen, der Firmenformalismus, und vor allem die Möglichkeit der Parteien, die Haftung überhaupt zum Nachteil des Gläubigers auszuschließen, sind wohl die allgemein anerkannten Nachteile der deutschen Regelung[574]. Der Gesetzgeber selbst hat durch verschiedene einzelne Vorschriften versucht, seine Regelung zu ergänzen:

a) im Falle der Erbfolge[575] stellt der § 27 HGB[576] eine strengere Regelung der Erwerberhaftung dar: der Erbe kann, wie oben bereits erwähnt, auf Grund dieser Vorschrift auch dann unbeschränkt haften, wenn er nach erbrechtlichen Grundsätzen seine Haftung beschränkt hat, während die handelsrechtliche Beschränkung seiner Haftung ihm

[571] HGB § 3. — Kritische Stellungnahme dazu unten S. 142 ff.

[572] HGB § 4, vgl. Domke S. 93 und unten S. 148 f.

[573] S. ausführlich unten S. 150 ff.

[574] Domke S. 64—65, 73—74.

[575] Binder, Rechtsstellung, S. 36 verneint die Vererbbarkeit des Unternehmens überhaupt; gegen Binder schon Strohal S. 22.

[576] Einzelproblematik bei Würdinger zu diesem Paragraphen; Müller-Erzbach S. 83; vgl. auch Oppikofer, Unternehmen, S. 49.

nicht nützt, wenn die erbrechtlich beschränkte Haftung nicht eingetreten ist[577];

b) im Falle eines Teilerwerbs des Unternehmens durch eine Gesellschaft[578], nämlich dann, wenn ein persönlich haftender Gesellschafter oder ein Kommanditist in das Unternehmen des Einzelkaufmannes eintritt, wird die Haftung des Erwerbers (der Gesellschaft) insofern verschärft, als sie nicht mehr von der Fortführung der Firma abhängig gemacht wird[579]. Der juristische Grund dieser Sonderbehandlung ist die Einheit des Gesellschaftsvermögens[580], während ihr wirtschaftlicher Grund darin zu suchen ist, daß hier der Veräußerer überhaupt keine Gegenleistung in die Hand nimmt: die „Gegenleistung" besteht ja nur in dem Gesellschaftsanteil, der dem Gesellschafter gebührt;

c) das Gesetz[581] hat ferner einen besonderen Verpflichtungsgrund des Erwerbers vorgeschrieben, nämlich die in handelsüblicher Weise zu erfolgende Bekanntmachung der Passivenübernahme seitens des Erwerbers. Dabei entsteht die Streitfrage, ob diese Bekanntmachung eine verbindliche einseitige Willenserklärung des Erwerbers darstellt[582] oder ob sie eine erst im Innenverhältnis wirkende Schuldübernahme voraussetzt[583]. Nach der in dieser Arbeit vertretenen Meinung[584] läßt sich dieses Problem auf einer anderen Basis lösen: eine im Innenverhältnis wirkende Schuldübernahme liegt bei jeder Unternehmensveräußerung vor, wenn nichts Abweichendes vereinbart worden ist. Diese interne Schuldübernahme ruft nach § 25 III HGB direkte Ansprüche des Gläubigers hervor, wenn sie vom Erwerber in handelsüblicher Weise bekanntgemacht wird[585]. Hat aber diese Bekanntmachung auch dann eine solche Wirkung, wenn eine abweichende interne Vereinbarung vorhanden ist und der Erwerber trotzdem die Übernahme bekanntmacht? Eine Bejahung der Frage würde eher der Interessenlage gerecht werden, und in diesem (praktisch kaum denkbaren) Fall sollte man eine einseitige Willenserklärung mit bindender Kraft konstruieren.

d) Das Gesetz sieht auch die Möglichkeit eines „besonderen Verpflichtungsgrundes" vor, der den Erwerber auf Grund allgemeiner (insb. bürgerlichrechtlicher) Grundsätze haften ließe, auch dann, wenn er die Firma nicht fortführt. Es wird allgemein aner-

[577] Krug S. 27—28; vgl. Hellwig S. 40 4ff. Im Falle des Vermächtnisses eines Unternehmens soll § 25 HGB zur Anwendung kommen, Ihde S. 108—109.

[578] Ein Vollerwerb durch eine Gesellschaft liegt dann vor, wenn die erwerbende Gesellschaft eine juristische Person ist (GmbH oder AG); dann findet § 25 HGB Anwendung, Domke S. 65.

[579] Einzelproblematik bei Würdinger Anm. zu § 28, insbes. Anm. 5; Müller-Erzbach S. 84.

[580] Ihde S. 32.

[581] HGB § 25 III.

[582] So z. B. Krug S. 22; Würdinger Anm. 28 zu § 25.

[583] Hellwig S. 403.

[584] S. oben S. 68ff.

[585] Vgl. die nach schweizerischem Recht „erleichterte Schuldübernahme" S. 105ff.

kannt, daß ein solcher besonderer Verpflichtungsgrund im Sinne des § 25 III HGB in Gestalt einer Schuldübernahme (BGB §§ 414, 415) eines Vertrages zugunsten Dritter (BGB § 328 gegen die Vermutung des § 329) oder einer Haftung aus § 419 BGB, wenn das Unternehmen das ganze Vermögen des Veräußerers ausmacht, auftreten kann[586]. Daneben ist aber auch der Versuch gemacht worden, den § 419 BGB auf jede Unternehmensveräußerung überhaupt[587] anzuwenden. Eine solche Lösung würde eine tiefgreifende Umgestaltung der ganzen deutschen Regelung bedeuten; sie würde eine viel weiter liegende Etappe auf dem Wege zur Verdinglichung des Gläubigerrechts darstellen. Deswegen muß sie in der ihr zustehenden systematischen Stellung[588] behandelt werden, zumal sie kein geltender Bestandteil der deutschen Rechtsordnung, sondern ein bloßer, allerdings bedeutender und wegweisender, theoretischer Versuch ist.

C. Die bedingte und unabdingbare persönliche Haftung des Unternehmenserwerbers (italienisches Recht)

XI. Die italienische Regelung des Problems der Haftung des Unternehmenserwerbers geht prinzipiell in derselben Richtung wie die deutsche, jedoch einen bedeutenden Schritt weiter. Das erste und wesentliche Element der dinglichen Wirkung des Gläubigerrechts, nämlich seine Wirkung gegen den Dritten (Erwerber), wird auch dort anerkannt[589], und gleichzeitig wird die Haftung des Erwerbers als eine persönlich-unbeschränkte vorgesehen. Die Vor- und Nachteile dieser Ausgestaltung der Erwerberhaftung sind anläßlich der deutschen Regelung erörtert worden.

XII. Das italienische Gesetz aber weist zwei Unterschiede im Vergleich zum deutschen auf, die beide die Verdinglichung des Gläubigerrechts stärker betonen:

a) Eine abweichende Vereinbarung zwischen dem Veräußerer und dem Erwerber, welche die Haftung des letzteren ausschließen würde, ist nach italienischem Recht unzulässig[590]. Diese Lösung vermag der ganzen italienischen Regelung ein neues Gepräge zu geben und ist sowohl praktisch als auch theoretisch von größter Bedeutung. Praktisch stellt sie das Moment dar, welches allein der Sicherheit der Gläubiger dienen kann: ihre Möglichkeit, sich an den Erwerber zu wenden, bleibt nicht mehr vom Willen der Parteien abhängig,

---

[586] Friedrich S. 23; Palandt Anm. 3b zu § 419.

[587] D. h. auch dann, wenn das Unternehmen nicht das ganze Vermögen des Veräußerers ausmacht.

[588] S. unten S. 128 ff.

[589] Codice civile, Art. 2560 par. 2 „nel trasferimento di un' azienda commerciale risponde dei debiti ... anche l'acquirente dell'azienda ...".

[590] Die entgegengesetzte Meinung von Ferri S. 25 scheint unbegründet zu sein. Vgl. den Wortlaut des Art. 2560: argumentum a contrario aus dem Art. 2558, wo, bezüglich der laufenden Verträge, gesagt wird „se non e pattuito diversamente".

und so werden allerlei Mißbräuche vermieden[591]. Theoretisch bedeutet die zwingende Haftung des Erwerbers eine stärker betonte Verdinglichung des Gläubigerrechts: die dingliche Wirkung ist eine wesentliche Eigenschaft dieses Rechtes, was nicht der Fall ist, wenn sie vom Parteiwillen abhängt.

Das Bedürfnis nach beschränkenden Voraussetzungen wird im italienischen Recht noch dringender als im deutschen, weil zur unbeschränkten Haftung des Erwerbers auch die Unabdingbarkeit dieser Haftung hinzukommt. Aber auch dieses Problem hat das italienische Gesetz in befriedigender Weise gehandhabt;

b) Anders als im deutschen Recht hat der italienische Gesetzgeber keine verwickelten und fragwürdigen Voraussetzungen der Erwerberhaftung vorgeschrieben, sondern er hat die Haftung des Unternehmenserwerbers nur unter eine einfache Voraussetzung gestellt: der Erwerber haftet nur für die Schulden, welche aus den gesetzlich vorgeschriebenen Handelsbüchern des Veräußerers hervorgehen[592].

Diese gesetzliche Beschränkung der Erwerberhaftung ist auf den Gedanken des Kennens oder Kennenmüssens des Erwerbers zurückzuführen[593]. Sie weist jedoch die Besonderheit auf, daß sie eine — immer schwierige und unsichere — gerichtliche Nachprüfung dieser Kenntnis vermeidet und auf den typisierten Tatbestand der Eintragung in den Handelsbüchern abstellt. Durch diese Beschränkung werden die Gläubiger deswegen nicht geschädigt, weil es unwahrscheinlich ist, daß der Veräußerer diese Eintragung unterlassen wird, zumal eine solche Unterlassung u. U. auch strafrechtliche Folgen für ihn haben könnte[594].

XIII. Übrigens enthält die italienische Regelung nicht die im deutschen Recht auftretende Fülle von besonders geregelten Fällen. Nur der Fall des laufenden Vertrages[595] erfährt eine besondere Regelung, deren Hauptmerkmale folgende sind[596]:

a) der Unternehmenserwerber tritt in das ganze Vertragsverhältnis prinzipiell ein;

b) der Veräußerer wird befreit;

c) der Dritte hat während einer Frist von drei Monaten ein Rücktrittsrecht, dessen Ausübung die Aufrechterhaltung der Haftung des Veräußerers zur Folge hat;

d) eine abweichende Vereinbarung ist zulässig.

---

591 Vgl. Benedetti S. 329.

592 Codice civile Art. 2560 par. 2 „se essi risultano dai libri contabili obligatori".

593 Diesen Gedanken trifft man am deutlichsten im österreichischen Recht, vgl. unten S. 127—128.

594 Ferri S. 355.

595 Darunter ist der nicht vollständig abgewickelte gegenseitige Vertrag zu verstehen.

596 Codice civile, Art. 2558, vgl. Benedetti S. 329.

Die Besonderheit dieser Regelung beruht auf dem Gedanken der Vertragseinheit, der auch in dieser Arbeit zur Beantwortung derselben Frage herangezogen worden ist[597]; der Vertrag geht als Ganzes auf den Erwerber über, und bei dem Veräußerer verbleiben weder Rechte noch Pflichten, es sei denn, daß der Gläubiger sich diesen Personenwechsel nicht gefallen läßt. Wirtschaftlich gesehen hat die Entlastung des Veräußerers ihren Grund in der Tatsache, daß er auch die Gegenleistung nicht mehr bekommt[598]. Die Zulässigkeit einer abweichenden Vereinbarung scheint gerechtfertigt zu sein, und zwar deswegen, weil in diesem Fall der Gläubiger nicht gefährdet ist: die exeptio non adimpleti contractus steht ihm zur Seite!

XIV. Im Zusammenhang mit der italienischen Regelung muß noch ein letztes Problem rechtskonstruktiver Natur erörtert werden. In dieser Arbeit ist die Auffassung vertreten worden, daß die Unternehmensschulden als funktioneller Bestandteil des Unternehmensganzen angesehen werden sollen, und durch diesen Grundsatz ist der Unterscheidung zwischen Unternehmen und Betrieb eine genauere juristische Grundlage gegeben[599]. Dasselbe gilt für die Unterscheidung zwischen impresa (Unternehmen) und azienda (Betrieb): die Schulden sind Bestandteil der ersteren, nicht aber der letzteren.

Bezüglich der Erwerberhaftung tritt nun im italienischen Recht eine Besonderheit auf. Das Gesetz knüpft die Schuld(mit)übernahme nicht an die Veräußerung des Unternehmens, dessen Bestandteil sie sind, sondern an die des Betriebes an. Hier liegt also keine — gesetzlich besonders geregelte — „Veräußerung" der Schulden auf Grund der Veräußerung der Unternehmenseinheit, sondern eine zur Veräußerung des Betriebes kraft Gesetzes hinzukommende „Veräußerung" der Schulden vor. Die gesetzliche Bestimmung hat also hier tatsächlich die Bedeutung einer Gegenüberstellung zwischen Schulden und veräußerter Einheit, welche an sich die Schulden nicht mitumfaßt. Der Ausgangspunkt dieser rechtskonstruktiven Auffassung ist darin zu suchen, daß die italienische Rechtstheorie das Unternehmen vielfach als Tätigkeit[600] auffaßt, was sich schlecht mit der Veräußerbarkeit desselben vereinbaren läßt. Dagegen können überhaupt keine Bedenken gegen die Veräußerbarkeit des Betriebes bestehen, und der Gesetzgeber hat aus Rechtssicherheitsgründen diesen Anknüpfungspunkt für die Regelung der Erwerberhaftung vorgezogen.

Der Betrieb ist normalerweise ein minus im Vergleich zum Unternehmen und wird von diesem umfaßt. Ist eine getrennte Ver-

---

[597] Vgl. oben S. 80.

[598] Ghidini S. 180.

[599] Siehe oben S. 49 ff. — Daß die azienda nicht die Schulden mitumfaßt, tritt deutlich aus der gesetzlichen Definition hervor (codice civile Art. 2555): „l'azienda è il complesso dei beni organizzati dall imprenditore per l'esercizio dell'impresa".

[600] Vgl. Ferri S. 25—26. — Eine gründliche Unterscheidung der verschiedenen möglichen Bedeutungen des Ausdrucks „Unternehmen" s. schon bei Behrend S. 202, wo auch auf die immer wiederkehrende Schwankung zwischen Gegenstand und Tätigkeit hingewiesen wird.

äußerung des einen oder des anderen möglich? Eine bejahende Antwort ist in unwahrscheinlichen Grenzfällen denkbar: der Unternehmer behält seine wirtschaftliche Organisation und veräußert, z. B. zwecks Erneuerung, die Gesamtheit seiner Betriebsmittel oder umgekehrt, er veräußert gewisse Elemente, welche die Organisation besonders verkörpern und behält die sonstige sachliche Grundlage des Unternehmens. Solche Fälle dürften allerdings äußerst selten sein, weil sie unwirtschaftlich sind. Was die Schulden im Falle einer solchen Trennung betrifft, so hätte nach italienischem Recht die Veräußerung des Unternehmens nur eine vom Parteiwillen abhängige und im Innenverhältnis wirkende Schuldübernahme zur Folge, während die Veräußerung des Betriebes nur eine kraft Gesetzes eintretende Haftung des Erwerbers nach außen.

D. Opposition, surenchère und gage spécial (französisches Recht)

XV. Die französische Rechtsordnung hat sich mit der „absoluten" Lösung des Problems der Gläubigersicherheit, nämlich mit der Anerkennung eines besitzlosen Pfandrechts am Unternehmensganzen, nicht begnügt. Neben dieser Lösung hat das französische Gesetz vom 17. März 1909 auch eine „relative" Lösung vorgeschrieben, welche wie in den übrigen Rechtsordnungen in einer Haftung des Unternehmenserwerbers für die Unternehmensschulden besteht. Dadurch hat das französische Recht den Bedürfnissen des Verkehrslebens Rechnung getragen, welches ohne einen gesicherten Personalkredit nicht auskommen kann.

Die französische Regelung weist im Vergleich zu derjenigen der übrigen Rechtsordnungen eine eigenartige Ausgestaltung auf, welche über ihre rechtsdogmatische Konstruktion Zweifel hat auftreten lassen. Die herrschende Meinung spricht überhaupt nicht von einer Haftung des Unternehmenserwerbers; sie baut auf dem Wortlaut des Gesetzes auf und sieht in der ganzen Regelung nur einen vollstreckungsrechtlichen Schutz des Unternehmensgläubigers[601].

Die Richtigkeit einer solchen Auffassung kann erst nach einer kurzen Darstellung der positivrechtlichen Vorschriften nachgeprüft werden.

XVI. Die Regelung des Gesetzes bezieht sich hauptsächlich auf den Unternehmenskauf, der als Hauptfall der Unternehmensveräußerung überhaupt angesehen wird.

Der Käufer eines Unternehmens („fonds de commerce") soll[602] innerhalb von fünfzehn Tagen seit dem Datum des Vertrages den Kauf in einer Zeitung des Gerichtsortes des Unternehmens veröffentlichen[603]. Eine zweite Veröffentlichung soll innerhalb von acht bis

[601] Vgl. Domke S. 69; Morel S. 113—114.
[602] Art. 3.
[603] Einzelheiten bei Ripert Nr. 510—515; Montier-Faucon Nr. 571 ff.; Escarra S. 518—522.

fünfzehn Tagen nach der ersten erfolgen. Die Veröffentlichung muß u. a. die Namen, Vornamen und Wohnsitze des alten und des neuen Eigentümers, die Natur und den Sitz des Unternehmens enthalten.

Spätestens zehn Tage nach der zweiten Veröffentlichung kann jeder Gläubiger des alten Eigentümers einen Einspruch (opposition) gegen die Bezahlung des Kaufpreises beim Käufer erheben, gleich, ob seine Forderung fällig ist oder nicht[604].

Der Verkäufer kann den Einspruch dadurch wirkungslos machen, daß er Sicherheit leistet und die Genehmigung des Gerichts erlangt, den Kaufpreis selbst einzuziehen. Sonst hat der Einspruch des Gläubigers zur Folge, daß der Kaufpreis in Höhe der Forderungen der Gläubiger grundsätzlich an diese, nicht dagegen an den Verkäufer bezahlt wird[605] [606].

Eine weitere Schutzmaßnahme zugunsten der Gläubiger ist durch die Vorschriften über das „Übergebot des Sechstel" („surenchère du sixième") getroffen worden[607]. Wenn der Kaufpreis zur Befriedigung der Gläubiger (die fristgemäß einen Einspruch erhoben oder die ein Realsicherheitsrecht am Unternehmen haben), nicht ausreicht, können die Gläubiger ein Übergebot machen, welches aber mindestens um ein Sechstel den vereinbarten Kaufpreis[608] übersteigen soll. Ist das Übergebot gemacht, so erfolgt eine Versteigerung des Unternehmens: wird bei der Versteigerung ein noch höherer Erlös erreicht, so wird das Unternehmen dem Meistbietenden zugeschlagen; ist dies nicht der Fall, so wird das Unternehmen dem überbietenden Gläubiger zugesprochen[609].

XVII. Was die dogmatische Auffassung dieser beiden Gläubigerrechte, nämlich der opposition und der surenchère betrifft, so herrscht wohl die Meinung, das erste sei eine verfahrensrechtliche Maßnahme zum Schutz des Gläubigers[610], etwa mit dem Arrest oder dem Konkurs[611] zu vergleichen, während das letztere als eine Abart der An-

[604] Montier-Faucon Nr. 570; Escarra Nr. 489—490. — Gleich ist es auch, nach h. M., ob es sich um Unternehmens- oder um Privatschulden handelt, Morel S. 111, 123 Anm. 1; siehe aber unten S. 125. — Ferner ist es gleich, ob der Gläubiger eine Realsicherheit an anderen Sachen des Unternehmensverkäufers hat oder nicht; für die Gläubiger aber, die ein Pfandrecht am Unternehmen haben, wäre der Einspruch überflüssig, Morel S. 111, unter Umständen auch gefährlich, Cendrier Nr. 136. — Der Grundstückseigentümer kann nur Einspruch wegen der schon fälligen Mietzinsen erheben, Ges. vom 31. Juli 1913, vgl. Cendrier Nr. 136.

[605] Montier-Faucon Nr. 689; Escarra Nr. 491.

[606] Ähnlich in manchen amerikanischen Bundesstaaten der USA auf Grund der Bulk Sales Legislation, vgl. dazu Oppikofer, Unternehmen, S. 35—36.

[607] Art. 5 — Kritische Bemerkungen dazu bei Morel S. 129.

[608] Das Sechstel wird nach ausdrücklicher Bestimmung des Gesetzes auf der Basis des Hauptpreises (prix principal) gerechnet, welcher nur den Preis der unkörperlichen Werte des Unternehmens, nicht dagegen den des Inventars und der Waren umfaßt.

[609] Montier-Faucon Nr. 811 ff.; Escarra Nr. 993.

[610] Z. B. Valery S. 297, der den Fall des Verkaufs eines fonds de commerce von dem der Veräußerung einer maison de commerce unterscheidet; im letzteren Falle soll der Erwerber für die Unternehmensschulden haften, S. 290—295.

[611] Morel S. 114.

fechtungsklage, der actio pauliana, angesehen werden solle[612]. Die Meinung, daß diese besonderen Gläubigerrechte ein Ausfluß der teilweisen Verdinglichung des Gläubigerhauptrechtes sind, ist vertreten worden[613], hat sich aber nicht durchgesetzt. Allein für diese letzte Meinung spricht doch vieles[614]: Der letzte Absatz des Art. 3 schreibt vor: „Der Erwerber, der, ohne die Bekanntmachung in der vorgeschriebenen Form gemacht zu haben oder vor dem Ablauf der zehn Tage, seinen Verkäufer bezahlt, wird den Dritten gegenüber nicht befreit[615]." Diese Vorschrift enthält eigentlich keine Sanktion[616] für den Fall, daß die Publizitätsvorschriften usw. nicht gehalten sind: Die Publizität und der Ablauf der Frist geben dem Käufer eine Möglichkeit, sich den Gläubigern gegenüber zu befreien. Macht der Käufer keinen Gebrauch davon, so wird er einfach nicht befreit, d. h. er muß die Gläubiger befriedigen und dazu den Kaufpreis noch einmal bezahlen. Es kommt schon durch die Formulierung des Gesetzes, das dem Unternehmenserwerber eine bloße Befreiungsmöglichkeit zuspricht, zum Ausdruck, daß die Haftung des Unternehmenskäufers als der dogmatisch normale Fall anzusehen ist[617].

Diese Auffassung würde dann als weitere Grundlage eine Mitveräußerung der Passiven im Falle der Unternehmensveräußerung, schließlich auch eine Zugehörigkeit der Passiven zum Unternehmensganzen voraussetzen. Es ist schon anläßlich der Unternehmensverpfändung[618] gezeigt worden, wie die in Frankreich durchaus herrschende Meinung eine solche Konstruktion ablehnt, und zwar aus Zweckmäßigkeitserwägungen[619]. Das französische Gesetz aber bringt deutlich zum Ausdruck, daß es die besonders enge Verbindung anerkannt hat, die die Unternehmensschulden zu einem Bestandteil des Unternehmens werden läßt. Nach Art. 13 Abs. 4 hat die Eintragung eines Pfandrechts am Unternehmen zur Folge, daß die früher entstandenen Forderungen der Personalgläubiger, die zum Zwecke des Unternehmensbetriebes entstanden sind, sofort fällig werden[620]. Eine solche Regelung kommt bei der Verpfändung oder der sonstigen Belastung keines anderen Gegenstandes vor; sie ist eine Besonderheit der Unternehmensverpfändung und kann nur auf

[612] Morel S. 124 ff.
[613] Vgl. Literaturangabe bei Morel S. 122.
[614] So auch Grunzweig S. 137, dessen zutreffende Begründung der im Text ausgeführten im wesentlichen zugrunde liegt.
[615] Teilweise Unwirksamkeit der Verfügung wie in den §§ 135, 136 BGB.
[616] A. M. ausdrücklich Cendrier Nr. 132; Montier-Faucon Nr. 621 ff.
[617] Man sollte die „Pflicht" des Käufers, die Publizitätsvorschriften zu halten, als einen „teleologischen Anreizungstatbestand" auffassen, vgl. grundlegend Schmidt, insbes. S. 84 ff.; sie ist keine Rechtspflicht, sie ist nicht einmal eine Obliegenheit, vgl. zu diesem letzten Begriff Schmidt S. 103 ff.; Bruck-Möller Anm. 3 ff. zu § 6.
[618] S. oben S. 98 ff.
[619] Daß auch diese Erwägungen nicht zutreffen, s. oben S. 98.
[620] Vgl. Butz S. 60—61; Montier-Faucon Nr. 117—118.

Grund der Auffassung verstanden werden[621], daß es Schulden gibt, die zum Unternehmensganzen gehören, weil sie „zum Zwecke des Unternehmensbetriebes entstanden sind".

Die auch nach französischem Recht anzuerkennende Zugehörigkeit der Passiven zum Unternehmensganzen hat als Pendent auf der Gläubigerseite die teilweise Verdinglichung des Gläubigerechts: der Gläubiger kann sich gegen den Dritten wenden, weil der letztere die Schulden miterworben hat[622]. Die beiden korrelativen Gedanken der Zugehörigkeit der Passiven zum Unternehmen und der Verdinglichung des Gläubigerrechts finden ihren sicheren Anhaltspunkt im Art. 18 des französischen Gesetzes vom 17. März 1909. Es handelt sich hier nicht um eine Unternehmens v e r ä u ß e r u n g, sondern ist dieser Artikel zur Überwindung einer enormen Schwierigkeit der Unternehmens v e r p a c h t u n g herangezogen worden.

Die Unternehmensverpachtung[623] — eine in Frankreich besonders übliche Erscheinung[624] — bringt folgende Gefahr für den Unternehmensgläubiger mit sich: der Gläubiger gewährt dem Unternehmer Personalkredit, weil er sich auf den Wert des Unternehmens verläßt. Will er aber in das Unternehmen vollstrecken, so wird ihm entgegengesetzt, daß das Unternehmen nicht dem es betreibenden Unternehmer, sondern einem Dritten gehört, der dem Gläubiger nichts schuldet! Die Rechtstheorie und -praxis haben auf allen möglichen Wegen versucht, einen Haftungsgrund des Verpächters zu finden[625]. Als einzige befriedigende Lösung erschien dann die Vorschrift des Art. 18 Abs. 1: „Hat ein Handelsgericht sich über eine Klage auf Bezahlung einer im Betrieb des Unternehmens begründeten Schuld auszusprechen und spricht es eine Verurteilung aus, so kann es im selben Urteil den Verkauf des Unternehmens anordnen, falls der Gläubiger es verlangt."

Die ursprüngliche Bedeutung dieser Vorschrift mag tatsächlich verfahrensrechtlicher Natur gewesen sein: der Gesetzgeber hat vielleicht nichts anderes gewollt, als festzusetzen, daß das Handelsgericht in diesem Fall a u c h für die Anordnung der Vollstreckung zuständig sei[626]. Die Rechtsentwicklung hat dieser Vorschrift eine neue Bedeutung zukommen lassen: der Verkauf des Unternehmens kann vom Gericht zur Befriedigung der Unternehmensgläubiger angeordnet werden, ganz gleich, ob der Schuldner auch Unternehmens-

[621] Vgl. Cendrier Nr. 327; Morel S. 184, der diese Auffassung ablehnt, meint, diese Vorschrift sei „unerklärlich".

[622] Der Grad und die Voraussetzungen der Verdinglichung werden allerdings vom Gesetz geregelt, vgl. oben S. 70 ff.

[623] „gérence-location", „gérence-libre", „gérence-vente".

[624] Vgl. Escarra Nr. 508.

[625] S. die ganze Entwicklung ausführlich und kritisch bei Grunzweig S. 155 ff. vgl. auch Escarra Nr. 514.

[626] Vgl. Morel S. 183—184; Cendrier Nr. 353; Montier-Faucon Nr. 944—946; Escarra Nr. 507.

inhaber ist oder nicht[627]. Das hat zur Folge, daß der Unternehmensinhaber die Vollstreckung auf sein Unternehmen auch für „fremde" Schulden dulden muß, daß das Recht des Gläubigers auch gegen einen Dritten wirken kann, daß das Unternehmen als „gage spécial" der Unternehmensgläubiger angesehen wird.

Zusammenfassend muß man zum Ergebnis kommen, daß der französische Gesetzgeber vielfach die Zugehörigkeit der Passiven zum Unternehmensganzen und die teilweise Verdinglichung des Gläubigerrechts anerkannt hat. Unter diesem Gesichtspunkt könnte der wahre Gedanke verstanden werden, der der opposition und der surenchère zugrunde liegt: der Unternehmenskäufer haftet grundsätzlich für die Unternehmensschulden, er kann sich aber von der Haftung befreien[628], wenn eine solche Befreiung dank der Publizität und dem Ablauf der Frist die Gläubiger nicht schädigen würde.

XVIII. Wenn man von dem eben genannten Ergebnis ausgeht, dann erscheint die gesetzliche Regelung des Falles, in dem ein Unternehmen in eine Gesellschaft[629] eingebracht wird, nicht mehr als Ausnahme, sondern vielmehr als eine besonders geartete Erscheinungsform desselben Prinzips, nämlich der Erwerberhaftung.

Das Gesetz schreibt vor[630], daß die Unternehmensgläubiger sich innerhalb von fünfzehn Tagen nach der Bekanntmachung der Gesellschaftsgründung anmelden müssen, und zwar mit genauer Feststellung der Höhe ihrer Forderungen. Innerhalb von weiteren fünfzehn Tagen kann jeder der anderen Gesellschafter[631] auf Nichtigkeit der Gesellschaft klagen. Ist die Gesellschaft nicht für nichtig erklärt worden, so haftet sie für die rechtzeitig angemeldeten Unternehmensschulden als Mitschuldnerin des ursprünglichen Schuldners[632].

Die herrschende Meinung sieht konsequenterweise in dieser Regelung eine Ausnahme von der angeblichen prinzipiellen Nichthaftung des Unternehmenserwerbers. Es ist hier versucht worden, die Geltung des entgegengesetzten Prinzips nachzuweisen; danach ist auch die Haftung der Gesellschaft, die das Unternehmen erwirbt, eine folgerichtige Anwendung desselben Prinzips, allerdings mit einer wichtigen Abweichung in der Ausgestaltung der Haftung.

---

[627] Grunzweig S. 204—205. — Eine derartige „Materialisierung" prozeßrechtlicher Normen ist eine Erscheinung, die man häufiger in abendländischen Rechtskreisen antreffen kann: man denke beispielsweise daran, daß die deutsche Rechtsprechung aus § 627 ZPO nicht nur die prozessuale Möglichkeit abgeleitet, dem Ehemann einen Prozeßkostenvorschuß aufzuerlegen, sondern in dieser Bestimmung gleichzeitig eine materialrechtliche Anspruchsgrundlage erblickt hat. — Im griechischen Recht Musterbeispiel der Art. 867 Ziff. 5 ZPO, woraus die Rechtsprechung eine cessio legis entnahm, bis die Materie vom neuen griechischen ZGB Art. 858 geregelt wurde.

[628] Grunzweig S. 150.

[629] Es darf hier daran erinnert werden, daß die Personalgesellschaften des Handelsrechts in Frankreich als juristische Personen gelten; ebenso in Griechenland.

[630] Art. 7; vgl. Cendrier Nr. 268—283.

[631] D. h. nicht derjenige, der das Unternehmen eingebracht hat.

[632] Einzelproblematik bei Escarra Nr. 518—525.

[633] Kritisches dazu Morel S. 192.

Die Abweichung besteht darin[633], daß die Gesellschaft, anders als der einzelne Unternehmenserwerber, unbeschränkt für die Unternehmensschulden haftet. Der Grund dieser strengeren Haftung der Gesellschaft ist rechtstechnischer Natur: im französischen System gilt als Maßstab für die Haftungsbeschränkung des Erwerbers nicht der Wert des Unternehmens, sondern sein Kauf**preis**; beim Einbringen des Unternehmens in eine Gesellschaft gibt es kein solches betragsmäßig festgelegtes Entgelt, sondern das Entgelt besteht nur aus dem gesellschaftlichen Anteil des „Veräußerers", der nicht ohne Bewertungsschwierigkeiten festgelegt werden kann. Um diese Schwierigkeiten zu beseitigen, hat das Gesetz die unbeschränkte Haftung der Gesellschaft vorgeschrieben[634]. Ob nun die Gesellschaft sich dann an den Veräußerer wegen der bezahlten Schulden wenden kann, hängt von den internen Vereinbarungen ab[635].

XIX. Zusammenfassend läßt sich die französische Regelung in folgender Weise darlegen:

a) der Unternehmenserwerber haftet grundsätzlich kraft Gesetzes dem Gläubiger gegenüber für die Schulden[636];

b) diese Haftung kann nicht durch abweichende Vereinbarung unter den Vertragschließenden ausgeschlossen werden;

c) die Haftung des Unternehmenserwerbers ist grundsätzlich beschränkt auf den Preis des gekauften Unternehmens; ist der Preis aber als zu niedrig anzusehen, so können die Gläubiger u. U. einen höheren Preis erzielen bzw. selbst das Unternehmen zu einem höheren Preis erwerben;

d) wird das Unternehmen in eine Gesellschaft eingebracht, so haftet die Gesellschaft für die Unternehmensschulden unbeschränkt.

Es wird aus diesen vier Punkten ersichtlich, daß die französische Regelung ziemlich weit auf dem Wege zur Verdinglichung[637] des Gläubigerrechts gegangen ist; dies wird nach einer Klärung gewisser Zweifelsfragen noch einleuchtender werden:

a) ist die dargelegte Regelung auf jede Unternehmensveräußerung anzuwenden oder nur auf die vom Gesetz erwähnten Veräußerungsfälle[638]? Die Frage ist an sich weniger wichtig für den Fall der Schenkung, in dem die actio pauliana leicht eingreifen könnte, als für den Fall der Mitgiftbestellung (constitution de dot): bei dieser letzteren gibt es kein direktes Entgelt, das in das Vermögen des Veräußerers einfließen würde, während die Rechtsprechung sie ständig als ein entgeltliches Rechtsgeschäft ansieht und so die Voraussetzungen für eine Anfechtung auf Grund der actio pauliana entsprechend erschwert[639]. Nach der hier vertretenen konstruktiven

---

[634] Grunzweig S. 152.

[635] A. M. Morel S. 188, der die Gesellschaft immer als Bürgen ansehen will.

[636] Des Unternehmers oder des Unternehmens? S. unten im Text.

[637] Entschieden gegen jede Verdinglichungstheorie, Morel S. 189, 122 f.

[638] Kauf, Einbringen in eine Gesellschaft, Erwerb des Unternehmensganzen auf Grund vertraglicher oder gerichtlicher Teilung. Art. 3 Abs. 1.

[639] Morel S. 191.

Auffassung wäre die allgemeine Geltung der oben skizzierten Regelung trotz der herrschenden Meinung zu bejahen: durch die konkreten Vorschriften hat das Gesetz der allgemeinen Verdinglichung des Gläubigerrechts einen Ausdruck geben wollen. Diese Verdinglichung übt nun eine ständige Wirkung aus, wobei die Art der Veräußerung gar keine Rolle spielen kann. Diese Lösung entspricht übrigens einer gerechten Bewertung der Interessenlage, was auch die herrschende Meinung ohne weiteres zugibt[640];

b) aber auch anläßlich einer anderen Frage wäre der herrschenden Meinung nicht zuzustimmen; es wird gewöhnlich angenommen[641], daß die opposition und die surenchère (also nach der hier vertretenen Auffassung: die Erwerberhaftung) zur Befriedigung nicht nur der Geschäftsgläubiger, sondern auch der Privatgläubiger des Unternehmers eingreifen kann. Diese Meinung beruht auf dem Gesetzeswortlaut, der [642] von „jedem Gläubiger“ („tout créancier“) spricht, ohne dabei irgendeine Unterscheidung vorzunehmen. Allein der Art. 3 des Gesetzes darf nicht einzeln in Betracht gezogen werden. Die Verdinglichung des Gläubigerrechts kommt auch durch Art. 13 und Art. 18 zum Ausdruck, und diese stellen ausdrücklich auf den Geschäftsschuldenbegriff ab. Die Privatschulden des Unternehmers werden vom Unternehmensganzen nicht umfaßt, sie gehen nicht auf den Unternehmenserwerber über, ihnen gegenüber bleibt die Verdinglichung des Gläubigerrechts wirkungslos. Daraus folgert, daß nur die Geschäftsgläubiger nach Art. 3 Einspruch erheben und ein Übergebot machen können. Dieses Ergebnis entspricht auch der Interessenlage: die Privatforderungen haben gewöhnlich eine solche durch Verdinglichung erfolgende Sicherung nicht nötig, denn meistens sind sie entweder real oder durch Vorzugsrechte gesichert[643] oder aber geringeren Umfanges.

Die Beantwortung der beiden zuletzt besprochenen Fragen zeigt noch deutlicher die Vollkommenheit der französischen Regelung: der Unternehmenserwerber haftet grundsätzlich kraft Gesetzes für die Unternehmensschulden, und zwar bei jeder Erwerbsart; ein Ausschluß der Haftung ist unzulässig, eine Beschränkung derselben auf die Höhe des Kaufpreises (der nicht bedeutend von dem Wert des Unternehmens abweichen kann) ist vorgeschrieben.

E. Die zweierlei Haftung des Unternehmenserwerbers (Österreichisches Recht)

XX. Im österreichischen Recht gilt zunächst die Haftung des Unternehmenserwerbers für die Geschäftsverbindlichkeiten nach § 25 HGB. Auf diese Regelung braucht hier nicht eingegangen zu werden, denn sie ist der deutschen Regelung nach demselben Para-

---

640 Morel S. 191.
641 Morel S. 111, 123 Anm. 1, 182; vgl. Cendrier Nr. 136.
642 Art. 3, Abs. 4.
643 Grunzweig S. 153.

graphen des HGB ähnlich[644]. Der Tatbestand ist gesetzlich eingeschränkt: Erwerb eines Handelsgeschäfts mit Fortführung der Firma oder mit Bekanntmachung der Schuldenübernahme in handelsüblicher Weise und keine abweichende Vereinbarung der Parteien; die Folge ist die unbeschränkte Haftung des Erwerbers.

Parallel aber zu dieser Regelung läuft eine andere, welche die Verdinglichung des Gläubigerrechts unzweideutig in den Vordergrund treten läßt. Der § 1409 ABGB in der Fassung von 1916[645] spricht dem Unternehmensgläubiger die Möglichkeit zu, sich gegen den Unternehmenserwerber wegen der Unternehmensschulden zu wenden. Diese Haftung des Unternehmenserwerbers hängt nicht von den beschränkenden Voraussetzungen ab, die im deutschen Recht gelten, und insbesondere kann sie nicht durch abweichende Vereinbarung der Vertragschließenden ausgeschlossen werden. Dafür ist aber diese Haftung beschränkt auf die Höhe des übernommenen Wertes. Der Veräußerer haftet als Mitschuldner weiter.

Hier treten alle wesentlichen Merkmale der Verdinglichung des Gläubigerrechts auf: unbedingte und unabdingbare Wirkung gegen den Erwerber (Verfolgungsrecht), beschränkte Haftung dieses letzteren. Gerade aber in diesem Zusammenhang und wegen der weitgetragenen Verdinglichung muß hier auf einen wichtigen rechtskonstruktiven Unterschied zwischen der normalen Realhaftung des Erwerbers und der verdinglichten Haftung desselben hingewiesen werden[646].

Hier ist von einer Verdinglichung des Gläubigerrechts und von einer verdinglichten Haftung des Unternehmenserwerbers die Rede, nur angesichts der praktischen wirtschaftlichen Konsequenzen dieser Erscheinung. Rechtskonstruktiv aber ist es anders: der Erwerber eines pfandrechtlich belasteten Gegenstandes s c h u l d e t n i c h t s und seine Haftung bedeutet nichts anderes, als daß er die Vollstreckung in den erworbenen Gegenstand d u l d e n m u ß. Wenn nun die Höhe der Forderung des Pfandgläubigers geringer ist als der Wert des Gegenstandes, dann wird der Erwerber gewöhnlich die Schuld lieber tilgen, damit er sein Recht an dem Gegenstand nicht verliert. Praktisch also wird es so sein, daß der Erwerber die Schulden tilgen wird bis zur Höhe des übernommenen Wertes. Dieselbe praktische Folge hat im Falle des Unternehmenserwerbs eine andere juristische Ausgestaltung: hier k a n n der Erwerber nicht nur, sondern er m u ß die Schulden bis zu dieser Höhe tilgen. Er kann dafür direkt in Anspruch genommen werden, was nicht bei der normalen Realhaftung der Fall ist[647].

---

[644] S. oben S. 109 f. — Klang-Wolff S. 537; vgl. auch Pisko S. 168—169.

[645] III. Teilnovelle zum ABGB. — Zur Vorgeschichte siehe Pisko S. 161 f.

[646] Das im Text Ausgeführte gilt für alle Rechtsordnungen, welche eine so vollkommene Verdinglichung des Gläubigerrechts vorschreiben, so z. B. für die griechische, s. unten S. 133 f.

[647] Cum grano salis könnte man sagen, daß der Unternehmenserwerb n e b e n der normalen Realhaftung auch eine stillschweigende Schuldübernahme mit-

XXI. Von diesem rechtsdogmatischen Unterschied abgesehen, weist das österreichische Recht in unserem Thema gewisse Besonderheiten auf, welche als Beschränkungen der dinglichen Wirkung des Gläubigerrechts angesehen werden sollten.

a) Es wird allgemein angenommen, daß die Haftung des Unternehmenserwerbers betrags-, nicht gegenstandsmäßig beschränkt ist[648], pro nicht cum viribus patrimonii. Diese Meinung beruht auf dem Wortlaut des Gesetzes „wie der Wert des übernommenen . . . Unternehmens beträgt". Praktisch bedeutet sie, daß bei einer nachträglich eintretenden Minderung dieses Wertes der Erwerber mit seinem Privatvermögen haftet, und zwar bis zur Höhe des ursprünglich (bei der Übernahme) vorhandenen Wertes. Bei der normalen Realhaftung wäre es anders; der real gesicherte Gläubiger könnte keinesfalls gegen den Erwerber des belasteten Gegenstandes behaupten, dieser solle eine Vollstreckung in sein Privatvermögen dulden, weil der jetzige Wert des erworbenen Gegenstandes geringer geworden ist. Insofern stellt also die betragsmäßige Haftungsbeschränkung eine Abweichung von der dinglichen Wirkung des Gläubigerrechts dar.

b) Es wird weiter allgemein angenommen, daß der Erwerber nicht verpflichtet ist, die Gläubiger anteilsweise zu befriedigen, falls der übernommene Wert nicht zur Tilgung aller Schulden ausreicht[649], auch eine Meinung, die an die Formulierung des Gesetzeswortlauts anknüpft. Auch diese Lösung muß als eine Abweichung von der dinglichen Wirkung in gewissem Sinn angesehen werden. Zwar ist hier eine Befriedigung der Gläubiger nach dem Entstehungsrang ihrer Forderungen unmöglich, weil ja diese Forderungen nicht in einem öffentlichen Buch eingetragen sind. Eine verhältnismäßige Befriedigung derselben aber wäre das nächstliegende, was ihnen doch eine gewisse Sicherheit bieten könnte. Dagegen baut die hier angenommene Lösung gänzlich auf den Prinzipien des Schuldrechts auf und hat eine größere Labilität der Gläubigerstellung zur Folge[650].

c) Die Verdinglichung des Gläubigerrechts erfährt auch insofern eine wichtige Einschränkung, als die Wirkung dieses Rechts gegen den Erwerber grundsätzlich von einem psychologischen Moment abhängig gemacht wird. Nach österreichischem Recht haftet nämlich der Erwerber nur für diejenigen Schulden, „die er bei der Übergabe kannte oder kennen mußte"[651]. Der Gedanke des Schutzes des gut-

verursacht. — Esser, § 190, vertritt die Meinung, daß auch im Falle des Unternehmenserwerbs ein gesetzlicher Haftungsbeitritt vorliegt. Im Falle des § 25 HGB will er jedoch einen gesetzlichen Schuldübergang erblicken. Auf diese Frage kann hier nicht eingegangen werden, vgl. gegen die Auffassung Essers Planck-Strobal-Siber Anm. 2 zu § 419.

[648] Klang-Wolff S. 354; Pisko S. 165 f.

[649] Klang-Wolff S. 354; Pisko S. 167. — Der letztere scheint jedoch eine viel weitergehende Freiheit des Erwerbers in dieser Hinsicht anzunehmen als der erstere.

[650] Vgl. ausführlicher unten S. 136 ff.

[651] Vgl. Klang-Wolff S. 354—355.

gläubigen Erwerbers drängt hier den Gedanken der Verdinglichung zurück.

d) Die Beschränkung der Erwerberhaftung auf den Betrag des übernommenen Wertes fällt aus, und die Beweislast für die Kenntnis oder das Kennenmüssen trifft statt des Gläubigers den Erwerber, wenn der Erwerber ein naher Angehöriger des Veräußerers ist[652]. Diese Bestimmung macht den Umfang und die Modalitäten der dinglichen Wirkung von einem familienrechtlichen Verhältnis abhängig und stellt deswegen eine Bedingung und insofern auch eine Beschränkung der Dinglichkeit dar.

XXII. Zusammenfassend kann man die österreichische Regelung[653] als einen Übergangstyp kennzeichnen, der allerdings der vollkommenen Verdinglichung sehr nahe steht.

Die Verdinglichung zeigt sich:

a) in der Wirkung des Gläubigerrechts gegen den Erwerber;
b) in der beschränkten Haftung des Erwerbers;
c) in dem Ausschluß jeder Möglichkeit einer abweichenden Vereinbarung;

Der Übergangscharakter zeigt sich:

a) in den oben angeführten Beschränkungen der Dinglichkeit (betragsmäßige Haftungsbeschränkung, nicht verhältnismäßige Befriedigung der Gläubiger, Abhängigkeit vom Kennen oder Kennenmüssen, Abhängigkeit vom familienrechtlichen Verhältnis);
b) — vor allem — in der Anerkennung zweier parallel laufender Haftungssysteme, nämlich aus HGB § 25 und aus ABGB § 1409.

F. Ein Versuch weiterer Verdinglichung

(§ 419 BGB — deutsches Recht)

XXIII. Eine weitere Verdinglichung des Gläubigerrechts wäre im deutschen Recht dann gegeben, wenn man eine Haftung des Unternehmenserwerbers auf § 419 BGB begründen könnte. Dieser Paragraph spricht allerdings nur von der Übernahme eines „Vermögens" und die Streitfrage, die dabei entsteht, ist, ob dieser Paragraph auch auf die Übernahme eines Unternehmens — direkt oder analog — angewandt werden kann.

[652] III. Teilnovelle zum ABGB, § 187; Klang-Wolff S. 354—355; E. Adler S. 1247; Pisko S. 165 f. — Wer als naher Angehöriger anzusehen ist, bestimmt der § 32 der KO, vgl. weitere Ausführungen bei Klang-Wolff S. 355.

[653] Einzelproblematik: Kein Eintritt in ein Dauerschuldverhältnis, Klang-Wolff S. 355; ähnliche Haftung im Falle einer Verstaatlichung, Klang-Wolff S. 356—357; doppelte Haftungsbeschränkung im Falle eines Konkurses, Pisko S. 167; unbeschränkte Haftung für die geschuldeten Prämien bei einer Haftpflicht- oder Gesamtunfallversicherung, Pisko S. 168; Haftung nach § 1409 ABGB, auch wenn nur eine ideelle Quote des Unternehmens übernommen wird, im Falle einer Vergesellschaftlichung des Unternehmens, Pisko S. 103—104. — Vgl. weiter den III. Teil dieser Arbeit.

Eine bejahende Antwort auf diese Frage hätte eine sehr weitgehende Verdinglichung des Rechts des Unternehmensgläubigers zur Folge. Die drei wichtigsten praktischen Konsequenzen wären erstens, daß der Erwerber auf Grund des § 419 BGB nur beschränkt mit dem Bestand der übernommenen Werte haften würde[654], zweitens, daß diese Haftung nicht durch abweichende Vereinbarung der Parteien ausgeschlossen werden könnte, und drittens, daß die Erwerberhaftung nicht von der Fortführung der alten Firma abhängig wäre. Daß alle diese drei Punkte als Verdinglichungsmerkmale angesehen werden müssen, läßt sich ohne weiteres den bisherigen Ausführungen entnehmen.

Eine solche Regelung ließe sich ohne besondere Schwierigkeiten mit der parallelen und speziellen Regelung der §§ 25 ff. HGB vereinbaren[655]. Liegt eine Haftung des Erwerbers auf Grund des § 25 HGB (kraft Firmenfortführung oder kraft Bekanntmachung der Schuldübernahme in handelsüblicher Weise) vor, so ist nur diese als weitergehend maßgebend. Greift der § 25 HGB nicht ein (keine Firmenfortführung und keine Bekanntmachung oder abweichende Vereinbarung eingetragen und bekanntgemacht), so bleibt doch wenigstens die beschränkte Haftung auf Grund des § 419 BGB, die nicht vertraglich ausgeschlossen werden kann[656].

XXIV. Die Anwendbarkeit des § 419 BGB im Falle einer Unternehmensveräußerung ist äußerst umstritten[657] und wird von der herrschenden Meinung abgelehnt, daher wird auch hier anläßlich dieses Paragraphen von einem „Versuch" weiterer Verdinglichung gesprochen. Es ist aber zu bemerken, daß sowohl die Anhänger wie auch die Gegner der Anwendbarkeit gewöhnlich auf einer unzutreffenden Argumentation aufbauen.

Die typische Argumentation angesichts dieses Problems ist folgende: Wenn der § 419 BGB auf ein Vermögen anwendbar ist,

[654] „Aktivvermögen" vgl. Palandt Anm. 3 zu § 419.

[655] Einzelproblematik: als Vermögen im Sinne des § 419 BGB wird nur das Aktivvermögen verstanden, Gültner S. 55; es liegt eine echte Schuld des Erwerbers vor, Helle S. 64; der Erwerber haftet pro, nicht cum viribus patrimonii, Helle S. 64; Krug S. 20; er muß aber die Gläubiger anteilsmäßig befriedigen, Krug S. 20. — Vgl. Hellwig S. 401 ff.

[656] Vgl. Gültner S. 73—74, der weitere Unterfälle unterscheidet. — Der Meinung, es gäbe einen tatbestandsmäßigen Unterchied zwischen § 25 HGB und § 419 BGB (Helle S. 73—74; auch bei Gültner S. 73—74 wird eine ähnliche Auffassung zugrunde gelegt), indem der erstere auch bei alleiniger Veräußerung des Unternehmens*kerns*, der letztere dagegen nur bei Veräußerung des Unternehmens*vermögens* zur Anwendung kommen sollten, ist nicht zuzustimmen: in beiden Fällen handelt es sich um die Veräußerung eines Unternehmens; was sie jeweils umfassen muß, ist eine andere Frage. — Einen verschiedenen Anwendungsbereich weisen diese beiden Paragraphen nur insofern auf, als der § 25 HGB nur auf *Handels*unternehmungen anzuwenden ist.

[657] Fest steht selbstverständlich, daß § 419 BGB dann zur Anwendung kommt, wenn das Unternehmen das ganze Vermögen des Veräußerers ausmacht, Friedrich S. 27; Domke S. 75; Glaser S. 53; Würdinger Anm. 25 zu § 25; Müller-Erzbach S. 81.

so muß er auch auf ein Sondervermögen anwendbar sein. Das Unternehmen stellt ein solches Sondervermögen dar. Also ist der § 419 BGB auch auf ein Unternehmen anzuwenden[658]. Die Gegner der Anwendbarkeit versuchen entsprechend nachzuweisen, entweder daß der § 419 BGB nicht auf Sondervermögen anzuwenden sei[659] oder daß das Unternehmen gar kein Sondervermögen darstelle[660].

Diese Argumentierungsweise könnte als typische Erscheinung der Begriffsjurisprudenz angesehen werden. Es ist schon oben[661] angeführt worden, daß nicht die Beantwortung der Frage nach der Anwendbarkeit des § 419 BGB auf das Unternehmen von der Sondervermögenseigenschaft desselben abhängig gemacht werden dürfte, sondern eben umgekehrt die Frage nach der Sondervermögenseigenschaft des Untenehmens von der Beantwortung der Frage nach der Anwendbarkeit des § 419 BGB abhängt. Die Begriffsbestimmungen müssen hier zurücktreten, damit direkt an den Tatbestand und die Interessenlage herangetreten werden kann.

Unter diesem teleologischen Gesichtspunkt dürfte es keinem Zweifel unterliegen, daß eine entsprechende Anwendung des § 419 BGB im Falle einer Unternehmensveräußerung der Interessenlage gerecht werden würde[662]. Die ganze Entwicklungstendenz, die in diesem Kapitel beschrieben wurde, würde die erwünschte Vervollständigung erfahren, die durch den § 25 HGB entstehenden Lücken wären beseitigt, die Lage der Unternehmensgläubiger wäre gesichert und eine Förderung des Kredits am Unternehmen erreicht[663]. Ist nun die Anwendbarkeit des § 419 BGB auf das Unternehmen aus solchen — allein maßgeblichen — Zweckmäßigkeitserwägungen einmal bejaht worden, dann kann man sagen, daß das Unternehmen wenigstens in dieser Hinsicht ein Sondervermögensmerkmal aufweist.

Der Wortlaut des Gesetzes steht einer solchen Lösung nicht entgegen. Wenn der § 25 III HGB vorschreibt, daß bei Nicht-Fortführung der Firma der Erwerber nur auf Grund „eines besonderen Ver-

---

[658] So wörtlich (unter Berufung auf „deutschrechtliche Grundgedanken“) v. Gierke § 16 I 3a. — Vgl. Krug S. 19—20; Gültner S. 71—72; Hellwig S. 399 bis 400; Heck, Schuldrecht, § 71, 8a.

[659] Palandt Anm. 3b zu § 419.

[660] Friedrich S. 24—27; Ihde S. 135; Bruckhuisen S. 65—66 baut seine ablehnende Meinung auf die Behauptung auf, der § 25 HGB enthält eine spezielle Regelung, die die generelle des § 419 BGB ausschließt, vgl. Palandt Anm. 36 zu § 419.

[661] Vgl. oben S. 66.

[662] Aus Zweckmäßigkeitsgründen bejahen die Anwendung des § 419 BGB auf das Unternehmen Helle S. 59, 64—65 (zutreffende Kritik der formallogischen Begründung. S. 67—68, 74—75) und z. T. Gültner S. 59; Hoffmann S. 44.

[663] Es ist außerordentlich auffallend, wie auch alle Gegner der Anwendbarkeit des § 419 BGB auf das Unternehmen die Vorteile anerkennen, welche durch diese Anwendbarkeit entstehen würden. Bloß sind sie aus begriffsjuristischen Gesichtspunkten gehindert, die Frage der Anwendbarkeit zu bejahen; sie müssen sich mit einer Befürwortung de lege ferenda begnügen. Vgl. Friedrich S. 25; Würdinger Anm. 25 zu § 25.

pflichtungsgrundes" haftet, so ist der § 419 BGB eben als ein solcher Verpflichtungsgrund anzusehen[664].

XXV. Die Bejahung der Anwendbarkeit des § 419 BGB auf die Veräußerung eines Unternehmens läßt aber eine weitere Frage auftauchen: wo sind die Grenzen der Anwendbarkeit dieses Paragraphen überhaupt zu ziehen?[665] Nach seinem Wortlaut wäre er nur auf ein Vermögen anzuwenden; innerhalb des Vermögensganzen bilden sich aber verschiedene Untereinheiten, nämlich das Sondervermögen, der Vermögensbruchteil, das Unternehmen, die Einzelsache (und das Einzelrecht). Die Reihe dieser Aufzählung, vom Vermögensganzen bis zur Einzelsache entspricht einem sich steigernden Spezialisierungsgrad. Wenn man aus dieser Reihe die Zwischenstufe des Unternehmens herausnehmen und für sie die Anwendung des § 419 BGB bejahen will, dann müßte man wenigstens die Gründe darlegen, die eine solche besondere Behandlung rechtfertigen.

Dem § 419 BGB liegt in seinem ursprünglichen Anwendungsbereich ein allgemeiner Schutzgedanke zugrunde: die Veräußerung des Vermögens bedeutet immer eine große Gefährdung des Gläubigers; die Haftung des Erwerbers ist dazu vom Gesetzgeber gedacht, dem Gläubiger eine gewisse Sicherheit zu gewähren. Bei der Veräußerung eines Unternehmens ist der maßgebliche Grund der Erwerberhaftung ein konkreterer: wegen der besonderen, begriffsnotwendigen Kreditbedürftigkeit des Unternehmens sollen die Unternehmensgläubiger so sicher gestellt werden, daß sie ungehindert dem Unternehmen Kredit gewähren können und zwar in einem Umfang, der auch dem Unternehmensmehrwert zu entsprechen vermag. Diesem Gedanken entspricht die rechtskonstruktive Auffassung, die die Unternehmensschulden als Element des Unternehmensganzen erscheinen läßt[666].

Es fragt sich nun, ob der eine oder der andere dieser Gründe bei den sonstigen Vermögensuntereinheiten zutrifft[667].

a) Es ist schon oben[668] ausgeführt worden, daß der Sondervermögensbegriff kein einheitlicher ist. Wenn man nun die Anwendbarkeit des § 410 BGB auf Sondervermögen erörtern will, so muß man zwischen denjenigen Sondervermögen unterscheiden, deren juristische Selbständigkeit unter dem Gesichtspunkt der Schuldenhaftung eingeräumt wird und denjenigen, die nur unter anderen Gesichtspunkten vom übrigen Vermögen getrennt werden. Zu den

[664] Hoffmann S. 45; Domke S. 76; Hellwig S. 401. — A. M.: Bruckhuisen S. 65—66; Glaser S. 33.

[665] Friedrich S. 27.

[666] Daß nur die Veräußerung des Vermögens und des Unternehmens eine Haftung des Erwerbers auslösen sollen, kommt im österreichischen (ABGB, § 1409) und im griechischen (ZGB, Art. 479) zum Ausdruck: beide sprechen von „Vermögen oder Unternehmen".

[667] Die nachstehenden Ausführungen beruhen zum größten Teil auf den Meinungen Helles S. 66—70.

[668] Vgl. S. 63 f.

[669] HGB § 466: ausschließliche Haftung für die Schulden.

ersteren gehört z. B. das Schiffsvermögen[669] oder das Vermögen der oHG[670]; zu der letzteren z. B. die Sondervermögen des Familienrechts. Nur bei den ersteren ist eine Anwendung des § 419 BGB gerechtfertigt und positivrechtlich begründet[671]: die enge Bindung zwischen Vermögen und Schulden, die der Haftung des Erwerbers zugrunde liegt, ist hier vom Gesetzgeber vorgeschrieben. Die letzteren Sondervermögen als solche rufen keine Anwendung des § 419 BGB hervor; dieser Paragraph könnte eventuell aus anderen Gesichtspunkten zur Anwendung kommen[672].

b) Handelt es sich um die Veräußerung eines Vermögensbruchteils, so muß die Anwendbarkeit des § 419 BGB wieder nach teleologischen Erwägungen beurteilt werden. Wollte man die Frage ohne weiteres bejahen[673], dann hätte das zur Folge, daß es immer auf die Ausdrucksweise der Vertragschließenden ankommen sollte: hat z. B. der Veräußerer nur zwei Grundstücke und veräußert das eine, dann würde die Haftung des Erwerbers davon abhängen, ob das veräußerte Grundstück als „dieses Grundstück" oder als die „Hälfte des Vermögens" gekennzeichnet worden ist[674]. Konsequenterweise würde eine solche Abstellung auf die Ausdrucksweise der Vertragschließenden auch dazu führen müssen, die Haftung des Erwerbers zu verneinen, wenn der größte Teil seines Vermögens aber unter Angabe der Einzelwerte veräußert wird. Diese letzte Folge wird allgemein abgelehnt, und zwar wird die Haftung des Erwerbers auch dann angenommen, wenn die verschiedenen Elemente durch mehrere Einzelverträge veräußert werden.

Das besagt nur, daß es in diesem Thema nicht auf die juristischen Formen, sondern lediglich auf die wirtschaftlichen Tatsachen ankommen kann. Ganz gleich wie der Veräußerungsgegenstand gekennzeichnet wird, ganz gleich was seine juristische Natur ist[675], ganz gleich, ob die Veräußerungsverpflichtung durch einen Vertrag oder durch mehrere übernommen wird[676], immer maßgebend ist die tatsächliche Veräußerung eines Vermögensteils, die zur Folge hat, daß der nichtübertragene Restbetrag zur Deckung der Schulden des Veräußerers nicht ausreicht[677].

---

[670] HGB § 149, 155 I: primäre Haftung für die Schulden.

[671] A. M.: Palandt Anm. 3b zu § 419; Enneccerus-Lehmann § 86 II 1c.

[672] Vgl. unten im Text.

[673] Ihde S. 134. — Bei den Vorbereitungsarbeiten des BGB wurde die Anwendung des § 419 auf Vermögensbruchteile als „selbstverständlich" angesehen. Vgl. Helle S. 68; Planck-Strobal-Siber Anm. 4 zu § 419.

[674] Hier sei an die schwierigen erbrechtlichen Auslegungsprobleme erinnert, die sich bei der Unterscheidung von Erbeinsetzung mit Teilungsanordnung und Vermächtnis ergeben.

[675] Sondervermögen oder nicht.

[676] Enneccerus-Lehmann § 86 II 1b.

[677] Helle S. 70; — a. M.: Klang-Wolff S. 358 (für das österreichische Recht aber auf Grund ähnlicher Gesetzestexte). Nach Maßgabe dieses Kriteriums will Helle S. 76 den § 419 BGB auf die Unternehmensveräußerung anwenden; es ist oben dargestellt worden, aus welchen besonderen Gründen die Veräußerung eines Unternehmens immer dem § 419 unterliegen soll.

c) Unter diesem Gesichtspunkt könnte auch die Veräußerung einer Einzelsache die Haftung des Erwerbers auslösen[678]. Sonst aber kann von Schuldenhaftung des Erwerbers einer Einzelsache überhaupt keine Rede sein; die Sache ist kein begriffsmäßig kreditbedürftiger Gegenstand, sie weist auch keinen Mehrwert auf. Daher ist die eventuelle psychologische Beziehung des Kreditgebers zu der Sache „angesichts" deren er den Kredit gewährt hat, juristisch belanglos, es sei denn, daß sie die Form einer dinglichen Belastung annimmt[679].

G. Die unabdingbare, unbedingte und beschränkte Haftung des Unternehmenserwerbers (griechisches Recht).

XXVI. Was im deutschen Recht nur als Versuch und als Gebot de lege ferenda angesehen werden muß, ist in der griechischen Rechtsordnung geltendes Recht geworden. Der Art. 479 des griech. ZGB, der sonst nach dem Vorbild des § 419 BGB gefaßt ist, hat dieses Ergebnis einfach dadurch herbeigeführt, daß er neben dem Wort „Vermögen" auch das Wort „Unternehmen" erwähnt[680].

Durch diese Regelung hat das griechische Recht die in diesem Kapitel dargelegte Entwicklung vollendet; trotz aller Schwankungen, die in den Regelungen der letzten Jahrzehnte bemerkbar sind, hat der Gedanke der Verdinglichung des Gläubigerrechts in seiner reinsten Form gesiegt und ist hier so weit wie möglich geführt: der nächste Schritt würde sich nicht mehr auf dem Wege der Verdinglichung befinden, er würde schon die absolute Dinglichkeit (z. B. nach dem Vorbild des französischen nantissement) bedeuten. Denn der nächste Schritt könnte nur die Befriedigung der Gläubiger nach der Reihenfolge einer vorzuschreibenden Eintragung sein und diese Publizitätsforderung würde dann das endgültige Verlassen des Schuldrechtsbereichs mit sich bringen. Sofern man die Kompromißlösung einer teilweisen Verdinglichung des Gläubigerrechts vorzieht, muß man die griechische Regelung als das logische Ende der Entwicklung ansehen.

---

[678] Soergel-Hahne Anm. 2 zu § 419; Planck-Strobal-Siber Anm. 1 zu § 419. — Allerdings müßte dann der Erwerber sich dessen bewußt sein, daß die veräußerte Sache einen Hauptteil des Vermögens des Veräußerers ausmacht, Enneccerus-Lehmann § 86 II 1b.

[679] Vgl. Helle S. 65.

[680] Der Text des Art. 479 griech. ZGB lautet: „Ist durch Vertrag ein Vermögen oder ein Unternehmen übertragen worden, so haftet der Erwerber dem Gläubiger gegenüber für die dem Vermögen oder dem Unternehmen gehörigen Schulden bis zum Wert der übertragenen Elemente. Die Haftung des Veräußerers besteht fort. Eine abweichende Vereinbarung zwischen den Vertragschließenden zum Nachteil der Gläubiger ist diesen gegenüber ungültig." — Schon vor dem Inkrafttreten des griech. ZGB (1946), im Jahre 1929, wurde durch das Gesetz 4112 „betreffend die Hypothek an mechanischen und sonstigen Anlagen" ein Fall eingeführt, in dem der Erwerber eines Unternehmens für die hypothekarisch gesicherten Schulden desselben als Mitschuldiger neben dem Veräußerer haftete, s. Ligezapoulos S. 17, Anm. 19.

XXVII. Die Hauptzüge der griechischen Regelung lassen keine besonders schwierigen Probleme auftauchen. Es wird ausdrücklich im Gesetz vorgeschrieben:

a) daß der Unternehmenserwerber für die Unternehmensschulden haftet und zwar ohne daß seine Haftung von besonderen (beschränkenden) Voraussetzungen abhängt (Verfolgungsrecht);

b) daß diese Haftung eine mitschuldnerische ist, indem auch der Veräußerer weiter haftet[681];

c) daß die Erwerberhaftung nicht durch den Parteiwillen mit Wirkung gegen die Gläubiger ausgeschlossen werden kann[682];

d) daß die Haftung auf das übernommene Aktivum beschränkt ist[683].

Was insbesondere die Haftungsbeschränkung betrifft, so könnte schon durch die Formulierung des Gesetzes eine erste Frage entstehen. Das Gesetz spricht nämlich vom „Wert der übertragenen Elemente" und diese Ausdrucksweise könnte den Eindruck erwecken, maßgeblich für die Grenzen der Haftung soll die Summe der Werte der jeweils übertragenen Einzelelemente sein, nicht dagegen ihr Gesamtwert, der bei einem Unternehmen auch einen erheblichen Mehrwert enthalten würde. Eine solche Auffassung wäre aber falsch. Erstens würde sie dem betreffenden Artikel seinen Sinn und seine wirtschaftliche Grundlage entziehen: die Verdinglichung des Gläubigerrechts und die entsprechende Haftung des Unternehmenserwerbers dienen in erster Linie dem Zweck, den Unternehmensmehrwert zur Kreditgrundlage werden zu lassen. Soll nun ausgerechnet die Regelung, die am deutlichsten den Gedanken der Erwerberhaftung zum Ausdruck bringt, den Unternehmensmehrwert ignorieren wollen?

Zweitens ist eine solche Auffassung nicht einmal dem Wortlaut des Gesetzes zu entnehmen. Zwar spricht das Gesetz von veräußerten Elementen, damit soll aber nur der Eventualität Rechnung getragen werden, daß nicht alle Unternehmenselemente veräußert worden sind. Falls gewisse Elemente beim Veräußerer geblieben sind, bestimmt sich die Grenze der Haftung nach dem Wert des tatsächlich übertragenen, dieser Wert ist aber nicht als Summe der Einzelwerte, sondern als Gesamtwert aufzufassen.

XXVIII. Die Bedeutung, welche diesem Ergebnis zukommt, hängt zum größten Teil von der Weise ab, in der man die Frage nach der Art der Haftungsbeschränkung beantwortet. Soll eine gegenständliche Beschränkung vorliegen, (Haftung cum viribus patrimonii), dann ist es klar, daß die verschiedenen Auffassungen des Wertes für die Feststellung der Grenze der Haftung gleichgültig sind: die Haftung beschränkt sich auf den Gegenstand, auf die vorhandenen Unternehmenselemente, ohne irgendeine ziffernmäßige

---

681 Zepos S. 659.
682 Balis S. 78.
683 Zepos S. 659; Sourlas S. 124.

Bewertung berücksichtigen zu müssen. Ganz anders natürlich, wenn die Haftung betragsmäßig beschränkt sein sollte (pro viribus patrimonii): dann kann auch das Privatvermögen des Erwerbers zur Befriedigung der Gläubiger verwertet werden, allerdings nur bis zur Höhe eines ziffernmäßig bestimmten Wertes. In diesem letzteren Fall spielt also die Berücksichtigung des Unternehmensmehrwerts in der Feststellung des Unternehmenswertes eine wichtige Rolle.

Die Meinungen über die Art der Haftungsbeschränkung nach Art. 479 griech. ZGB gehen auseinander. Der Gesetzeswortlaut scheint für eine betragsmäßige Beschränkung zu sprechen, „bis zum Wert". Der Ausdruck aber braucht nicht unbedingt bindend zu sein, zumal er nicht so eindeutig ist wie der entsprechende des österreichischen Gesetzes[684]. Noch weniger bindend dürften begriffsjuristische Überlegungen sein, die eine Beantwortung der Frage etwa auf Grund begriffsmäßiger Ähnlichkeiten zwischen dem hier vorliegenden Fall und dem Fall der beschränkten Erbenhaftung versuchen. Wenn das Gesetz hier eine Auslegungsfreiheit gewährt, so muß man diese Freiheit nach Gesichtspunkten einer materiellen Gerechtigkeit ausnutzen.

Grundsätzlich würde in diesem Fall die materielle Gerechtigkeit für eine gegenstandsmäßige Haftungsbeschränkung sprechen[685]:

a) die gegenstandsmäßige Beschränkung bedeutet gewöhnlich eine mildere Haftung des Erwerbers, der ganz oder teilweise von der Haftung frei wird, wenn der Wert des Unternehmens sich zufällig mindert. Da die Wirkung des Gläubigerrechts gegen den Erwerber ohne jegliche Publizitätsvoraussetzung erfolgt, scheint eine mildere Haftung desselben ein erstrebenswerter Ausgleich zu sein;

b) der Gläubiger wird nicht durch eine derartige Haftungsbeschränkung benachteiligt: das Unternehmen ist und bleibt die Grundlage seiner Sicherheit. Eine zufällige Minderung seines Wertes könnte auch dann eintreten, wenn es beim Veräußerer verblieben wäre. Und das übrige Vermögen des Veräußerers kann der Gläubiger ja immer noch in Anspruch nehmen;

c) übrigens entspricht die Haftung cum viribus patrimonii dem Wesen der Verdinglichung: der Realgläubiger könnte in keinem Fall Befriedigung aus dem Privatvermögen des Erwerbers des belasteten Gegenstandes verlangen, etwa aus dem Grund, daß der Wert dieses Gegenstandes durch Zufall gemindert worden ist.

Alle diese Erwägungen sollten für die gegenstandsmäßige Haftungsbeschränkung sprechen, wenn die Ausgestaltung des Vollstreckungsrechts und ihre praktischen Wirkungen nicht dieser Beschränkungsart entgegengestanden hätten. In dieser Arbeit ist die Meinung ausführlich verfochten

[684] S. oben S. 127.

[685] Michaelidis-Nouaros Anm. 22 zum Art. 479, der auch die Argumente aus einem Vergleich zur Erbenhaftung mitheranzieht, spricht sich eindeutig für die gegenstandsmäßige Haftungsbeschränkung aus.

worden, daß der tiefere wirtschaftliche Zweck der Erwerberhaftung die Nutzbarmachung des Unternehmensmehrwertes zur Sicherung und zur Befriedigung des Gläubigers ist. Das geltende Prinzip der Spezialexekution hat aber zur Folge, daß eine Vollstreckung, die sich auf die Elemente des Unternehmens beschränken würde, eine Zerstückelung des Unternehmensganzen in der Phase der Verwertung herbeiführen muß. Der Unternehmensmehrwert würde dabei verschwinden.

Solange die geltende Rechtsordnung bei dem Prinzip der Spezialexekution bleibt, muß man also die Lösung der betragsmäßigen Haftungsbeschränkung vorziehen[686]. Sie allein ermöglicht es, daß der Gläubiger so viel von dem Gesamt-(Unternehmens und Privat)-vermögen des Erwerbers zu seiner Befriedigung verwertet, bis der ganze Unternehmenswert, samt Mehrwert, gedeckt wird. Sollte diese Lösung als eine Anomalie hinsichtlich der Verdinglichung des Gläubigerrechts angesehen werden müssen, so hängt diese Anomalie mit der Unvollkommenheit des Vollstreckungsrechts zusammen, welches den Gesamtwert des Unternehmens nicht zu berücksichtigen vermag. Man könnte zur richtigeren und normalen gegenstandsmäßigen Haftungsbeschränkung erst dann zurückkehren, wenn eine Neugestaltung des Vollstreckungsrechts dem Unternehmensmehrwert durch Zwangsversteigerung[686a] des Unternehmensganzen Rechnung tragen würde.

XXIX. In diesem selben Zusammenhang fragt es sich weiter, ob der Unternehmenserwerber zu einer anteilsmäßigen Befriedigung der Gläubiger verpflichtet ist oder ob er jeden nach der Reihenfolge der Geltendmachung der Ansprüche befriedigen darf. Streng dogmatisch gesehen würde die Annahme einer Pflicht zur anteilsmäßigen Befriedigung im Widerspruch zum obigen Ergebnis über die betragsmäßigen Haftungsbeschränkungen stehen: die Haftung pro viribus patrimonii beruht auf einer Ablehnung der Auffassung des Unternehmens als universitas juris, während die anteilsmäßige Befriedigung der Gläubiger eine solche Auffassung voraussetzen würde.

Man darf sich jedoch nicht von formallogischen rechtsdogmatischen Erwägungen verleiten lassen. Es ist schon gesagt worden[687], daß die Beantwortung der Frage nach der Sondervermögenseigenschaft des Unternehmens nicht auf einem Entweder — Oder beruhen

---

[686] Zu demselben Ergebnis gelangt Sourlas S. 128.

[686a] Die nach Abschluß der Verfassung dieser Arbeit eingeführte Zwangsverwaltung am Unternehmen (griech. Gesetz Nr. 2810 von 1954 „zur Änderung und Ergänzung von Vorschriften der Zivilprozeßordnung über die Zwangsvollstreckung") ändert nichts an die obige Argumentation. Zwar ist nun das Unternehmensganze zum Exekutionsobjekt geworden, diese Exekution aber erfolgt nur in der Form der Zwangsverwaltung, und infolgedessen kann sich der Gläubiger nur aus dem Ertrag des Unternehmens befriedigen. Wenn auch diese Befriedigungsweise den Unternehmensmehrwert nicht unberücksichtigt läßt, so gestattet sie andererseits keine direkte Inanspruchnahme dieses Mehrwerts. Hier greift der Zeitfaktor ein, und wenn der Gläubiger mit der Befriedigung seiner Forderung nicht abwarten will, so wird er doch die Zwangversteigerung nach dem Grundsatz der Spezialexekution vornehmen müssen.

[687] S. oben S. 65 ff.

kann: wenn das Unternehmen hinsichtlich der Art der Haftungsbeschränkung nicht als universitas juris behandelt wird[688], so hindert das nicht, daß es doch als universitas juris hinsichtlich der Art der Gläubigerbefriedigung gilt. Um so mehr, als eine solche Lösung praktischen Bedürfnissen, aber auch theoretischen Geboten entspricht.

Hinsichtlich der Gläubigerbefriedigung sind die zwei extremen Systeme einerseits die Befriedigung nach der Reihenfolge der Entstehung der Forderung, andererseits nach derjenigen der Geltendmachung. Das erstere System setzt eine Publizität voraus und wird bei den dinglichen Rechten angewandt. Das letztere entspricht den obligatorischen Rechten. Im Falle des teilweise verdinglichten Gläubigerrechts, kann das erste System nicht zur Geltung kommen, weil es eben an der Publizität fehlt. Ist man aber deswegen unbedingt auf das zweite System angewiesen?

Die Frage muß entschieden verneint werden. Wenn man dem Gläubiger nicht die stärkere Sicherheit der Rangordnung geben kann, so kann man ihm wenigstens die „mittlere" Sicherheit der anteilsmäßigen Befriedigung zusprechen[689], eine Sicherheit, die eine dritte, eine Kompromißlösung zwischen den beiden oben angeführten darstellt. Während die anderen beiden Lösungen den reinen Formen des dinglichen bzw. des obligatorischen Rechts entsprechen, entspricht die anteilsmäßige Befriedigung eben der Zwischenstufe der teilweisen Verdinglichung.

Das Ergebnis ist, daß der Unternehmenserwerber bis zur Höhe des Unternehmenswertes auch mit seinem Privatvermögen haftet und daß er grundsätzlich zu einer anteilsmäßigen Befriedigung der Gläubiger verpflichtet ist[690].

---

[688] Und zwar aus ganz besonderen vollstreckungsrechtlichen Erwägungen.

[689] Sourlas S. 128 spricht sich für eine Befriedigung der Gläubiger je nach der Reihenfolge ihrer Erscheinung aus, während Michaelidis-Nouaros Anm. 27 zum Art. 479 insofern einen Schritt weiter geht, als er eine anteilsmäßige Befriedigung der Gläubiger annimmt, wenn sie von den Gläubigern verlangt wird (in analoger Anwendung des Art. 1913 ff. griech. ZGB über die gerichtliche Nachlaßliquidation). Die größte Gefahr für die Gläubiger besteht aber darin, daß sie die Unternehmensveräußerung zu spät erfahren, in welchem Fall die von ihnen verlangte anteilsmäßige Befriedigung sich als zwecklos erweisen würde.

[690] In welcher juristischen Form ließe sich eine anteilsmäßige Befriedigung der Gläubiger durchführen? Das Verteilungsverfahren des Vollstreckungsrechts scheidet deswegen aus, erstens weil es eine Zwangsvollstreckung voraussetzt und zweitens, weil es keine Aufforderung der Gläubiger vorsieht. In Frage käme eine analoge Anwendung entweder des Konkursverfahrens oder der im girechischen Recht vorgesehenen gerichtlichen Nachlaßliquidation. Das Konkursverfahren muß wegen seiner Umständlichkeit und seiner psychologischen Nebenwirkungen ausgeschlossen werden. Aber auch die Vorschriften über die gerichtliche Nachlaßliquidation können nicht ohne wichtige Abweichungen zur Anwendung kommen. Insbesondere soll diese Liquidation nicht erst dann eingreifen, wenn sie von den Gläubigern verlangt wird (vgl. die obige Anmerkung), sondern vielmehr soll der Erwerber sie unverzüglich beantragen müssen, wenn er kennt oder kennen muß, daß der Wert des Unternehmens nicht zur Befriedigung aller Gläubiger ausreicht. Man könnte vielleicht weiter dem Erwerber die Pflicht auferlegen, unverzüglich nach dem Erwerb des Unternehmens die Veröffentlichungen des Art. 1916 griech. ZGB vorzunehmen, wodurch die Gläubiger aufgefordert werden, ihre Forderungen anzumelden.

XXX. Rechtsdogmatisch bedeutet dieses Ergebnis, daß das Unternehmen einmal als universitas juris aufgefaßt wird, und einmal nicht. Nun fragt es sich, welche von den beiden Auffassungen hinsichtlich der Privatgläubiger des Unternehmenserwerbers maßgeblich sein soll. Soll das erworbene Unternehmen vom Zugriff dieser Gläubiger ausgeschlossen sein?

Das Gesetz beantwortet die Frage weder direkt noch indirekt. Dieses Schweigen des Gesetzes könnte zum Ergebnis führen, daß es keine juristische Trennung zwischen den beiden Vermögensmassen (Unternehmen — übriges Vermögen des Erwerbers) gibt, weil eben das Gesetz keine solche vorschreibt. Diese Lösung aber würde die Lage der Unternehmensgläubiger außerordentlich gefährden und praktisch die teilweise Verdinglichung ihres Rechts zunichte machen: es bedarf nur einer Unternehmensveräußerung an einen überschuldeten Erwerber, damit die Gläubiger um ihre Rechte und ihre Sicherheit gebracht werden. Man muß sich also für die entgegengesetzte Lösung aussprechen und das erworbene Unternehmen als ein Sondervermögen innerhalb des Gesamtvermögens des Erwerbers und hinsichtlich der Privatgläubiger desselben anerkennen.

Diese Auffassung kann allerdings nicht ohne gewisse Einschränkungen Geltung beanspruchen:

a) Vom Zugriff der Privatgläubiger ausgeschlossen bleibt nur das Unternehmen als Gegenstand, nicht der ganze Betrag der Erwerberhaftung. Es ist gezeigt worden, daß dieser Betrag höher ist als der Wert des durch Zwangsvollstreckung verwerteten Unternehmens und zwar deswegen, weil der Betrag der Haftung auch den durch die Spezialexekution nicht erzielbaren Unternehmensmehrwert decken soll. Zur Befriedigung der Unternehmensgläubiger — trotz der Beschränkung der Erwerberhaftung — dienen auch Gegenstände, die sich außerhalb des Unternehmens, im Privatvermögen des Erwerbers befinden. Diese sozusagen zusätzlichen Haftungsgegenstände, die nicht zur organisierten Einheit des Unternehmens gehören und die bis zum letzten Moment der Zwangsvollstreckung unbestimmt bleiben, können naturgemäß nicht vom Gesamtvermögen des Erwerbers abgesondert und getrennt behandelt werden. Bezüglich dieser Gegenstände konkurrieren die Unternehmensgläubiger und die Privatgläubiger des Erwerbers;

b) noch wichtiger ist die zeitliche Beschränkung der Absonderung des Unternehmens zugunsten der Unternehmensgläubiger. Denn sollte diese Absonderung zeitlich unbeschränkt gelten, dann wäre jedes einmal erworbene Unternehmen immer als Sondervermögen anzusehen, ein Ergebnis, das mit der heutigen Gesamtregelung nicht in Einklang zu bringen ist. Ist die anteilsmäßige Befriedigung der Gläubiger in analoger Anwendung der Vorschriften über die gerichtliche Nachlaßliquidation angeordnet worden, dann müssen die Privatgläubiger sich von jedem Zugriff an das Unternehmen solange abhalten, bis das gesetzlich vorgeschriebene Liquidationsverfahren seinen Abschluß gefunden hat. Ist eine anteilsmäßige Befriedigung der Unternehmensgläubiger nicht angeordnet worden, dann könnte man folgende Lösung vorschlagen: die Privatgläubiger des Unternehmenserwerbers können erst dann das Unternehmen ergreifen, wenn sie selbst die Veröffentlichung des Art. 1916 griech. ZGB zur Aufforderung der Unternehmensgläubiger vorgenommen und den Ablauf der viermonatigen Anmeldungsfrist des Art. 1917 abgewartet haben[691].

XXXI. Es muß zugegeben werden, daß die hier erörterten Einzelprobleme der griechischen Regelung sich nur auf komplizierten Umwegen und ohne Systemeinheit lösen lassen. Das liegt aber nicht am Prinzip, welches im Art. 479 des griech. ZGB zum Ausdruck kommt, sondern vielmehr an der Unvollkommenheit der damit zusammenhängenden Nebenregelungen. Die systemwidrige betragsmäßige Haftungsbeschränkung mußte deswegen angenommen werden, weil das Vollstreckungsrecht nicht die Möglichkeit bietet, dem Unternehmensmehrwert in der Phase der Vollstreckung Rechnung zu tragen. Die rechtsgestaltende analoge Anwendung der Vorschriften über die gewichtige Nachlaßliquidation wurde dadurch erzwungen, weil der Gedanke der momentanen (bei der Veräußerung) Absonderung des Unternehmens von jedem Gesamtvermögen nicht die erforderliche positive Einzelregelung gefunden hat, weder hinsichtlich der anteilmäßigen Befriedigung der Unternehmensgläubiger, noch hinsichtlich des Ausschlusses der Privatgläubiger des Erwerbers vom Zugriff an das Unternehmen.

Diese verwickelten Lösungen dürfen jedoch die Eindeutigkeit der Grundregelung nicht verschleiern; durch die beschränkte, unbedingte und unabdingbare Haftung des Unternehmenserwerbers nach griechischem Recht kommt der Gedanke der Verdinglichung des Personalgläubigerrechts in einer besonders ausgeprägten und klaren Form zum Ausdruck[692].

---

691 Einzelproblematik über die Beziehungen zwischen Innen- und Außenverhältnis s. Michaelidis-Nouaros Anm. 16 zum Art. 479; das vom Erwerber geleistete Entgelt wird für die Beantwortung der Frage, ob Vermögensübernahme vorliegt, ebenso wenig wie für die Festsetzung des Betrages der Haftung berücksichtigt, vgl. Sourlas S. 123.

692 Michaelidis-Nouaros Anm. 1 zum Art. 479.

Dritter Teil:

Die allgemeine Problematik der Erwerberhaftung

Im zweiten Teil dieser Arbeit ist es versucht worden, die besondere Ausgestaltung verschiedener europäischer Rechtsordnungen hinsichtlich der Haftung des Unternehmenserwerbers für die Unternehmensschulden darzustellen. Dementsprechend waren die vorangegangenen Ausführungen hauptsächlich auf die Besonderheiten der einzelnen Rechtsordnungen abgestellt. Es gibt aber auch gewisse Fragen, die so gut wie bei allen Rechtsordnungen auftauchen, die als Probleme allen gemeinsam sind. Diesen Problemen, die vom Standpunkt der Rechtsvergleichung aus als die allgemeine Problematik der Erwerberhaftung angesprochen werden können, wird dieser dritte Teil der vorliegenden Arbeit gewidmet.

Es dürfte schon auf der Hand liegen, daß, wenn auch die Probleme gemeinsam sind, ihre Lösungen doch oft verschieden sein müssen und zwar wegen der unterschiedlichen positivrechtlichen Vorschriften, auf denen sie beruhen. Eine einheitliche Erörterung dieser Probleme scheint dennoch zweckmäßig zu sein: die dabei entstehenden Zweifelsfragen müssen nicht nur auf Grund positivrechtlicher Überlegungen, sondern auch mittels einer Bezugnahme auf die wesensmäßigen, den wirtschaftlichen Gegebenheiten entnommenen Hauptmerkmale des Unternehmensbegriffs beantwortet werden. Und auch diese Merkmale sind allen Rechtsordnungen derselben wirtschaftlichen Entwicklungsstufe gemeinsam.

Siebentes Kapitel

Der Anwendungsbereich

I. Verschiedene Einteilungen der Unternehmungen sind oben[693] vorgenommen worden zu dem Zwecke, die jeweils verschiedene praktische Bedeutung der Erwerberhaftung für den Kredit des Unternehmens genauer bewerten zu können. Die hier zu behandelnde Frage ist eine andere und zwar geht es darum, ob diese Erwerberhaftung nach den jeweils geltenden positivrechtlichen Vorschriften bei dem Erwerb jedes oder nur einiger Unternehmenstypen anwendbar sei. Die zwei Probleme stehen allerdings doch in gewissem Zusammenhang, insofern als die Auslegungsfragen des positiven Rechts nicht ohne Berücksichtigung der praktischen Bedürfnisse behandelt werden dürfen. Da aber diese praktischen Bedürfnisse allen europäischen Rechtsordnungen ungefähr gemeinsam sind, könnte die Auslegung der positivrechtlichen Vorschriften, trotz der Verschiedenheit ihres Wortlauts und eben den Spielraum der Auslegungsfreiheit ausnutzend, zu ähnlichen Ergebnissen gelangen.

Die hier besonders in Betracht kommenden Einteilungsgesichtspunkte sind der des Unternehmensobjekts und der der Unternehmensgröße. Diese beiden sind in allen Rechtsordnungen mehr oder minder stark hervorgehoben worden; denn

a) alle Rechtsordnungen enthalten eine Abgrenzung des Anwendungsbereichs des Handelsrechts, welche durch eine Aufzählung entweder der Handels(rechts)geschäfte[694] oder der Handelsgewerbe[695] erfolgt. Diese Aufzählung führt schon ein erstes Einteilungsmoment ein, welches die Unternehmungen nach ihrem Objekt unterscheidet und zwar wenigstens in Handels- und sonstigen (nicht Handels-) Unternehmungen;

b) ferner werden die besonderen handelsrechtlichen Vorschriften nirgendswo auf die ganz kleinen Erscheinungen der Handelstätigkeit angewandt. In verschiedenem Umfang und nach verschiedenen Maßstäben wird doch in allen Rechtsordnungen eine Ausnahme angenommen (oder ausdrücklich vorgeschrieben), welche die kleinen Handelstätigen von der Strenge des Handelsrechts freihält. Dadurch wird ein zweites Einteilungsmoment eingeführt, nämlich das der Größe.

Dagegen finden die anderen wirtschaftlich wichtigen Einteilungsgesichtspunkte, nämlich die der juristischen und die der sozialen Form des Unternehmens nur eine indirekte Berücksichtigung im Gesetz. Die besondere Regelung betrifft in diesen Fällen den Unternehmer, d. h. die Gesellschaft oder den Staat, nicht aber direkt das Unternehmen. Deswegen beschränkt sich auch die hiesige Untersuchung des Anwendungsbereichs der Regeln über die Erwerberhaftung nur auf die Einteilung der Unternehmungen nach ihrem Objekt und nach ihrer Größe.

II. In allen europäischen Handelsgesetzbüchern wird der Begriff des Kaufmannes und danach auch der Begriff des kaufmännischen Unternehmens (Handelsunternehmens) genau festgelegt. Dabei dürfte für unsere Untersuchung gleichgültig sein, nach welchem System die Gesetzgebungen diese Begriffe bestimmen — ob nach dem „objektiven" wie die französische oder nach dem „subjektiven" wie die deutsche[696]. In beiden Fällen wird dem Begriff des Handels ein Inbegriff von Tätigkeiten zugeordnet, welcher wohl die hauptsächlichsten Erscheinungen der wirtschaftlichen Tätigkeit überhaupt umfaßt.

---

693 Siehe S. 38—40.

694 Vorbild Code de Commerce, Art. 632, 633.

695 Vorbild HGB, § 1.

696 Vgl. Schultze — von Lasaulx S. 4—6; Tsirintanis S. 37—38; Rokas S. 4 ff. — Das neue italienische Codice Civile hat ein gemischtes System vorgezogen.

Nach den gesetzlichen Bestimmungen betrifft der Handelsbegriff folgende Tätigkeiten:

a) Tätigkeiten, die eine Erhöhung des Sachwerts durch materielle Einwirkung (Bearbeitung, Verarbeitung) auf die Sache bezwecken, worunter man hauptsächlich die Industrie[697], u. U. auch die handwerkliche[698] Tätigkeit verstehen sollte;

b) Tätigkeiten, die eine Erhöhung des Sachwertes[699] ohne materielle Einwirkung auf die Sache nur durch Ausnutzung der zeit-, orts-, artmäßigen Gegebenheiten des Marktes bezwecken; darunter ist der Handel im engeren Sinne (Anschaffung und Weiterveräußerung)[700] zu verstehen;

c) Tätigkeiten, die der Industrie und dem Handel i. e. S. dienen, ohne sich direkt auf die Sachen zu beziehen, d. h. ohne daß der eventuelle Gewinn einem Risiko hinsichtlich des Sachwerts entspricht, Hilfshandelstätigkeiten (Versicherung[701], Bankier- und Geldwechslergeschäfte[702], Transportgeschäfte[703], Kommissions-, Speditions- und Lagergeschäfte[704], Geschäfte der Handlungsagenten und Handelsmakler[705].

Alle diese Tätigkeiten machen zweifellos den Kern der wirtschaftlichen Beschäftigung aus[706]. Da nun aber das Unternehmen eine Organisation von Rechtsverhältnissen bildet, deren Zweck die Ermöglichung oder die Verwirklichung der wirtschaftlichen Tätigkeit des Unternehmers ist, muß es als selbstverständlich angesehen werden, daß der Ausdruck „Unternehmen" immer mindestens das Handelsunternehmen umfaßt. Und was unser Thema besonders betrifft, so sind die Gedanken über die Haftung des Unternehmenserwerbers zweifelsohne auf das Handelsunternehmen anwendbar.

Fraglich könnte dagegen die Anwendbarkeit dieser Gedanken auf Unternehmungen sein, die nicht oder doch nicht ausschließlich eine Handelstätigkeit bezwecken, d. h. auf nichtkaufmännische Unternehmungen. Solche Unternehmungen sind:

a) die landwirtschaftlichen Unternehmungen;
b) Unternehmungen, die dem Grundstücksverkehr dienen;
c) Dienstleistungsunternehmungen, deren Leistungen einen geistigen Charakter aufweisen.

Diese problematischen Fälle müssen hinsichtlich der Erwerberhaftung besonders nachgeprüft werden.

---

697 HGB § 1 Ziff. 1, 8 und 9; Cod. de Com. Art. 632, Satz 1.
698 HGB § 1 Ziff. 2 in Verbindung zu § 2; Cod. de Com. Art. 632 Satz 2.
699 Daß der Handel ebenso wie die Industrie wertschöpfende (werterhöhende) Tätigkeiten sind, verleitet Ravà S. 96—97 zum Ergebnis, es gäbe keine Unterscheidungsmöglichkeit zwischen den beiden.
700 HGB § 1 Ziff. 1 und 8; Code de Com. Art. 632 Satz 1.
701 HGB § 1 Ziff. 3.
702 HGB § 1 Ziff. 4; Code de Com. Art. 632 Satz 4, 5, u. 7.
703 HGB § 1 Ziff. 5; Code de Com. Art. 632 Satz 2.
704 HGB § 1 Ziff. 6; Code de Com. Art. 632 Satz 3.
705 HGB § 1 Ziff. 7; Code de Com. Art. 632 Satz 3 und 4.
706 Würdinger Vorbem. 4a zu § 1.

III. Es wird allgemein anerkannt, daß die landwirtschaftliche Tätigkeit keine kaufmännische ist. Daraus ist aber noch keine Beantwortung der Frage zu ersehen, ob der landwirtschaftliche Produktionskomplex ein Unternehmen im technischen Sinne ist und weiter — was hier besonders interessiert — ob der Erwerber eines solchen Produktionskomplexes für die damit verbundenen Schulden haften soll.

Einige Rechtsordnungen beantworten die Frage direkt durch ausdrückliche Bestimmungen und machen jede weitere Untersuchung vom Standpunkt des geltenden Rechts aus überflüssig. Dies ist bei den Rechtsordnungen der Fall, die die Haftung des Erwerbers für die Schulden auf die Handelsunternehmungen beschränkt wissen wollen. So z. B. in Frankreich, wo die ganze Regelung sowohl des Registerpfandrechts wie auch des Einspruchrechts der Unternehmensgläubiger usw.[707] auf das Handelsunternehmen (fonds de commerce)[708] abgestellt ist. So auch in Deutschland, wo die Haftung des Erwerbers auf Grund der §§ 25 ff. HGB nur den Erwerb von „Handelsgeschäften" betrifft[709]. In diesen Fällen steht es kraft Gesetzes fest, daß der Erwerber eines Landgutes nicht für dessen Schulden haftbar gemacht werden kann, was andererseits eine weitere Nachprüfung der Unternehmenseigenschaft des Landgutes in diesem Zusammenhang überflüssig erscheinen läßt.

Anders natürlich in den Rechtsordnungen, die die Haftung des Erwerbers allgemein an den Erwerb eines „Unternehmens" knüpfen, wie z. B. in der österreichischen oder der griechischen. Es bleibt eine Auslegungsfrage, ob man unter dem Begriff des Unternehmens auch das Landgut verstehen will oder nicht. Und zwar eine Frage, deren Beantwortung zum größten Teil von der Zweckmäßigkeit einer Anwendung der Vorschriften über die Erwerberhaftung auf den Erwerb eines Landgutes abhängt[710].

Es ist im Laufe dieser Arbeit ausführlich dargelegt worden, daß die Haftung des Unternehmenserwerbers für die Unternehmensschulden eine teilweise Verdinglichung des Personalgläubigerrechts

---

[707] Vgl. oben S. 119 f.

[708] Vgl. Travaux de la Commission, S. 329. — Daß der Begriff des fonds de commerce sehr weit verstanden wird, vgl. oben S. 95. Das dürfte jedoch nur für die Unternehmungen, die Leistungen geistigen Inhalts bezwecken, von Bedeutung sein; ein Landgut kann nie als fonds de commerce angesehen werden.

[709] Es wäre auch nach deutschem Recht anders und eine genauere Nachprüfung der Beziehungen zwischen Landgut und Unternehmensbegriff wäre erforderlich, wenn die Anwendbarkeit des § 419 BGB auf „Unternehmungen" angenommen werden sollte. Siehe oben S. 128 f.

[710] Es wäre auch denkbar, daß man sagt: zwar ist das Landgut als Unternehmen aufzufassen, die Vorschriften jedoch über die Erwerberhaftung finden auf es keine Anwendung. Eine solche Formulierung hätte nur im italienischen Recht eine Berechtigung, wo die Anerkennung der Unternehmenseigenschaft weitgehende privatrechtliche Folgen mit sich bringt. Bei den anderen Rechtsordnungen, die eigentlich nur eine dürftige Regelung des Unternehmensrechts enthalten, würde eine solche Formulierung zu unnötigen Komplikationen führen. — Vgl. Ghidini S. 58; Ghidini, Registro, S. 5—6.

bedeutet, daß sie dem Zweck dient, den durch die Unternehmensorganisation entstehenden Unternehmensmehrwert zur Kreditgrundlage werden zu lassen, und daß sie ihre rechtskonstruktive Berechtigung in der Zugehörigkeit der Schulden zum Unternehmensganzen findet. Es fragt sich nun, ob dieselben Bedürfnisse beim landwirtschaftlichen Produktionskomplex auftreten, ob bei ihm dieselbe rechtskonstruktive Auffassung zutreffen kann.

In der Rechtswissenschaft ist des öfteren auf die Wesensunterschiede zwischen dem Unternehmen und dem Landgut hingewiesen worden. Solche Unterschiede, die gerade hinsichtlich der Erwerberhaftung eine Bedeutung haben, sind:

a) der landwirtschaftliche Produktionskomplex weist in der Regel nur eine ganz elementare Organisation auf[711], welche keinen besonderen organisatorischen Gedanken voraussetzt. Infolgedessen weist das Landgut als Ganzes den Elementen gegenüber auch keinen erheblichen Mehrwert auf, der zur Kreditgrundlage werden könnte und sollte;

b) die Kreditbedürfnisse des landwirtschaftlichen Produktionskomplexes können auch ohne Verstärkung des Gläubigerrechts auf anderer Weise gedeckt werden, nämlich durch hypothekarische Sicherung[712] oder durch die besonders für die Landwirtschaft anerkannten Verpfändungsformen[713];

c) die Schulden sind keine faktische und infolgedessen auch keine begriffsmäßige Notwendigkeit für das Landgut; man könnte sich den Grenzfall vorstellen, in dem ein landwirtschaftlicher Produktionskomplex längere Zeit produktiv funktioniert hat, ohne überhaupt eine Schuld eingegangen zu sein[714]; wenn es aber so ist, dann kann man nicht mehr von einer begriffsnotwendigen Zugehörigkeit der Schulden zum landwirtschaftlichen Produktionskomplex sprechen[715].

Alle diese Überlegungen könnten zum Ergebnis führen, daß die Erwerberhaftung nicht im Falle des Erwerbs eines Landgutes eingreifen soll: mit dem Mehrwert, der Kreditbedürftigkeit und der Zugehörigkeit der Schulden zum Produktionskomplex entfällt auch die praktische und die rechtskonstruktive Berechtigung der Erwerberhaftung. Trotzdem muß die Anwendbarkeit der Vorschriften über die Erwerberhaftung auf die Landgutveräußerung und damit auch der Unternehmenscharakter des Landgutes aus anderen praktischen Erwägungen befürwortet werden.

a) die oben angeführte Argumentation vermag höchstens zu beweisen, daß die Erwerberhaftung im Falle des Erwerbs eines Land-

[711] Ravà S. 86 spricht von einer wesensverschiedenen Art von Organisation. — Vgl. auch Brecher S. 123; (Ehrenberg)-Pisko S. 201; Krause S. 10.

[712] Ghidini S. 90; vgl. oben S. 26.

[713] Grunzweig S. 294; vgl. oben S. 24.

[714] Vgl. Ghidini S. 25, 51 ff.

[715] Ravà S. 76—77, der (unzutreffend) einen weiteren Unterschied darin erblickt, daß der Landwirt nichts herstellt, sondern nur die Erzeugnisse des Bodens nutznießt.

gutes nicht erforderlich ist; sie besagt allerdings nicht, daß eine solche Haftung irgendwie schaden würde. Sie würde immerhin eine zusätzliche Kreditsicherung darstellen, die u. U. doch die Finanzierung des landwirtschaftlichen Produktionskomplexes erleichtern könnte und es gibt keinen Grund, eine solche Möglichkeit auszuschließen;

b) wenn heute der landwirtschaftliche Produktionskomplex gewöhnlich nur eine minimale Organisation und dementsprechend auch einen minimalen Mehrwert aufzuweisen vermag, so ist es doch vorauszusehen, daß diese Situation sich in der nahen Zukunft ändern wird, und zwar wegen der ständig fortschreitenden Technisierung der Landwirtschaft. Die Anwendung hochentwickelter Produktionsmethoden in der Landwirtschaft würde die Frage des Mehrwerts und der Finanzierung unter ein neues Licht stellen; die heutigen Lösungen dürfen nicht diese voraussehbare Entwicklung ignorieren;

c) aber auch in der Gegenwart macht sich ein technisch-industrielles Moment in der landwirtschaftlichen Produktion bemerkbar: es handelt sich um den sehr häufigen Fall, in dem ein technischer Betrieb zur Verarbeitung der landwirtschaftlichen Erzeugnisse neben dem rein landwirtschaftlichen Betrieb und im engsten wirtschaftlichen Zusammenhang mit ihm funktioniert[716]. Hinsichtlich dieses Nebenbetriebes tauchen die Probleme der Finanzierung und des Mehrwerts in derselben Weise auf wie bei jedem anderen Unternehmen[717]: für die Schulden dieses Nebenbetriebes sollten seine Erwerber ohne weiteres haften. Es ist aber unmöglich, die Schulden des technischen von den Schulden des rein landwirtschaftlichen Betriebes zu trennen. Auch aus diesem Grund[718] wäre also die Anwendbarkeit der Vorschriften über die Erwerberhaftung im Falle der Veräußerung eines Landgutes zu bejahen.

So ist das Ergebnis erreicht, daß das Landgut ein Unternehmen im Sinne der Vorschriften über die Erwerberhaftung darstellt, d. h. daß diese Vorschriften auch im Falle der Veräußerung eines Landgutes zur Anwendung kommen sollen[719].

[716] Davon abgesehen, daß auch eine nach kaufmännischem Vorbild funktionierende Absatzorganisation häufig vorkommt. Vgl. überhaupt Isay S. 44; (Ehrenberg)-Pisko S. 201; Schultze — von Lasaulx S. 55 f.

[717] Das bringt auch der § 3 II HGB zum Ausdruck; vgl. Würdinger Anm. 6 ff. zu § 3; Marxheimer S. 113—123; ist von der in diesem Paragraphen erwähnten Befugnis zur Firmeneintragung Gebrauch gemacht, und werden im Rahmen des Nebenbetriebes Handelsrechtsgeschäfte geschlossen, so findet der § 25 HGB ohne weiteres Anwendung. Vgl. Marxheimer S. 128. Die im Text behandelte Frage ist dann von Bedeutung, wenn keine Eintragung der Firma stattgefunden hat.

[718] Eine andere Lösung des hier erörterten Falles wäre, daß man die Erwerberhaftung dann eintreten läßt, wenn dem Nebenbetrieb eine überwiegende Bedeutung zukommt, vgl. Ravà S. 95; eine solche Lösung aber würde unendliche Streitigkeiten hervorrufen, vgl. Isay S. 44.

[719] Ähnlich ohne weitere Begründung Klang — Wolf S. 358. — Die Unternehmenseigenschaft hinsichtlich des Unternehmensschutzes spricht Isay S. 44 dem Landgut zu; a. M.: Ghidini S. 58 ff.

IV. Der Grundstücksverkehr lag traditionsgemäß außerhalb des Handelsverkehrs[720]. Der dieser Tradition zugrunde liegende Gedanke war, daß die Bewirtschaftung von städtischen Grundstücken nicht der kaufmännischen Spekulation dient, daß infolgedessen der Grundstücksverkehr nicht in der erhöhten und charakteristischen Schleunigkeit des Handelsverkehrs erfolgt, und daß er eben deswegen keinen strengeren Vorschriften zu unterliegen braucht. Ein vereinzeltes Rechtsgeschäft über ein Grundstück sollte den privaten (nichtkaufmännischen) Zwecken der Person dienen, eine gewerbsmäßige Beschäftigung mit Grundstücken wäre undenkbar.

Daß eine solche Auffassung nicht immer richtig zu sein braucht, interessiert in diesem Zusammenhang nicht direkt[721]. Vielmehr muß die Untersuchung auf die privatrechtlichen Regelungen abstellen: während in Deutschland das geltende HGB — im Gegensatz zum ADHGB — den Einschluß des Grundstücksverkehrs im Handelsbegriff ermöglicht[722], ist bei manchen anderen Rechtsordnungen das Prinzip des Ausschlusses fest auf positivrechtlichen Vorschriften aufgebaut[723]. Danach dürfte — nach diesen Rechtsordnungen — eine wirtschaftliche Organisation, die die Bewirtschaftung (z. B. die Bebauung) von Grundstücken zum Zwecke hat[724], nicht als kaufmännisches Unternehmen angesehen werden. Soll ihr aber damit die Unternehmenseigenschaft schlechthin abgesprochen werden?

Die Frage ist sicher zu verneinen. Wenn auch kein kaufmännisches, so kann doch in solchen Fällen ein Unternehmen vorliegen. Und, was hier besonders interessiert: ein Unternehmen, welches alle die Merkmale aufweist, die die Verdinglichung des Gläubigerrechts und die entsprechende Haftung des Erwerbers rechtfertigen, nämlich einen durch die Organisation entstehenden Mehrwert, die damit zusammenhängenden Kreditsicherungsprobleme, Finanzierungsprobleme überhaupt, einen erheblichen Komplex von Forderungen und Schulden und eine Zugehörigkeit der Passiven zum organisierten Ganzen. Diese Merkmale aber sollten eine Anwendung der Vorschriften über die Erwerberhaftung auf die Veräußerung solcher „Grundstücks"unternehmungen ohne weiteres bejahen lassen[725].

---

[720] Tsirintanis S. 13—14.

[721] Diese Auffassung scheint stark historisch-soziologisch bedingt zu sein: die Grundstücke, der Boden, könnten nicht ohne Widerstand den Kaufleuten preisgegeben werden, nachdem sie als Grundlage des Adels gedient hatten; solche psychologische Nachwirkung des „ancien régime" konnte die französische Revolution nicht in einem Tag beseitigen.

[722] Wer ein mit Grundstücken zusammenhängendes Gewerbe betreibt, wird nicht Kaufmann auf Grund des § 1 HGB, kann es aber auf Grund des § 2 HGB werden, Würdinger Anm. 24 zu § 1, Anm. 13 zu § 2.

[723] Die Entwicklungstendenz geht jedoch nach einer Beseitigung oder Einschränkung des Prinzips; Rokas S. 16, Anm. 49.

[724] Vgl. Würdinger Anm. 26 a zu § 1.

[725] Hier ist wieder (vgl. oben S. 143) zu bemerken, daß diese Lösung nur bei den Rechtsordnungen möglich ist, die von einem „Unternehmen" im allgemeinen sprechen, nicht dagegen bei denjenigen, die die Erwerberhaftung an den Erwerb eines „Handelsgeschäftes" knüpfen.

Eins könnte man dagegen einwenden: solche Unternehmungen verfügen gewöhnlich über erhebliche Grundstücke, deren Vorhandensein sämtliche Finanzierungsprobleme durch Hypothekenbestellungen lösen kann. Der Einwand kann aber deswegen nicht überzeugend sein, weil man sich Fälle vorstellen kann — und in der Praxis sind solche Fälle gar nicht unüblich —, in denen das betreffende Unternehmen nicht das Eigentum an den zu bebauenden Grundstücken hat. Jedenfalls könnte die Erwerberhaftung in diesem Fall nicht schaden, auch wenn sie nicht immer nötig sein sollte.

Damit ist ein zweiter Fall nichtkaufmännischen Unternehmens gegeben, auf den die Vorschriften über die Erwerberhaftung zur Anwendung kommen sollen[726].

V. Auch den Dienstleistungsunternehmungen, welche Leistungen geistigen Inhalts erbringen, ist die kaufmännische Eigenschaft des Unternehmens im technischen Sinne abgesprochen worden[727]. Unter solchen Unternehmungen versteht man hauptsächlich Privatkliniken, Lehranstalten, Theater, Anwaltspraxis usw. Die Frage nach der Kaufmannseigenschaft solcher organisierten Tätigkeitsbereiche dürfte in diesem Zusammenhang ausgeklammert bleiben: sie könnte schlecht auf Grund der geltenden Vorschriften bejaht werden[728] und die Rechtsordnungen, die die Erwerberhaftung vom Dasein dieser Eigenschaft abhängen lassen, könnten höchstens mit einer analogen Anwendung der betreffenden Vorschriften auskommen — falls eine solche Anwendung erstrebenswert erscheinen würde, was sogleich nachzuweisen versucht wird.

Gleich aber, wie man die Frage nach der Kaufmannseigenschaft dieser Dienstleistungsunternehmungen beantwortet, ihre Eigenschaft als Unternehmungen überhaupt dürfte außer Zweifel bleiben. Es ist gänzlich unzutreffend, für die Beantwortung dieser Frage ausschließlich auf den Inhalt der zu erbringenden Leistungen abstellen zu wollen und danach zu behaupten, die ärztliche Behandlung oder die Lehre oder die juristische Beratung seien höhere ethische Aufgaben, die nicht unter wirtschaftliche „unternehmerische" Gesichtspunkte gestellt werden dürften. Man muß scharf zwischen dem Inhalt der Leistung und der wirtschaftlichen Form unterscheiden, in der sie erbracht wird[729]. Und wenn es um die Anwendbarkeit einer Vorschrift geht, welche die finanzielle Seite dieser Leistungen betrifft, dann darf nur die wirtschaftliche Form dieser Unternehmungen maßgeblich sein.

---

[726] Auch in den Rechtsordnungen (z. B. der deutschen oder der französischen), die diese Erwerberhaftung an die Veräußerung eines Handelsgeschäfts anknüpfen, wäre eine analoge Anwendung der betreffenden Vorschriften möglich. Die absolute Ähnlichkeit der Interessenlage und das Fehlen einer ausdrücklichen entgegengesetzten Gesetzesbestimmung gestatten eine solche Lösung. Schwieriger annehmbar wäre sie dagegen bei einem landwirtschaftlichen Unternehmen wegen des § 3 I HGB.

[727] Bigiavi S. 78; vgl. Marxheimer S. 4.

[728] Vgl. Würdinger Anm. 9 zu § 1, wo auch die Bedeutung der Verkehrsanschauung für diese Frage betont wird.

Von diesem Standpunkt aus scheint absolut festzustehen, daß die hier behandelten Unternehmungen eben Unternehmungen im technischen Sinne sind[730]. Ihre Gesamtorganisation ist, wie jedes anderen Unternehmens, auf den Ertrag abgestellt: der Begründer oder der Inhaber eines solchen Unternehmens, mögen sie auch von noch so hohen ethischen Zielen beherrscht sein[731], müssen doch nach betriebswirtschaftlichen Gesichtspunkten rechnen und tun es auch immer.

Übrigens, wer könnte bezweifeln, daß diese Unternehmungen alle die typischen Bedürfnisse und Merkmale aufweisen, die die Verdinglichung des Gläubigerrechts rechtfertigen? Sie sind auch kreditbedürftig, sie weisen auch (ja, gerade sie) einen erhöhten Mehrwert auf[732], sie funktionieren durch einen Komplex von obligatorischen Rechtsverhältnissen, sie umfassen die Forderungen und die Schulden in ihrer Ganzheit. Es ist einfach folgerichtig, daß man sie als Unternehmungen anerkennt und die Vorschriften über die Erwerberhaftung auf sie anwendet.

Das kann allerdings nur dann gelten, wenn die Erbringung der geistigen Leistungen durch einen organischen Komplex erfolgt, d. h. wenn man vor einer verwirklichten Unternehmensorganisation steht. Diese Bedingung muß hier besonders betont werden, und zwar nicht nur, weil die hier besprochenen geistigen Leistungen oft von Einzelwissenschaftlern[733] ohne unternehmerische Organisation[734] erbracht werden können, sondern auch aus folgendem wichtigen Grund: auch wenn eine unternehmerische Organisation vorhanden ist, spielt oft bei solchen Tätigkeiten der persönliche Faktor eine nicht zu unterschätzende Rolle; die geistige Leistung ist nicht so leicht ersetzbar wie die technische oder die rein körperliche, und sie tritt nur in den Fällen einer großen Unternehmerorganisation an Bedeutung zurück. Diese Feststellung könnte gewisse Einschränkungen in der Anwendbarkeit der Vorschriften über die Erwerberhaftung hervorrufen; die Einschränkungen aber ändern nichts am Prinzip und werden unter dem Gesichtspunkt der Unternehmensgröße berücksichtigt.

VI. Allen Rechtsordnungen ist der Begriff des k l e i n e n Unternehmens geläufig, wenn nicht immer direkt, so doch wenigstens auf dem Umweg des kleinen Kaufmanns („Minderkaufmanns"), dessen

---

729 Vgl. Brecher S. 122.

730 Brecher S. 140 spricht von „Pseudounternehmen", wird aber zögernd, wenn eine Unternehmensorganisation vorliegt. Vgl. die interessanten Angaben von Péquignot S. 784 ff., der bezüglich der Krankenhäuser von „industrie hospitalière" spricht.

731 Es darf auch nicht übersehen werden, daß oft der Inhaber eines solchen Unternehmens gar keine spezielle (außer der unternehmerischen, organisatorischen, die aber hier nicht in Frage kommt) geistige Leistung erbringt: er braucht nicht selbst „Wissenschaftler" zu sein.

732 Ruth S. 109.

733 Arzt ohne Klinik, juristischer Berater ohne Anwaltspraxis, Lehrer ohne Schule usw. Vgl. allerdings unten S. 150.

734 Ravà S. 72 behauptet, daß die unternehmerische Organisation bei solchen Berufen immer fehlt.

organisierter Tätigkeitsbereich als Kleinunternehmen angesprochen werden kann[735]. Der Zweck der betreffenden Gesetzesbestimmungen geht meistens dahin, diese Minderkaufleute oder ihre „Unternehmungen“ von gewissen kaufmännischen Pflichten (z. B. Buchführung) zu befreien[736]. Zum Zwecke der Bestimmung des Minderkaufmannsbegriffes verwenden die verschiedenen Rechtsordnungen verschiedene Kriterien. Es sei hier beispielsweise auf folgende hingewiesen:

a) das französische Handelsgesetzbuch und danach[737] auch das griechische enthalten überhaupt keine Bestimmung des Begriffs des „kleinen Kaufmanns“. Es wird aber auch in diesen Rechtsordnungen allgemein angenommen, daß, wenn die Handelstätigkeit ein völlig unerhebliches Maß aufweist, der Gewerbetreibende überhaupt nicht als Kaufmann anerkannt und behandelt wird[738]. Das Kriterium ist nicht gesetzlich bestimmt, es wird gewöhnlich durch einen Hinweis auf die Verkehrsanschauung festgelegt;

b) das deutsche HGB enthält eine schon genauere Bestimmung; Minderkaufleute[739] sind diejenigen Personen, „deren Gewerbebetrieb nach Art oder Umfang einen in kaufmännischer Weise eingerichteten Geschäftsbetrieb nicht erfordert“[740];

c) noch klarer ist die Begriffsbestimmung des italienischen Codice civile auf die wirtschaftlichen Gegebenheiten abgestellt[741]: nach ihr „Kleinunternehmer sind die Landwirte, welche das Landgut selbst bewirtschaften, die Handwerker, die Kleinhändler und diejenigen Personen, die eine Gewerbetätigkeit ausüben, welche in erster Linie auf Grund ihrer eigenen Arbeit oder der Arbeit ihrer Familienangehörigen organisiert ist“.

Daß die in den erwähnten Rechtsordnungen verwendeten verschiedenen Kriterien (Verkehrsauffassung, Erfordernis eines kaufmännischen Geschäftsbetriebs, überwiegende Bedeutung der eigenen Arbeit) oft zu ähnlichen praktischen Ergebnissen führen sollen, dürfte schon deswegen einleuchtend sein, weil alle diese Kriterien dieselbe empirische Sachlage zu erfassen versuchen.

Es fragt sich nun, ob diese Einteilung in kleine und „andere“ Unternehmungen genügt, ob man nicht nach der Unternehmens-

---

[735] Es wird unten S. 151 ff. gezeigt, inwiefern und unter welchem Gesichtspunkt die Stellung dieser beiden Begriffe (Minderkaufmann — Kleinunternehmen) auf dieselbe Ebene teilweise ungenau ist.

[736] Vgl. Schultze — von Lasaulx S. 8—9.

[737] Das griech. HGB ist eine Übersetzung des französischen.

[738] Er ist nicht verpflichtet, Bücher zu führen, er unterliegt dem Konkursverfahren, (welches in diesen Rechtsordnungen den Kaufleuten vorbehalten ist) nicht.

[739] Nicht überhaupt Nichtkaufleute wie im französischen und im griechischen Recht: nur gewisse Vorschriften des HGB finden auf sie keine Anwendung.

[740] Vgl. Weiss, passim; Bovensiepen S. 15—29, wo auch (S. 5—15) geschichtliche Einleitung.

[741] Art. 2083. — Vgl. Ghidini S. 96 f., 111, 119—120; Bigiavi S. 41—44, 61, 76 ff. (hinsichtlich der kleinen Landwirtschaft S. 73); Casanova, Note, passim. — Eine andere zahlenmäßige Bestimmung des Kleinunternehmerbegriffs gibt der Art. 1 der italienischen Konkursordnung (Legge Fallimentaria). Über die Beziehung zwischen den beiden s. ausführlich Ghidini S. 20; Bigiavi S. 121 ff.

größe noch weitere Einteilungen vornehmen sollte. Sollte man nicht zwischen den kleinen und den großen Unternehmungen auch dem mittleren Unternehmen einen besonderen Platz einräumen? Und steht nicht unter dem kleinen Unternehmen der selbständige „unternehmenslose" Arbeiter? Die Rechtsordnungen kennen keine Unterscheidung zwischen dem mittleren und dem großen Unternehmen: die nicht kleinen Unternehmungen gelten als der Normaltyp des Unternehmens[742]. Diese gesetzgeberische Ansicht ist richtig: trotz dem eventuell enormen wirtschaftlichen Unterschied gibt es keinen Grund für eine unterschiedliche juristische Behandlung — was auch die nachstehende Untersuchung beweisen wird —, wenigstens hinsichtlich des hier interessierenden Problems der Erwerberhaftung.

Es ist weiter eine Absonderung des Falles vorgenommen worden, in dem ein selbständiges Subjekt des Wirtschaftslebens überhaupt ohne Unternehmen seine gewerbliche Tätigkeit abwickelt[743]. Hier kommt es darauf an, was man zum Dasein eines Unternehmens voraussetzt. Die extreme — aber nicht unhaltbare — Meinung wäre, daß auch der selbständige Arbeiter, der auf einem Marktplatz oder in einer Weinstube auf den eventuellen Auftraggeber wartet[744], über eine gewisse unternehmerische Organisation verfügt[745]: er hat gewisse Bekannte, die ihn vorziehen oder weiterempfehlen, er hat vielleicht einen — wenn auch lokal beschränkten — Ruf als guter Handwerker usw. Andererseits könnte man natürlich behaupten, eine solche minimale „Organisation" verdiene überhaupt nicht das Prädikat der Unternehmensorganisation. Dieser Fall des selbständigen Arbeiters spielt jedoch in unserem Zusammenhang gar keine Rolle; denn eine Erwerberhaftung kommt sowieso nicht in Frage: sollte man das Vorhandensein eines Unternehmens verneinen, so stellt sich der Fall von selbst aus und ex definitio außerhalb der Problematik der Unternehmensveräußerung; sollte man das Vorhandensein eines Unternehmens bejahen, dann läge es doch auf der Hand, daß ein solches „Unternehmen" keinesfalls „veräußert" werden kann.

Die Frage also nach der Anwendbarkeit der Vorschriften über die Erwerberhaftung stellt sich ausschließlich in bezug auf die kleinen Unternehmungen, die großen sind ja als der Normaltyp angesehen.

Die Anwendung der Vorschriften über die Haftung des Unternehmenserwerbers setzt einen Unternehmenserwerb und dementsprechend eine Unternehmensveräußerung voraus. Das Unternehmen muß also veräußerbar sein, damit eine Anwendung der erwähnten Vorschriften in Frage kommen kann. Veräußerbar ist aber nicht schon das Unternehmen, dessen Einzelelemente veräußer-

---

742 In Italien spricht man immer von „impresa medio-grande".

743 Vgl. Ghidini S. 113, 142—143.

744 Ein Bild, welches in südlichen Ländern (z. B. in Griechenland) nicht ungewöhnlich ist und keine besondere Armut voraussetzt.

745 Bigiavi S. 101 f., vgl. die eindeutige und kühne Behauptung der Unternehmereigenschaft des Gepäckträgers S. 92 Anm. 16.

bar sind, sondern nur das Unternehmen, welches als organisiertes Ganze veräußert werden kann. Das setzt wiederum voraus, daß die Organisation sich in gewissen Gegenständen verwirklicht hat, daß sie nicht untrennbar mit der Person des Unternehmers verbunden ist[746].

Hier tritt schon die Bedeutung der Unternehmensgröße in den Vordergrund. Gewöhnlich ist es nämlich so, daß gerade bei den kleinen Unternehmungen die Organisationsvergegenständlichung äußerst unvollkommen ist[747], und der persönliche Faktor eine größere Rolle spielt. Aus diesem Grunde sind die kleinen Unternehmungen eigentlich unveräußerbar (die Veräußerbarkeit der Einzelelemente spielt keine Rolle) und aus diesem Grund ist eine Anwendung der Vorschriften über die Erwerberhaftung auf Kleinunternehmungen meistens logisch ausgeschlossen.

Auch die gesetzlichen Bestimmungen des Kleinunternehmensbegriffs stellen — wenn auch nicht ausdrücklich und vielleicht unbewußt — auf dieses Moment der vergegenständlichten und dementsprechend veräußerbaren Unternehmensorganisation ab. Die überwiegende Bedeutung der Fremdarbeit oder des Kapitals (nach italienischem Recht), der in kaufmännischer Weise eingerichtete Geschäftsbetrieb (nach deutschem Recht) bedeuten, im Grunde genommen, nichts anderes als eine unternehmerische Organisation, die sich außerhalb der Person des Unternehmers verwirklicht hat[748]. So würden die gesetzlichen Bestimmungen des Kleinunternehmensbegriffs und das hier hervorgehobene Kriterium für die Anwendung der Vorschriften über die Erwerberhaftung übereinstimmen: diese Vorschriften finden für die Veräußerung eines kleinen Unternehmens keine Anwendung, nicht aber weil das Unternehmen klein ist, sondern weil das kleine Unternehmen überhaupt nicht veräußert werden kann![749]

Auf diese Weise läßt sich auch das Problem der Beziehung des § 4 zum § 25 HGB befriedigend lösen. Bei der Frage, ob der letztere auf Handelsgeschäfte von Minderkaufleuten Anwendung finden kann, hat die formallogische Argumentation ihren Höhepunkt ge-

---

[746] A. M.: Ruth S. 108—109.

[747] Vgl. Brecher S. 117; Schultze — von Lasaulx S. 47; Weiss S. 27.

[748] Vgl. in anderer Formulierung Ravà S. 44, 52, 55—57; Bigiavi S. 102—104. — Ghidini S. 79—80, 126 betont eine andere Seite des Unterschiedes zwischen normalen und kleinen Unternehmungen: die ersteren beruhen auf der Drittfinanzierung, während die letzteren nicht. — Zur Unhaltbarkeit des üblichen volkswirtschaftlichen Kriteriums (Teilnahme des Unternehmens an den Durchführungsarbeiten oder nicht) vgl. Bigiavi S. 41—43; seiner weiteren Behauptung, der Unterschied zwischen normalem und kleinem Unternehmen wäre nur quantitativ, nicht dagegen qualitativ, kommt eine geringere Bedeutung zu: wir haben doch seit Hegel gelernt, das Quantitative nicht so streng von dem Qualitativen zu unterscheiden — die Übergänge sind einfach eine normale Erscheinung ...

[749] Eine ähnliche Lösung wird im italienischen Recht durch die Heranziehung des Betriebsbegriffes erreicht: die Erwerberhaftung setzt eine Veräußerung des Betriebes (azienda) voraus, ein Kleinunternehmen verfügt aber nicht über einen selbständig veräußerbaren Betrieb. Vgl. Bigiavi S. 7—16, 93.

funden: Die eine Meinung behauptet: der § 25 steht im Abschnitt über die Handelsfirma und die Vorschriften über die Firma finden nach § 4 keine Anwendung auf Minderkaufleute[750]. Die andere Meinung besagt: zwar befindet sich der § 25 im Abschnitt über die Handelsfirma, diese Vorschrift jedoch betrifft nicht direkt die Firma, sondern die Haftung des Geschäftserwerbers und könnte deswegen (wenigstens analog) trotz des § 4 auch auf Minderkaufleute Anwendung finden[751]. Sie könnte es vielleicht, aber nur dann, wenn das Handelsgeschäft eines Minderkaufmanns als Ganzes überhaupt veräußert (bzw. erworben) werden könnte. Wie soll aber die Organisation (und der Mehrwert) eines Unternehmens veräußert werden, wenn sie keine hinreichende Objektivierung erfahren haben!

Man könnte vielleicht die gesetzlichen Bestimmungen des Kleinunternehmensbegriffs auch anders verstehen, man könnte sich an ihren Wortlaut klammern und ihren Sinn übersehen. Dann wären Abweichungen zwischen den gesetzlichen Kriterien des Kleinunternehmens und dem hier angenommenen Kriterium der Anwendbarkeit der Vorschriften über die Erwerberhaftung möglich: es gäbe dann Kleinunternehmungen, die veräußert werden können (in welchem Fall: Eingreifen der Erwerberhaftung)[752] und es gäbe unveräußerbare Unternehmungen, die als mittlere bis große angesehen würden. Die beiden Kriterien würden sich überschneiden. Wie dem aber auch sei, maßgebend für das hier behandelte Problem ist nicht (direkt) das Kriterium der Unternehmensgröße, sondern das der Unternehmensveräußerbarkeit.

Es scheint einen Fall zu geben, in dem die beiden Kriterien (Größe und Veräußerbarkeit) zu verschiedenen Ergebnissen führen sollen, und das ist der Fall der oben besprochenen Unternehmungen zur Leistung geistiger Dienste. Wie schon oben angedeutet worden ist, spielt bei solchen Unternehmungen der persönliche Faktor eine viel größere Rolle als bei allen anderen. Dies hat eine Minderung der Bedeutung der vergegenständlichten Organisation zur Folge und eine entsprechende Einschränkung der Veräußerbarkeit: nur bei größeren Organisationskomplexen wird die Bedeutung des persönlichen Faktors vom Organisationsmoment zurückgedrängt, nur solche Organisationskomplexe sind eigentlich veräußerbar, nur auf solche können die Vorschriften über die Erwerberhaftung Anwendung finden.

Man kann dieses sichere Ergebnis systematisch so erfassen, wie man will. Entweder sagt man: wir halten am Kriterium der Veräußerbarkeit fest und betrachten solche Unternehmungen, die trotz des eventuellen Vorhandenseins eines „eingerichteten Geschäftsbetriebs" doch wegen der überwiegenden Bedeutung des persönlichen

---

[750] Wolff S. 256 Anm. 27; Weiss S. 3 Anm. 2; Bovensiepen S. 37.

[751] Müller — Erzbach S. 62.

[752] Wenigstens in analoger Anwendung des § 25 HGB. — Einschränkend Würdinger Anm. 4b zu § 25.

Faktors nicht veräußert werden können, als kleine Unternehmungen, auch im Sinne des § 4 I HGB. Oder aber man sagt: zwar sind solche Unternehmungen nicht als kleine im Sinne des § 4 I HGB zu verstehen (sie haben doch einen „Geschäftsbetrieb"), sie sind aber unveräußerbar und deswegen kann von einer Anwendung des § 25 HGB keine Rede sein[753]. So oder so bliebe das Kriterium der Veräußerbarkeit allein maßgebend: bei jedem Unternehmen, welches als organisiertes Ganze veräußert werden kann, finden die Vorschriften über die Erwerberhaftung Anwendung.

Achtes Kapitel

Der Gegenstand der Veräußerung

I. Im Rahmen dieser Arbeit ist auf eine Definition des Unternehmenstatbestandes verzichtet worden. Wenn nun jedoch die Frage gestellt wird, was man unter „Unternehmen" im Sinnbereich der Veräußerungsproblematik zu verstehen hat, so entspricht dies nur den praktischen Bedürfnissen einer Auslegung der Vorschriften über die Erwerberhaftung und hat nur indirekte Beziehungen zum Bestreben nach einer allgemeinen Definition. Es kann nämlich sein, daß der Unternehmensbegriff in diesem Zusammenhang eine besondere Ausgestaltung erfährt, die gewisse Abweichungen vom allgemeinen Unternehmensbegriff aufweist. Andererseits darf es auch nicht übersehen werden, daß die gesetzlichen Vorschriften über die Wirkungen der Unternehmensveräußerung (und insbes. über die Erwerberhaftung) wohl den Hauptfall einer gesetzlichen Regelung des Unternehmenslebens darstellen[754], so daß es gerechtfertigt erscheint, von ihnen her den gesamten Unternehmenstatbestand zu beleuchten.

Hinsichtlich der Unternehmensveräußerung und der damit verbundenen Erwerberhaftung müssen zwei Besonderheiten des Unternehmensbegriffes hervorgehoben werden:

a) die begriffsnotwendige Übertragbarkeit des Unternehmens und

b) die eventuelle Einschränkung des Unternehmensganzen auf eine engere Ganzheit, die als Unternehmenskern gekennzeichnet werden kann.

---

[753] Sollte man diese zweite Konstruktion vorziehen (etwa damit solche Unternehmungen doch zur Buchführung verpflichtet seien), so könnte auch der Begriff des „mittleren" Unternehmens nutzbar sein, aber nur im Rahmen der Unternehmungen zur Leistung geistiger Dienste. Während bei anderen Unternehmenstypen die mittleren Unternehmungen ähnlich wie die großen die Anwendbarkeit der Vorschriften über die Erwerberhaftung erfordern, wäre das mittlere „geistige" Unternehmen (ex definitio) ein solches, was zwar nicht klein nach dem Maßstab des § 4 HGB ist, was jedoch aber sich von den großen insofern unterscheidet, als es nicht veräußert werden kann und deswegen die Anwendbarkeit der erwähnten Vorschriften ausschließt.

[754] Oppikofer, Unternehmen, S. 25.

II. Die Frage der Übertragbarkeit des Unternehmens ist sehr umstritten. Sie hängt hauptsächlich damit zusammen, daß das Unternehmen ein besonders gearteter Rechtsgegenstand ist[755], der kein sicheres objektives Dasein besitzt, der immer wenigstens zum Teil von der Persönlichkeit des Unternehmers abhängt, der immer von ihm bestätigt, ja sogar neu belebt werden muß. Eine Überbetonung dieser persönlichen Komponente des Unternehmens hat früher zu der Auffassung geführt, das Unternehmen lasse sich schlecht von der Persönlichkeit des Unternehmers trennen, das Recht am Unternehmen sei eigentlich nichts anderes als eine konkrete Ausstrahlung des allgemeinen Persönlichkeitsrechts. Im Einklang mit dieser Auffassung steht die Meinung, die das Unternehmen als unübertragbar ansieht und nur eine Übertragung des Betriebes als der technisch-materiellen Grundlage des ersteren für möglich hält[756].

Es sind schon im vorigen Kapitel Lösungen angenommen worden, die die entgegengesetzte Meinung voraussetzten. Zur Begründung derselben dürfte zunächst darauf hingewiesen werden, daß das Unternehmen trotz seiner Abhängigkeit von der Persönlichkeit des Unternehmers immerhin eine unzweifelhafte gegenständliche Existenz aufweist: die organisatorischen Leistungen des Unternehmers verbleiben nicht in der Sphäre des Gedanklichen, sondern sie verwirklichen sich und finden in den verschiedenen Unternehmenselementen und in ihrer organisierten Zusammenbindung einen objektiven Niederschlag. Es ist vornehmlich dieser objektive Niederschlag, den man als Unternehmen betrachtet, und der eben wegen seiner Objektivität übertragbar ist[757]. Dieses Ergebnis wird durch die moderne Entwicklung der Wirtschaftsstruktur bestätigt: im modernen Großunternehmen spielt der Persönlichkeitsfaktor gegenüber der objektivierten und mechanisierten Organisation eine durchaus geringere Rolle[758], und dies ganz unabhängig davon, ob man diese Entwicklung begrüßen oder bedauern will[759].

Die Übertragbarkeit des Unternehmens läßt sich übrigens auch den positivrechtlichen Regelungen entnehmen. Dies kommt nicht nur bei denjenigen Rechtsordnungen zum Ausdruck, die direkt von einer Veräußerung des „Unternehmens“[760] sprechen, sondern auch bei denjenigen, die (wie die italienische) direkt nur die Veräußerung des Betriebes (azienda) regeln: wenn die Veräußerung des Betriebes auch die Haftung des Erwerbers für die Schulden mit sich bringt, so ist damit eine Veräußerung nicht nur der materiellen Grundlage,

---

755 Brecher S. 129.

756 Fanelli S. 106—107.

757 Oppikofer S. 8—9, 11; Brecher S. 123; Hubmann S. 45—46.

758 Jans S. 5—6; vgl. allgemeinere Gedanken bei Müller — Erzbach, Das Unpersönliche, insbes. S. 139 ff.

759 Vgl. Brecher S. 140.

760 Oder des Handelsgeschäfts oder des fonds de commerce (Österreich, Griechenland, Deutschland, Frankreich).

sondern des ganzen wirtschaftlichen Unternehmenskomplexes erreicht[761].

Damit soll nur gesagt sein, daß das Unternehmen grundsätzlich übertragbar sein kann[762]. Ob nun die Übertragbarkeit zu den Wesensmerkmalen des Unternehmens überhaupt gehört oder nicht, ist eine andere (terminologische) Frage, die in diesem Zusammenhang dahingestellt bleiben kann[763]. Daß aber andererseits als Unternehmen im Sinne der Vorschriften über die Erwerberhaftung nur diejenigen Unternehmungen gelten können, die übertragbar sind, dürfte schon als eine Begriffsnotwendigkeit auf der Hand liegen. Das ganze Rechtsinstitut der Erwerberhaftung setzt die Möglichkeit voraus, daß der Erwerber nicht nur die materielle Grundlage des Unternehmens oder einzelne Bestandteile desselben, sondern das Unternehmensganze samt Mehrwert erwirbt[764]. Wäre eine Nachfolge in das Unternehmensganze faktisch oder juristisch unmöglich, so wäre die (teilweise) Verdinglichung des Rechts der Unternehmensgläubiger als Kreditsicherungsmittel sinnlos.

III. Die Anwendbarkeit der Vorschriften über die Erwerberhaftung setzt die Möglichkeit und die Wirklichkeit einer Veräußerung des Unternehmensganzen voraus. Das soll aber nicht bedeuten, daß jeweils ausnahmslos alle Elemente eines Unternehmens veräußert werden müssen, damit diese Vorschriften eingreifen[765].

Im Laufe dieser Arbeit ist die Auffassung vertreten worden, daß alle Einzelelemente, gleich welcher juristischen Natur, die zum Funktionieren des Unternehmens nötig sind, von der Unternehmenseinheit umfaßt werden. In ihnen und durch sie verwirklicht sich die organisatorische Idee des Unternehmers und sie alle bilden den einheitlichen Rechtsgegenstand „Unternehmen". Ein solcher Ausgangspunkt muß konsequenterweise zum Ergebnis führen, daß auch die geringste Sache (etwa eine Schreibmaschine im Kontor einer großen Fabrik), die dem Unternehmen dienlich ist, einen Teil des Unternehmensganzen darstellt. Kann man sagen, daß das Unternehmensganze nicht veräußert ist und daß deshalb die Erwerberhaftung nicht eintreten kann, wenn ein solcher geringwertiger Teil von der Veräußerung ausgeschlossen ist?

761 Ghidini S. 184.

762 So ohne besondere Begründung Klang — Wolff S. 356; Michaelidis — Nouaros Anm. 14 zu Art. 479.

763 Ohne daß auf diese Frage hier eingegangen wird, dürfte die Meinung geäußert werden, daß eine Verneinung dieser Frage richtiger erscheint: wie es auch im vorigen Kapitel angedeutet wurde, kann es Produktionseinheiten geben, die aus anderen Gesichtspunkten die Kennzeichnung „Unternehmen" verdienen, obwohl sie wegen des Übergewichts des Personalfaktors unübertragbar sind.

764 Aus diesem Gesichtspunkt ist im vorigen Kapitel die Anwendung der Vorschriften über die Haftung des Unternehmenserwerbers auf Unternehmungen, die wegen ihrer Struktur (Größe oder Gegenstand) nicht übertragen werden können, ausgeschlossen worden.

765 Würdinger Anm. 8 zu § 22.

Daß ein solches Ergebnis gegen jede Gerechtigkeit verstoßen und die krassesten Gesetzesumgehungen ermöglichen würde, dürfte ohne weiteres einleuchten. In diesem Zusammenhang wird die Nützlichkeit der Theorien klar, welche eine Unterscheidung zwischen wesentlichen und unwesentlichen Bestandteilen des Unternehmensganzen durchzuführen versuchen[766]: sind die ersteren übertragen worden, so ist die Nichtübertragung der letzteren belanglos und die Erwerberhaftung tritt doch ein.

Von vornherein kann es unmöglich bestimmt werden, welche Unternehmenselemente wesentlich und welche unwesentlich sind[767]. Jede Aufzählung, jede konkrete gegenstandsmäßige Abgrenzung muß wegen der Vielgestaltigkeit der einzelnen Erscheinungen versagen. Auch die vielfach befürwortete Zurechnung der immateriellen Werte zu den wesentlichen Unternehmensbestandteilen kann oft richtig sein, aber dennoch keine allgemeine Geltung beanspruchen.

Unbefriedigend ist aber auch der sonst vorgeschlagene Ausweg, man solle ohne weiteres die Entscheidung in jedem Einzelfall getrennt treffen. Zwar ist die Sonderbehandlung jedes Einzelfalles hier unausweichlich; diese Sonderbehandlung aber, welche die Eigenart des konkreten Falles berücksichtigen muß, kann nur auf Grund eines festen Kriteriums erfolgen, wenn sie nicht eine Äußerung der willkürlichen Intuition sein sollte.

Damit wird das Problem des Kriteriums aufgeworfen, nach welchem man beurteilen kann, was als Mindestmaß veräußert werden muß, damit man noch von einer Unternehmensveräußerung im Sinne der Vorschriften über die Erwerberhaftung sprechen kann[768].

IV. Die verschiedenen vorgeschlagenen Kriterien, die jetzt kritisch erörtert werden sollen, wollen alle demselben Grundgedanken einen Ausdruck geben und würden trotz gewisser formulierungsmäßiger Ungenauigkeiten zu ungefähr denselben unmittelbaren praktischen Ergebnissen führen. Bei der Erörterung soll es trotzdem hauptsächlich auf die Richtigkeit der Formulierung ankommen, weil sie neben ihrer theoretischen Wichtigkeit auch gewisse Seiten der Unternehmensproblematik beleuchten würde.

a) Es wäre rechtskonstruktiv irreführend, die Kundschaft als den wesentlichen Bestandteil des Unternehmens kennzeichnen zu wollen[769]. Erstens schon deswegen, weil die Kundschaft überhaupt kein Bestandteil des Unternehmens ist[770], weder ein wesentlicher noch ein unwesentlicher. Zweitens, und von diesem rechts-

---

[766] Vgl. oben S. 55 f. — Gewöhnlich ist von „Unternehmenskern" und „Unternehmensvermögen" die Rede, diese Ausdrücke werden jedoch hier vermieden (ebenso Domke S. 19 Anm. 10; Ihde S. 74), weil sie den Eindruck eines ständigen qualitativen Inhaltsunterschieds zwischen den beiden Begriffen erwecken könnten, vgl. oben S. 56.

[767] Vgl. Ripert Nr. 462.

[768] In Frankreich wird dasselbe Problem unter dem Stichwort des „élément essentiel du fonds" untersucht, vgl. Ripert Nr. 462, 500; Escarra Nr. 459—462.

[769] Anonymus S. 522.

[770] Vgl. oben S. 46.

theoretischen Grund abgesehen, weil die Kundschaft nie allein veräußert werden kann: es besteht kein Recht an der Kundschaft und die Kunden können auf keine Weise gezwungen werden, sich weiterhin an das Unternehmen zu halten[771].

Und doch liegt diesem Kriterium, das auf die „Veräußerung“ der Kundschaft abstellt, ein richtiger Gedanke zugrunde: der Unternehmenserwerber soll irgendwie in die Lage versetzt werden, die Kundschaft des Veräußerers weiter bedienen zu können. Allein kann dies nicht direkt erzielt und erreicht werden; nur mittelbar durch die Veräußerung derjenigen Unternehmenselemente, die die Kundschaft besonders anziehen, kann man faktisch zu einer (allerdings unsicheren und eventuell teilweisen) „Veräußerung“ der Kundschaft kommen. Das führt zur zweiten Formulierung des Kriteriums:

b) Damit man von einer Unternehmensveräußerung sprechen kann, müssen die Unternehmenselemente veräußert sein, welche die Kundschaft anziehen[772]. Diese Formel ist an sich nicht falsch, sie kann jedoch nicht als absolut befriedigend angesehen werden, und zwar deswegen nicht, weil sie sich in der Tat als einmal zu eng und einmal zu breit erweist.

Sie ist zu eng, indem sie ausschließlich auf die Anziehung der Kundschaft abstellt, während die Kundschaft nur **eine** der konkreten Folgen der Unternehmensorganisation darstellt. Dabei wird die Bedeutung anderer Kategorien von Verhältnissen des Unternehmens zur Außenwelt, nämlich die Beziehungen zu den Bezugsquellen und zu den Kreditgebern übersehen — um vom Wert der internen organisatorischen Einrichtungen hier abzusehen. Es kann aber vorkommen, daß die Beziehungen zur Kundschaft, sei es wegen der Konjunkturphase, sei es, weil sie durch langfristige Dauerverträge gesichert sind, nicht das maßgebende Moment ausmachen. Dann ist eben die Anziehungswirkung auf die Lieferanten oder die Kreditgeber viel maßgeblicher[773].

---

771 Vgl. Azulay S. 7. — Höchstens könnte man sich folgenden Fall denken: in einem Ort, wo es zwei konkurrierende Unternehmungen gibt, und wo die Kundschaft so oder so auf das eine oder das andere Unternehmen angewiesen ist, übernimmt das eine gegen Entgelt die Verpflichtung, seinen Betrieb einzustellen, um **so** (oder auch durch Empfehlungsschreiben usw.) die Kundschaft dem anderen abzutreten. In diesem Fall aber liegt keine Unternehmensveräußerung vor. Anders natürlich, wenn z. B. das zweite Unternehmen den Betrieb auch in den Räumen des ersteren weiterführt.

772 Ripert Nr. 462, 500. — Ähnlich im Grunde genommen ist auch die Auffassung Gellers S. 100—101, 110, 119; maßgebend ist auch für ihn die Veräußerung der Elemente, welche das Unternehmen in der Vorstellung der Außenwelt repräsentierten, des — nach seiner Terminologie — Intensitätsträgers (im Gegensatz zum Vermögen, was als Kapazitätsträger bezeichnet wird) oder Werberfaktors. Geller versucht aber, diesen Faktor näher zu umgrenzen, indem er hauptsächlich gewisse Immaterialgüter dazu rechnen will.

773 Beispiel: eine Fabrik, welche die ständige Belieferung eines großen Abnehmers (etwa des Staates) übernommen hat. Für sie besteht kein Kundschaftsproblem mehr und ihre ganze organisatorische Tätigkeit nach außen muß auf die Erreichung günstiger Bezugsquellen und Kreditmöglichkeiten gerichtet sein.

Unter einem anderen Gesichtspunkt ist die Abstellung auf die Kundschaftsanziehungselemente gleichzeitig zu eng und zu weit. Wie wäre es, wenn alle Unternehmenselemente veräußert worden sind und sich die Kundschaft trotzdem nicht anziehen läßt, etwa weil der neue Inhaber ungeschickt gehandelt hat, oder persönliche Eigenschaften aufweist, die trotz des unpersönlichen Charakters des Unternehmens[774] die Kundschaft abstoßen? Sollte man in diesem Fall auf die Veräußerung der normal maßgebenden Elemente oder auf die Tatsache der Nichtanziehung der Kundschaft abstellen? Das erstere wäre natürlich richtig, aber gerade diese Lösung zeigt, wie wenig die Mitheranziehung des Kundschaftsmomentes nutzbar ist.

Und umgekehrt: wie wäre es, wenn die Kundschaft sich zu einem Unternehmen begibt, weil dieses Unternehmen durch gewisse Äußerlichkeiten den Eindruck zu erwecken vermag, es hätte nur ein Inhaberwechsel stattgefunden und dies, obwohl in der Wirklichkeit nur gewisse unerhebliche Unternehmenselemente (z. B. die Ladeneinrichtung) veräußert worden sind? Diese Elemente mögen vielleicht zu einer irrtümlichen (und wahrscheinlich vorläufigen) Anziehung der Kundschaft genügen, sie genügen jedoch nicht dafür, daß man von einer Unternehmensveräußerung sprechen kann.

Überhaupt ist es unzulänglich zu versuchen, die Frage nach dem erforderlichen Mindestmaß der zu veräußernden Unternehmenselemente durch eine Verweisung auf irgendeine communis opinio, sei es der Kundschaft, sei es der Verkehrsauffassung, zu beantworten. Dies wird sich auch an Hand der nächsten vorgeschlagenen Formulierung zeigen.

c) Eine verbreitete Meinung will dann von einer Unternehmensveräußerung sprechen, wenn so viel vom Unternehmen veräußert worden ist, daß das betreffende Unternehmen bei dem neuen Inhaber seine Identität bewahrt[775]. Bei diesem Kriterium fragt es sich, unter welchem Gesichtspunkt soll die Bewahrung der Identität beurteilt werden: soll man auf eine objektiv zu beurteilende wesentliche Identität zwischen dem Unternehmen vor und nach der Veräußerung oder soll man auf die Verkehrsauffassung abstellen?

Unter dem ersteren Gesichtspunkt, und wenn man es mit dem Identitätsbegriff ernst machen will, muß man zum Ergebnis kommen, daß das Kriterium deswegen unzulänglich ist, weil eine solche Identität im Falle einer Unternehmensveräußerung nie vorliegen kann. Sieht man vom extremistischen Argument ab, wonach die Identität schon dann nicht gegeben sein kann, wenn irgendein Unternehmenselement von der Veräußerung ausgeschlossen worden ist, so darf man doch nicht übersehen, daß die Person des Unternehmens die Identität des Unternehmens mitbestimmt: gehört das Unternehmen einem

---

[774] Man denke z. B. an politische Entwicklungen, die die Kundschaft veranlassen, das Unternehmen wegen der Nationalität oder der „Rasse" oder der politischen Orientierung seines neuen Inhabers zu boykottieren.

[775] Helle S. 53; vgl. auch Daniels S. 45, der die ideellen Geschäftswerte als den Identitätsfaktor ansieht.

neuen Inhaber, so ist es nicht mehr „identisch" mit dem Unternehmen, welches dem früheren Inhaber gehört hat.

Man ist notgedrungen wieder auf die Verkehrsanschauung angewiesen[776]: identisch wäre das Unternehmen nach und trotz der Veräußerung, wenn der Verkehr es als solches ansieht. Dadurch gelangt aber das Kriterium in die Gefahr einer großen Labilität; sämtliche Irrtümer der Verkehrsauffassung[777] müssen entweder als maßgebend anerkannt werden oder nachträglich auf Grund eines anderen Kriteriums korrigiert werden. Warum aber dann nicht direkt auf das andere Kriterium abstellen?

d) Die herrschende Meinung stellt auf das Kriterium der Kontinuität[778] ab: das Unternehmen im Besitz des neuen Inhabers muß als eine Fortsetzung des alten Unternehmens erscheinen, der Erwerber muß in die Lage versetzt werden, das Unternehmen in der bisherigen Art fortzubetreiben. Dieses Kriterium erweckt schon geringere Bedenken und könnte angenommen werden. Bloß weist es den Nachteil auf, daß es nur eine Folge der Unternehmensveräußerung beschreibt, statt die zu veräußernden Elemente direkt zu bestimmen. Und außerdem bleibt bei ihm insofern eine Ungewißheit, als der Maßstab des „Fortbetriebes in der bisherigen Art" näher bestimmt werden sollte.

Das richtige Kriterium kann nur einer Betrachtung des Unternehmenswesens entnommen werden.

V. Im Laufe dieser Arbeit ist die Bedeutung ausführlich betont, welche der Unternehmensorganisation als Entstehungsgrund des Unternehmensmehrwerts zukommt. Die Organisation geht vom Bereich des Ideellen auf den der Wirklichkeit über, indem sie sich (teilweise) konkretisiert oder vergegenständlicht oder verkörpert[779]. Durch diese Verwirklichungsarten werden von der Organisation (vom Immaterialgut des organisatorischen Gedankens) alle Unternehmenselemente erfaßt, von den wichtigsten bis zu den geringsten und am leichtesten ersetzbaren. Alle gehören zum Unternehmensganzen, alle sind Verwirklichungsmomente des organisatorischen Gedankens und Träger des Unternehmensmehrwerts.

Nicht alle sind es aber in dem gleichen Grad. Es gibt bei jedem Unternehmen gewisse Elemente, welche den Zentralpunkt der ganzen Organisation darstellen, um den sich alle anderen herumorganisieren. Sie sind die logische und praktische Voraussetzung des Daseins dieses Unternehmens und der Ausgangspunkt des organisierenden Gedankens. Als solche stehen sie naturgemäß in einer besonderen Beziehung zum Unternehmensmehrwert: sie bilden (in ihrer Kombination unter sich und mit anderen Elementen) die wichtigste Grundlage des Mehrwerts als selbständigen Wertes, und zugleich erfahren sie im

[776] Helle S. 53.

[777] Vgl. das oben anläßlich der Anziehung der Kundschaft Gesagte.

[778] v. Ohmeyer S. 24; Cosack S. 68; Bruckhuisen S. 39; Domke S. 39; so auch das RG in JW 1902 S. 186.

[779] S. oben S. 10ff.

größten Maße die werterhöhende Wirkung der Organisation[780]. In diesem doppelten Sinne sind jeweils gewisse Elemente des Unternehmens die Hauptträger des Unternehmensmehrwerts. Wenn aber — wie es schon ausführlich dargelegt und nachgewiesen wurde — das ganze Rechtsinstitut der Erwerberhaftung den Erwerb des Mehrwerts voraussetzt und auf ihm beruht, so dürfte ohne weiteres einleuchten, daß eine Unternehmensveräußerung im Sinne der Vorschriften über die Erwerberhaftung dann vorliegen muß, wenn die Hauptträger des Unternehmensmehrwerts veräußert worden sind[781]. Dieses Kriterium hat eine objektive Geltungs- und Anwendungsmöglichkeit, indem es von keinerlei communis opinio abhängt. Es kann vorkommen, daß die Kundschaft von diesen Elementen, die hier als Hauptträger des Unternehmensmehrwertes gekennzeichnet worden sind, besonders angezogen wird, wie es auch vorkommen kann, daß die Verkehrsauffassung gerade in diesen Elementen das Identitätsmoment des Unternehmens sieht; dies braucht jedoch nicht immer der Fall zu sein und es kann ebensogut vorkommen, daß das Publikum überhaupt vom Dasein dieser Elemente (etwa eines Patentes) nichts ahnt.

VI. Bisher ist das Problem des Unternehmens als Veräußerungsgegenstandes hauptsächlich unter dem speziellen Gesichtspunkt des Mindestmaßes erforscht worden, dessen Veräußerung bei jeder Unternehmensveräußerung vorausgesetzt wird. Natürlich wird es nicht übersehen, daß dasselbe Problem eng mit den viel breiteren Problemen des Unternehmens als (einheitlichen) Rechtsgegenstandes überhaupt und des Rechtes am Unternehmen zusammenhängt. Allein würde eine eingehende Untersuchung dieser Probleme weit über den Rahmen dieser Arbeit hinausführen, zumal das Problem des Rechtsgegenstandes wie auch des Gegenstandes überhaupt nicht ohne eine grundlegende Heranziehung erkenntnistheoretischer und allgemeinphilosophischer Grundsätze behandelt werden kann[782].

Zur Frage des Rechts am Unternehmen ist im ersten Kapitel dieser Arbeit kurz Stellung genommen worden, indem ein Immate-

[780] Diese beiden Eigenschaften der betreffenden Unternehmenselemente könnten durch adäquate betriebswirtschaftlich-rechnerische Methoden genau festgelegt und bemessen werden. Dadurch erhält das hier vorgeschlagene Kriterium eine besondere Genauigkeitsmöglichkeit — allerdings nur eine Möglichkeit, deren Verwirklichung der weiteren Forschungen bedarf.

[781] In dieser Richtung Würdinger Anm. 8 zu § 22; Eckhard S. 5, der von einer Veräußerung der „Betriebschancen" spricht. — Auf Grund derselben Grundgedanken kann auch die Frage beantwortet werden, wie ist der Fall zu behandeln, in dem das Unternehmen stückweise veräußert wird: liegt ein Erwerb der Hauptträger des Unternehmensmehrwerts vor, so haftet der Erwerber als Unternehmenserwerber den Gläubigern gegenüber, ganz gleich, ob er das Unternehmen auf Grund eines oder mehrerer Rechtsgeschäfte erworben hat; so auch Zepos S. 660.

[782] Vgl. neuerdings Brecher passim. — Ob eine Heranziehung auch der ganzen mittelalterlichen Theologie und Dämonologie erforderlich ist, wie es Brecher tut, bleibt allerdings zweifelhaft.

rialgüterrecht am Unternehmensganzen anerkannt worden ist[783]. Das einheitliche Recht setzt natürlich den einheitlichen Gegenstand voraus[784], hier aber muß auf eine weitere Erörterung der betreffenden Problematik verzichtet werden: die Gegenstandseigenschaft des Unternehmens wird vorausgesetzt und die Anerkennung des Unternehmens als Rechtsgegenstandes nach der Systematik des geltenden Rechts für durchaus möglich gehalten.

Nur unter einem speziellen Gesichtspunkt wird das Problem des Unternehmens als einheitlichen Rechtsgegenstandes näher erörtert, nämlich wenn die Frage nachzuprüfen sein wird, ob die Einheitlichkeit dieses Gegenstandes Wirkungen auf die Art des Veräußerungsrechtsgeschäftes ausübt[785].

VII. Ein letztes Problem, welches auftaucht, wenn hier der Unternehmensbegriff im Sinnbereich der Veräußerungsproblematik erörtert wird, ist das Problem der begrifflichen Beziehungen zwischen dem Unternehmen als einer organisierten Wirtschaftseinheit und dem Unternehmen als einem vereinzelten „Handelsrechtsgeschäft". Die terminologische Verwicklung entsteht dadurch, daß manche Gesetzbücher dieselbe Vokabel für zwei verschiedene Begriffe verwenden.

Schon das HGB verwendet den Ausdruck „Handelsgeschäft" in einem doppelten Sinne: in den §§ 25 ff. wird damit die organisierte Wirtschaftseinheit gemeint, während im § 343 die einzelnen Rechtsgeschäfte des Kaufmanns mit dem gleichen Begriff bezeichnet werden. Es wird allgemein anerkannt, daß die beiden Begriffe nichts Gemeinsames haben[786].

Etwas anders liegt der Fall beim französischen Code de Commerce und den Handelsgesetzbüchern, die ihn als Vorbild genommen haben[787]. In diesen Gesetzgebungen[788] werden die Handelsgeschäfte (actes de commerce) einzeln aufgezählt; bei einigen davon, z. B. bei Handwerk-, Makler-, Transport- usw. Geschäften spricht das Gesetz nicht ohnehin von den betreffenden Geschäften, sondern von „Unternehmungen" (entreprises), welche als Handels(rechts)geschäfte gekennzeichnet werden[789].

Diese inkonsequente[790] Ausdrucksweise des Gesetzes hat die Frage aufgeworfen, ob das Gesetz in diesem Falle das Wort „Unter-

---

[783] Gegen die Anerkennung eines Rechts am Unternehmen u. a. Geller S. 4—8; Möller S. 125 Anm. 627 i. f.; Binder, Rechtsstellung, S. 33 f., wo auch die mit der Ablehnung des Rechts am Unternehmen zusammenhängenden Schwierigkeiten betont werden; Gieseke Diritto, S. 126 und passim.

[784] Vgl. Isay S. 13.

[785] Vgl. unten S. 163 ff.

[786] Hoffmann S. 21 Anm. 25.

[787] Z. B. das frühere italienische Handelsgesetzbuch und das geltende griechische Gesetz betreffend die Zuständigkeit der Handelsgerichte. — Für die entsprechende Problematik im Rahmen des neuen italienischen Codice civile s. Ravà S. 97 ff.

[788] Code de Commerce, Art. 632.

[789] Auch im HGB § 1 Ziff. 4—9 wird das Wort „Geschäft" als „Gegenstand des Gewerbebetriebes" bezeichnet.

[790] Fanelli S. 25; vgl. Bigiavi S. 25.

nehmen" einfach als etwas dem Wort „Geschäft" (acte) Gleichbedeutendes verwendet hat oder ob es für die Anerkennung der Handelseigenschaft dieser Tätigkeiten besondere Voraussetzungen hat aufstellen wollen[791]. Im Falle einer Bejahung der letzten Möglichkeit würde man weiter fragen sollen: welche sind die besonderen Voraussetzungen? Soll ein „Unternehmen" im Sinne einer organisierten Wirtschaftseinheit vorhanden sein, oder genügt es, wenn die fragliche Tätigkeit sonstwie die Wesensmerkmale der Handelstätigkeit überhaupt (Vermittlungsfunktion, Risikotragung, Gewinnerzielung)[792] aufweist?

Diese Fragen haben in dem hier erörterten Zusammenhang keine direkte Bedeutung: die daraus zu entnehmende terminologische Klärung betrifft nicht den im Rahmen dieser Arbeit maßgebenden Begriff des Unternehmens als wirtschaftlicher Einheit, sondern nur die Frage, ob dieser Begriff auch für die Auslegung der fraglichen Aufzählung der genannten Handelsgesetzbücher verwendet werden soll. Diese Frage ist zu verneinen[793].

Es ist nicht ohne weiteres einleuchtend, warum der Gesetzgeber für gewisse Geschäfte besondere Voraussetzungen aufstellen sollte, damit er ihnen die Eigenschaft der Handelstätigkeit zuspricht. Aber auch dann, wenn man einen Grund für eine solche unterschiedliche Behandlung gewisser Tätigkeiten finden könnte[794], wäre es doch übertrieben, wenn man das Vorhandensein eines „organisierten und objektivierten Unternehmens" verlangen würde, um diesen Tätigkeiten die Handelseigenschaft zuzusprechen, zumal eine solche Auslegung des Gesetzes das ganze objektive Aufzählungssystem in Frage stellen würde.

Als Kompromißlösung kann man annehmen, daß der Ausdruck „Unternehmen" in der Aufzählung der Handels(rechts)geschäfte das Erfordernis einer kaufmännisch qualifizierten Tätigkeit zum Ausdruck bringt: das betreffende Rechtsgeschäft ist nicht schon an sich und immer ein Handelsgeschäft; es wird zu einem solchen, wenn es die oben angeführten typischen Merkmale der Handelstätigkeit aufweist[795]. Damit verbleibt das Wort Unternehmen in diesem Fall im Bereich der „Tätigkeit", welche zwar die subjektive Seite des objektivierten Unternehmens ist, sich aber davon scharf unterscheidet. Für die Zusammenhänge dieser Arbeit ist das Unternehmen ein Gegenstand, in dem hier erörterten Fall ist es eine Äußerung der Person. Veräußert werden kann natürlich nur das Unternehmen im ersteren Sinne.

[791] Vgl. Tsirintanis S. 58.
[792] Tsirintanis S. 4—9.
[793] Tsirintanis S. 58.
[794] Etwa daß gerade diese Tätigkeiten einzeln, unkaufmännisch, aus reiner Gefälligkeit vorgenommen werden können, in welchem Fall der Gesetzgeber sie nicht als Handelstätigkeiten behandelt wissen will, oder daß sie an sich außerhalb des üblichen „Handels"begriffes liegen, so Bigiavi S. 21.
[795] Tsirintanis S. 59.

Neuntes Kapitel

Die Veräußerung

I. Die Problematik der Unternehmensveräußerung als Rechtsvorganges hängt eng mit der Anerkennung des Unternehmens als einheitlichen Rechtsgegenstandes und mit der Anerkennung eines einheitlichen Rechts am Unternehmen zusammen. In diesem Kapitel dürften diese beiden rechtskonstruktiven Seiten der Unternehmenseinheit vorausgesetzt werden; die vorausgegangenen Ausführungen haben zum Teil nachgewiesen, zum Teil nur angedeutet, aus welchen Gründen und in welcher Weise eine solche Anerkennung auch im Rahmen des geltenden Rechts nötig und möglich sei.

Das positive Recht aber tut nichts mehr, als durch seine Lücken, seine Schwankungen und seinen uneindeutigen Gegenstandsbegriff, die Möglichkeit einer mühsamen Konstruktion zu gestatten, welche zur Anerkennung der Unternehmenseinheit sowohl auf der Ebene des Gegenstandes als auch auf der des Rechts führt. Die einzelnen positivrechtlichen Vorschriften dagegen sind dieser rechtskonstruktiven Unternehmenseinheit bei weitem nicht konsequent angepaßt, was sich besonders deutlich bezüglich der Unternehmensveräußerung zeigt[796].

Bei der Behandlung der konkreten Probleme der Unternehmensveräußerung kann natürlich diese uneinheitliche Auffassung, die manchen einzelnen positivrechtlichen Vorschriften zugrunde liegt, nicht unberücksichtigt bleiben. Ebensowenig darf aber auch die einheitliche Grundauffassung des Unternehmens vergessen werden, die die Rechtstheorie im Rahmen des geltenden Rechts hat konstruieren und begründen können. So wird die Behandlung der Einzelfragen immer zwischen zwei Polen schwanken müssen, nämlich zwischen der prinzipiellen und wesensgerechten Anerkennung der Einheit einerseits, der eventuellen konkreten Aberkennung derselben andererseits. Bei zweifelhaften Auslegungsfragen wird die Bevorzugung des Einheitsprinzips nur eine Bemühung zur Wiederherstellung der vom Gesetz nicht genügend geachteten Folgerichtigkeit sein.

II. Wie bei jeder Veräußerung lassen sich auch bei der Unternehmensveräußerung zwei verschiedene logische, aber meistens auch faktische Phasen unterscheiden: einmal die obligatorische Übernahme der Verpflichtung zur Übertragung des zu veräußernden Gegenstandes, kurz: das obligatorische Rechtsgeschäft und zweitens die dingliche Übertragung. Solange man im Bereich des obligatorischen Rechtsgeschäftes bleibt, übt die Unternehmenseinheit ihre volle Wirkung aus: das Unternehmen wird als einheitlicher Rechtsgegenstand behandelt[797]. Ein einziger Vertrag genügt als obligatorische Grundlage der Veräußerung, die einzelnen Unternehmenselemente brauchen nicht einmal erwähnt zu werden. Das ist schon wegen des Prinzips

---

[796] Vgl. Garrigues S. 52, aber auch S. 53—54.
[797] Domke S. 43; vgl. Balis S. 395; Müller—Erzbach S. 77.

der Vertragsfreiheit ohne weiteres möglich: man kann jede Leistung versprechen, also auch die Veräußerung eines Unternehmens. Und es reicht aus, wenn der Leistungsgegenstand durch die Bezeichnung des Ganzen bestimmt ist.

Es ist des öfteren behauptet worden, daß gerade in dieser Kollektivbezeichnung der Einzelelemente sich die Bedeutung des Unternehmens als einheitlichen Leistungsgegenstandes beschränkt[798]; eigentlich betreffe auch der obligatorische Vertrag die einzelnen Unternehmenselemente, bloß würden diese durch einen Namen bezeichnet, was nichts mehr sei, als eine sprachliche Erleichterung. Diese Auffassung wäre nur dann begründet, wenn die Unternehmenseinheit eine vereinzelte Erscheinung im Rahmen des obligatorischen Vertrags wäre: dann wäre das „Unternehmen" als Bezeichnung des Leistungsgegenstandes tatsächlich nur ein Wort, allerdings ein Wort, das eben den Leistungsgegenstand und die Verpflichtung des Veräußerers bestimmt, und was könnte es mehr im Rahmen des obligatorischen Vertrages sein? Aber die einheitliche Bezeichnung bleibt nicht ohne wichtige praktische Wirkungen: die Unternehmenseinheit im Rahmen des obligatorischen Verhältnisses ist ein Ring in der Kette der Erscheinungsfälle des Unternehmenseinheitsprinzips. Sie setzt die prinzipielle Anerkennung dieser Einheit voraus, sie bietet eine Richtschnur für die Lösung verschiedener Nebenprobleme und vor allem bestimmt sie zu einem gewissen Grade die faktische Ausgestaltung des dinglichen Übertragungsgeschäfts, wie noch gezeigt werden soll[799].

Muß das obligatorische Rechtsgeschäft, welches die juristische Grundlage des Verfügungsgeschäfts ausmacht, immer ein Vertrag sein?[800] Von den einseitig verpflichtenden Rechtsgeschäften käme eigentlich nur das Stiftungsgeschäft in Frage[801]. Daß das Unternehmen auf Grund eines Stiftungsgeschäfts veräußert werden kann, steht außer jedem Zweifel. Sofern das Stiftungsgeschäft ein Rechtsgeschäft unter Lebenden ist[802], muß die Anwendung der Vorschriften über die Haftung des Unternehmenserwerbers bejaht werden. Diese Lösung ergibt sich für das deutsche Recht direkt aus dem Wortlaut des Gesetzes[803]; sie muß aber auch — wenigstens analog — für diejenigen Rechtsordnungen angenommen werden, die von einer Unter-

[798] Ghidini S. 162 und überhaupt vom Sachinbegriff Staudinger — Riezler Vorbem. 13 zu § 90.

[799] S. unten S. 169 ff.

[800] Die Frage muß hinsichtlich der Erwerberhaftung ohne weiteres für die Rechtsordnungen bejaht werden, die diese Haftung nur im Falle des Kaufes eintreten lassen (so z. B. die französische).

[801] Sourlas S. 122. — Eine Verpflichtung zur Übertragung eines Unternehmens auf Grund einer Auslobung ist wohl denkbar, wird aber in der Tat sehr selten vorkommen. Die Auslobung stellt allerdings ein Geschäft unter Lebenden dar und daher gilt auch von ihr das im Text Gesagte. — Eine tatsächliche Übertragung des Unternehmens auf Grund eines Spiel- oder Wettverlustes beruht immerhin auf einem Vertrag.

[802] BGB § 81; griech. ZGB Art. 109.

[803] HGB § 25 I 1 „unter Lebenden".

nehmensübernahme „durch Vertrag“ sprechen[804]. Dieser letztere Ausdruck stellt auf den üblichsten Fall ab[805], will aber damit die Übernahme unter Lebenden andeuten[806]; eine andere Lösung würde der Interessenlage nicht gerecht werden, die insofern keine Sonderbehandlung des einseitigen Rechtsgeschäfts rechtfertigt.

III. Hinsichtlich des obligatorischen Vertrages tauchen zwei weitere Probleme auf, deren Lösung sich dem Prinzip der Unternehmenseinheit entnehmen läßt:

a) Es fragt sich, ob die Übernahme der Verpflichtung zur Übertragung eines Unternehmens einer Form bedarf oder nicht. Eine bejahende Beantwortung dieser Frage könnte sich auf den § 311 BGB[807] berufen: das Unternehmen wäre dann als Vermögen oder Vermögensbruchteil anzusehen und eine gerichtliche oder notarielle Beurkundung des obligatorischen Vertrages wäre erforderlich[808]. Dieser Meinung liegt eine uneinheitliche Auffassung des Unternehmensganzen, eine Verkennung der organisatorisch-gegenständlichen Einheit desselben zugrunde, und dies ganz unabhängig davon, ob diese uneinheitliche Auffassung durch die Annahme eines Sondervermögens in gewisser (anderer) Hinsicht korrigiert wird.

Anders liegt der Fall, wenn man die Einheit des Unternehmens als Rechtsgegenstandes annimmt. Der gesetzgeberische Grund einer Formbedürftigkeit entfällt: es handelt sich nicht mehr um eine unbestimmte Menge von Gegenständen — wie es bei einem Vermögen oder einem Vermögensbruchteil der Fall ist — welche eben wegen ihrer Unbestimmtheit gefährlich für den Veräußerer ist und daher auch die notarielle oder gerichtliche Form zum Schutz des Veräußerers verlangt[809]. Das Unternehmen erscheint als ein bestimmter Gegenstand der Veräußerung, der begrifflich mit dem Vermögen nichts zu tun hat und der deswegen formlos veräußert werden kann[810].

Dieses Ergebnis wird auch durch eine genauere Untersuchung der Rechtsordnungen bestätigt, die eine Form für den obligatori-

---

[804] ABGB § 1409; griech. ZGB Art. 479.

[805] Die Vorschriften über die Erwerberhaftung sind auch dann anwendbar, wenn keine Rechtsbeziehung zwischen dem früheren und dem jetzigen Unternehmensinhaber vorliegt, etwa weil der Übergang auf Grund einer Enteignung stattgefunden hat, Sakellaropoulos S. 32 f.

[806] Sourlas S. 122.

[807] Griech. ZGB Art. 367. — Eine Formbedürftigkeit des obligatorischen Veräußerungsvertrages auf Grund des § 313 BGB (griech. ZGB Art. 369) ist zu verneinen: das Unternehmen kann nicht als unbewegliche Sache behandelt werden und diese trotz der eventuellen Bedeutung eines Grundstücks oder der Lokalisierung überhaupt für das Unternehmen.

[808] So Karawas S. 495.

[809] Daß der gesetzgeberische Grund des § 311 BGB hauptsächlich in der Unbestimmtheit der veräußerten Gegenstände zu suchen ist, Isay S. 145; Glaser S. 29. — Daß derselbe Paragraph auch die Umgehung der Formvorschriften für die Verfügung von Todes wegen verhüten will, Domke S. 31.

[810] So die durchaus herrschende Meinung, Domke S. 31 f.; Isay S. 145; Glaser S. 29; Oppikofer S. 131 f.; Müller — Erzbach S. 79; Hoffmann S. 41—42; Würdinger Anm. 11 zu § 22; Esser § 190, 3; Oppikofer, Unternehmen, S. 43. A. M.: Zepos S. 660.

schen Vertrag ausdrücklich vorschreiben[811]. Diese Formvorschriften bezwecken nicht den Schutz des Veräußerers, und somit ist ihr Sinn ein ganz anderer als der des § 311 BGB. Sie bezwecken vielmehr den Schutz der Gläubiger und daher sind sie als eine Vorbereitung der Publizität gemeint. Eine Anwendung aber des § 311 BGB könnte nicht zur Publizität führen, weil ja kein Publizitätsverfahren für diesen Fall vorgesehen ist.

Die vorangegangenen Ausführungen sollten nur beweisen, daß das Gesetz keine besondere Form für das obligatorische Geschäft verlangt. Daß eine schriftliche Form aber im Interesse der Parteien liegen kann, daß sie die Sicherheit der Abmachungen gewährt und daß sie entsprechend häufig von den Parteien angewandt werden wird, sollte damit nicht verneint werden[812].

b) Eine weitere Frage, die auf Grund der einheitlichen Auffassung des Unternehmens als Rechtsgegenstandes beantwortet werden soll, ist die Frage der juristischen Charakterisierung des Verpflichtunggeschäfts. Die herrschende Meinung will diesen Vertrag als einen Kaufvertrag behandelt wissen[813], es ist aber auch behauptet worden, daß es mehr dem Wesen des Vertrages entspreche, wenn man ihn als einen auf die Übertragung der Tätigkeit gerichteten Werkvertrag charakterisieren würde[814].

Der Gegensatz Kauf- oder Werkvertrag stellt eine allzu enge Formulierung des Problems dar. Im Grunde genommen geht es wieder um die Anerkennung des Unternehmens als einheitlichen Rechtsgegenstands. Ist das Unternehmen als ein solcher Gegenstand anerkannt worden, dann kann eine Auffassung seiner Veräußerung als „Übertragung der Tätigkeit" überhaupt nicht in Frage kommen, und dies ganz abgesehen von dem Widerspruch, den der Ausdruck „Übertragung der Tätigkeit" schon in sich schließt. In Frage kommen nur diejenigen Vertragstypen, die auf eine dauernde[815] Übertragung des Gegenstandes gerichtet sind; je nachdem ob die Veräußerung entgeltlich oder unentgeltlich erfolgt, muß der obligatorische Vertrag gleich einem Kauf oder einer Schenkung behandelt werden[816].

Dabei muß jedoch eine wichtige Einschränkung gemacht werden: es handelt sich um nichts mehr als um eine Gleichbehandlung, eine analoge Anwendung der betreffenden Vorschriften. Denn zwar muß das Unternehmen als einheitlicher Rechtsgegenstand anerkannt werden, die Besonderheiten aber dieses Gegenstandes, seine Abhängigkeit von der Person des Unternehmers, die Verschiedenartigkeit und der ständige Wechsel seiner Bestandteile verbieten es, ihn einer Sache

---

811 S. die Hinweise bei Domke S. 33—38.

812 Vgl. Domke S. 33.

813 So z. B. Müller — Erzbach S. 79; (Ehrenberg)-Pisko S. 221 f.

814 Gieseke S. 42/612; vgl. auch 46/616.

815 Von der vorübergehenden Übertragung des Unternehmens wird unten S. 173 ff. die Rede sein.

816 Tausch oder (im griechischen Recht) Mitgiftbestellung sind auch denkbar. — Daß nur derivative Erwerbstitel in Betracht kommen können, s. Krug S. 4; Ripert Nr. 473.

gänzlich gleichzustellen. Die Regelung des Kauf- oder des Schenkungsvertrages ist auf Einzelsachen und Einzelrechte abgestellt. Daher kann diese Regelung auf die Verpflichtung zur Veräußerung eines Unternehmens nur analog angewandt werden[817].

Am deutlichsten zeigt sich die Besonderheit des hier untersuchten Geschäfts, wenn man die Frage stellt: was für ein Recht muß dem Erwerber eingeräumt werden, damit die Verpflichtung zur Übertragung des Unternehmens erfüllt wird? Bei einem „normalen" Kauf oder einer „normalen" Schenkung besteht die Erfüllung in der Besitzeinräumung und der Übertragung des Eigentums. Man kann nicht ohne weiteres dasselbe im Falle der Unternehmensveräußerung sagen.

IV. Das Immaterialgüterrecht am Unternehmen ist ein absolutes Recht[818]. Die juristische Kategorie des absoluten Rechts bleibt aber in den postiven Rechtsordnungen im Hintergrund. Ausführlich geregelt ist nur die Gruppe der dinglichen Rechte, insbesondere das Eigentum[819]. Man wird durch diese Tatsache darauf hingewiesen, zur Regelung auch der sonstigen absoluten Rechte auf die Vorschriften über das Eigentum zurückgreifen zu müssen. Man kann diese Situation rechtskonstruktiv verschieden auffassen: was insbesondere das absolute Immaterialgüterrecht betrifft, so kann man entweder die beiden Begriffe scharf getrennt halten und die Eigentumsvorschriften auf das Immaterialgüterrecht nur analog anwenden, oder man kann von einem Immaterialeigentum sprechen[820]. Die beiden Auffassungen unterscheiden sich hauptsächlich durch eine verschiedene Terminologie; sicher dürfte allerdings sein, daß man nicht ohne weiteres von einem Eigentum am Unternehmen sprechen kann[821], ganz besonders dann nicht, wenn man das Recht am Unternehmen als ein Immaterialgüterrecht ansieht.

In bezug auf das absolute Recht am Unternehmen taucht ein wichtiges Problem auf, welches die Ähnlichkeit dieses Rechts mit dem Eigentum auch konkret abschwächt. Es handelt sich um das Problem der Beziehungen zwischen absolutem Recht am Unternehmensganzen und den verschiedenen Rechten an den einzelnen Unternehmenselementen[822], ein Problem, welches im Hinblick auf die Unternehmensveräußerung Bedeutung aufweist.

Der Unternehmer braucht kein Eigentum und auch kein sonstiges absolutes Recht an den Einzelelementen des Unternehmens zu haben. Es genügt, wenn diese Elemente ihm zur Verfügung stehen. Ja sogar hinsichtlich mancher dieser Elemente wäre ein absolutes Recht wesenswidrig und insofern undenkbar; man denke an die Menschen, die auf Grund von Arbeitsverhältnissen in das Unter-

[817] Vgl. Hoffmann S. 24, 33—40 und passim; Isay S. 151—156; Oppikofer, Unternehmen, S. 42 ff.
[818] Müller — Erzbach, Unternehmen, S. 196.
[819] Carnelutti S. 21.
[820] Carnelutti S. 59; vgl. auch Hedemann, Wirtschaftsrecht, S. 210; Krause S. 11, 26 ff.
[821] Müller — Erzbach, Unternehmen, S. 198.
[822] Vgl. Gieseke S. 40/610.

nehmen eingegliedert sind, man denke an die Forderungen und schließlich an die Schulden: es sind alles Unternehmenselemente, doch ist die Kategorie des absoluten Rechts direkt auf sie unanwendbar.

Man kann die durch diese Situation entstehenden Schwierigkeiten nur dadurch überwinden, indem man eine grundlegende Trennung zwischen der Ebene des Rechts am Unternehmen und der Ebene der Rechte an den einzelnen Unternehmenselementen vornimmt[823]. Auf der Ebene der Einzelelemente herrscht die Vielfältigkeit der Zuordnungsgesichtspunkte: jedes Element steht dem Unternehmer so zu, wie es seinem Wesen oder den besonderen Rechtsgründen entspricht, auf Grund deren das betreffende Element dem Unternehmer zugeordnet worden ist. Auf der Ebene des Unternehmensganzen dagegen herrscht das einheitlich absolute (Immaterialgüter-)Recht am Unternehmen: Gegenstand dieses absoluten Rechts ist das Unternehmensganze, d. h.

a) die nicht in den einzelnen Elementen verkörperten immateriellen Organisationswerte[824] und

b) die Einzelelemente des Unternehmens[825] in der jeweils verschiedenen — und insofern gleichgültigen — Rechtsform ihrer Zuordnung zum Unternehmer[826].

Diese besondere Ausgestaltung des Rechts am Unternehmen bestimmt auch die Beantwortung der Frage nach dem Recht, welches dem Erwerber eingeräumt werden muß, damit die Verpflichtung zur Übertragung des Unternehmens erfüllt wird. Anders als bei dem Kauf oder der Schenkung kann man hier nicht einfach sagen, es müsse Eigentumsübertragung stattfinden[827]. Es muß vielmehr eine Übertragung des absoluten Rechts am Unternehmen stattfinden[828], die aber eine Übertragung der Unternehmenselemente in der ihrer jeweiligen Zuordnungsform angepaßten Weise voraussetzt[829].

---

[823] Bahnbrechend Oppikofer S. 142; jetzt auch Brecher S. 146—147. — Oppikofer spricht von einem unternehmensrechtlichen und einem bürgerlichrechtlichen Eigentum.

[824] Darauf beschränkt Isay S. 138—139 den Inhalt des Rechts am Unternehmen; die Einzelelemente sind nach seiner Auffassung vom Immaterialgüterrecht nicht umfaßt, sie sind ein „Inbegriff von Vermögensrechten".

[825] Darauf beschränkt (Ehrenberg)-Pisko S. 222 die Übertragungspflicht des Veräußerers.

[826] Konkreter ausgedrückt: das Recht als Unternehmen umfaßt als absolutes Recht: rechtlich nicht vergegenständlichte immaterielle Werte, andere absolute Rechte, Forderungen und Schulden. — Die Bedenken Ghidini's S. 162 gegen die Anerkennung einer Mehrheit von Rechten derselben Person am selben Gegenstand dürften nicht ausschlaggebend sein: die hier vertretene Auffassung einer doppelten Zuordnung ist für die rechtsdogmatische Konstruktion des Rechts am Unternehmen unentbehrlich.

[827] A. M.: Isay S. 149.

[828] Helle S. 46 faßt das Recht am Unternehmen als ein Schutzrecht auf, welches als solches mit den an den einzelnen Unternehmensbestandteilen bestehenden Verkehrsrechten nicht kollidieren kann. Diese Auffassung bietet aber keinen befriedigenden Ansatz zur juristischen Behandlung der Unternehmensveräußerung als eines — möglichst — einheitlichen Rechtsvorganges.

[829] Isay S. 73; Geller S. 101.

V. Damit wird die Problematik der Unternehmensveräußerung in den Bereich des dinglichen Veräußerungsgeschäfts geführt. In diesem Bereich, und was die Übertragung der einzelnen Unternehmenselemente betrifft, scheint das Prinzip der Unternehmenseinheit grundsätzlich aufgegeben zu werden: es wird allgemein gelehrt[830], daß die Übertragung der Unternehmenselemente nicht uno actu erfolgen kann, daß vielmehr jedes Element einzeln übertragen werden muß[831].

Die Beseitigung des Unternehmenseinheitsprinzips ist jedoch weniger weitgehend als es den Anschein hat. Zwar wird auch das einheitliche absolute Recht am Unternehmensganzen nur durch eine Übertragung der Unternehmenselemente (dinglich) veräußert[832], und zwar gilt für die Übertragung dieser Elemente das Prinzip der Einzelübertragung, faktisch ist es aber doch so, daß ein ganz erheblicher Teil der Unternehmenselemente, ja u. U. sogar alle diese Elemente, durch eine Handlung übertragen werden können[833].

a) Zunächst kommen die Unternehmenselemente in Betracht, die durch bloße vertragliche Einigung übertragen werden können: Forderungen[834], Schulden[835] und die konkretisierten Immaterialgüter (Firma, Warenzeichen, Patente, Lizenzen, Urheberrechte). Daß eine solche Einigung zur dinglichen Übertragung für alle diese Elemente eines Unternehmens einheitlich erfolgen kann, dürfte zweifellos sein. Ebenso zweifellos ist es aber, daß die betreffende Einigung schon im Verpflichtungsgeschäft enthalten oder mit der Einigung zur dinglichen Übertragung anderer Gegenstände verbunden sein kann. Und all dies gilt nicht nur für die Einigung, die schon allein zur Übertragung des Gegenstandes ausreicht, sondern überhaupt für jede Einigung, nämlich auch für diejenige, welche als eins der Übertragungsmomente neben der Übergabe wirkt.

b) Eine zweite Kategorie von Unternehmenselementen verlangt zu der Einigung auch die Einräumung einer tatsächlichen Beherrschungsmöglichkeit: bei den beweglichen Sachen wird diese tatsächliche Beherrschungsmöglichkeit durch die Übergabe geschaffen. Es wäre aber falsch, wollte man die Übergabe als eine besondere Veräußerungs„form" ansehen. Die Übergabe ist einerseits eine selbstverständliche Erfüllungshandlung, andererseits eine Rechtsbedingung des Eigentumserwerbs. Weder im ersteren noch im letzte-

[830] Vereinzelte entgegengesetzte Meinung Mossa's S. 110, der von einer Universalsukzession spricht.

[831] Mühlenbruch S. 376; Hoffmann S. 25; Helle S. 37, 57; v. Gierke § 16 I 2; Karawas S. 494; Sakellaropoulos S. 6; Oppikofer, Unternehmen, S. 26.

[832] Isay S. 73.

[833] Heymann S. 35; vgl. v. Ohmeyer S. 12 Anm. 22.

[834] Würdinger Anm. 25 zu § 22; — im griechischen Recht gehen die Forderungen nur im Innenverhältnis durch bloße Einigung über; eine Wirkung nach außen erlangt die Abtretung erst nach der Mitteilung an den Schuldner (griech. ZGB Art. 460, vgl. auch Art. 461).

[835] Wenigstens im Innenverhältnis; über das Außenverhältnis s. oben S. 53 ff., 70 ff.

ren Sinne kann sie als „Form“ verstanden werden, etwa mit der Folge, daß solche Erfüllungshandlungen und Rechtsbedingungen für jede einzelne Sache neu vorgenommen werden müßten. Das würde die längst überwundene Auffassung voraussetzen, bei der traditio müsse ein körperlicher Kontakt zwischen dem Erwerber und jeder übergebenen Sache bewerkstelligt werden[836].

Das von den beweglichen Sachen Gesagte gilt auch für die Schuldverschreibungen und sonstigen Wertpapiere auf den Inhaber.

Auch hinsichtlich der allgemeinen Immaterialgüter muß die Einräumung einer tatsächlichen Gewalt — welche hier die Form einer tatsächlichen Ausnutzungsmöglichkeit annimmt — vorgenommen werden. Die Übergabe wird hier durch eine Reihe von Erfüllungshandlungen ersetzt[837] (Bekanntmachungen, Rundschreiben an die Kundschaft, Mitteilungen der Erfahrungen und der Geheimnisse, u. U. Mitarbeit während einer gewissen Zeit usw.)[838], die auch nicht als Übertragungs„form“ angesprochen werden können, weil sie nur insofern juristisch erforderlich sind, als sie einem faktischen Bedürfnis entsprechen[839].

c) Wenn die „Einigung plus Übergabe“ als der „unus actus“ gilt, womit das dingliche Veräußerungsgeschäft zustande kommt, so sind alle bisher erwähnten Unternehmenselemente durch diesen unus actus veräußerbar: eine einheitlich erfolgende Einigung und eine Einräumung der tatsächlichen Gewalt, welche auch so einheitlich und summarisch erfolgen kann, z. B. durch Einweisung des Erwerbers in den Tätigkeitsbereich, wie die faktischen Bedürfnisse der Erfüllung es gestatten, genügen zur Veräußerung der das Unternehmensganze bildenden Forderungen, Schulden, Firmen-, Warenzeichen-, Patent-, Lizenz-, Urheberrechte, beweglichen Sachen, Wertpapiere auf den Inhaber und des allgemeinen unverkörperten Immaterialgüterrechts[840].

Eine besondere Übertragungsform ist nur dann erforderlich, wenn sie vom Gesetz verlangt wird. Solche Ausnahmevorschriften betreffen nur zwei mögliche Unternehmenselemente, nämlich die Grundstücke[841] und die Wertpapiere an Order[842]. Sie bleiben außerhalb des Wirkungsbereichs des unus actus und müssen nach den be-

---

[836] Die heutigen weitherzigen Auffassungen über die traditio zeigt am deutlichtsen die dingliche Wirkung der Übergabe des Frachtbriefes, vgl. dazu Tsirintanis, Studien, insbes. S. 325 ff.

[837] v. Gierke § 16 I 2 sieht diese Handlungen direkt als Übergabe an.

[838] Vgl. schon Simon S. 120; Würdinger Anm. 25 zu § 22.

[839] Ebensowenig könnte man die verschiedenen Einzelhandlungen, durch welche ein Werkvertrag erfüllt wird, als Erfüllungs f o r m desselben ansehen.

[840] Auch Zufallseinheiten (z. B. die Sachen in einem Lager) könnten so einheitlich veräußert werden, wenn der unus actus sie genug spezialisieren würde. Der Fall des Unternehmens hebt sich aber deswegen hervor, weil der Gedanke seiner Einheit eine eindeutige spezialisierende Wirkung auf die Einzelelemente ausübt. — Ghidini S. 162 will diese spezialisierende Wirkung des Unternehmenseinheitsgedankens nur auf der Ebene des obligatorischen Vertrages beschränken.

[841] §§ 925 ff. BGB.

[842] WG § 11; ScheckG § 14; AktG § 61 usw.

sonderen vorgeschriebenen Formen — und zwar jedes einzeln — übertragen werden.

Als Ergebnis dieser Untersuchung dürfte eine — wenigstens teilweise — Wiederherstellung der Geltung des Unternehmenseinheitsprinzips auch im Bereich der dinglichen Veräußerungsgeschäfte angesehen werden[843]. Von den Ausnahmefällen der Grundstücke und der Orderpapiere — die selbstverständlich nicht bei jedem Unternehmen vorhanden zu sein brauchen — abgesehen, lassen sich alle anderen Unternehmenselemente durch den unus actus der Einigung und der Übergabe dinglich übertragen. Bei manchen genügt schon die Einigung und, wenn bei anderen die Übergabe sich in verschiedene Teilhandlungen aufspaltet, so bedeutet dies deswegen keine Durchbrechung des unus actus, weil es von den faktischen, nicht von den juristischen Eigenschaften des zu übertragenden Gegenstandes geboten ist[844].

VI. Im Begriff des Unternehmens**erwerbes** ist nicht eine Unternehmens**fortführung** einbegriffen[845].

Daß das Unternehmen vom Erwerber fortgeführt wird, ist vom deutschen Gesetzgeber[846] ausdrücklich zur Voraussetzung der Haftung desselben gemacht worden. Bei den Rechtsordnungen aber, die keine solche Bestimmung enthalten[847], wird eine ähnliche Voraussetzung der Erwerberhaftung weder von begriffslogischen noch von Gerechtigkeitserwägungen geboten[848].

Was insbesondere die letzteren betrifft, so ist folgendes zu bemerken: Die Einstellung des Unternehmensbetriebes gleich nach dem Erwerb[849] kann entweder vom Erwerber gewollt und beabsichtigt sein oder nicht. Der Fall der gewollten Betriebseinstellung kommt hauptsächlich dann vor, wenn der Erwerber selbst ein anderes (meistens gleichartiges) Unternehmen betreibt und den Erwerb zu

---

843 Quid juris, wenn die dingliche Veräußerung unterbrochen wird, so daß nur einige Unternehmenselemente wirklich veräußert worden sind? Bei einigen Rechtsordnungen haftet der Erwerber vom Abschluß des obligatorischen Vertrages an, so z. B. griech. ZGB Art. 479. Stellt die Rechtsordnung auf den dinglichen **Erwerb** ab, so hängt die Antwort davon ab, ob die dinglich veräußerten Elemente ausreichen, damit man von einem Unternehmenserwerb sprechen kann.

844 Dazu kommt die Überlegung, daß jede Teilhandlung nicht der Übertragung **eines** Elementes entspricht, daß vielmehr mehrere Teilhandlungen zur Übertragung desselben Elementes erforderlich sind: die Bekanntmachungen, Mitteilungen, Veröffentlichungen usw. dienen z. B. alle zusammen der Übertragung des allgemeinen Immaterialgutes. Man könnte nicht sagen, daß jede dieser Handlungen einen Teil des Immaterialgutes überträgt. Die Mehrheit der Handlungen ist also von der einheitlichen Übertragung begrifflich unabhängig.

845 Würdinger Anm. 10 zu § 25; Pisko S. 164.

846 HGB § 25 I.

847 Das sind alle anderen Rechtsordnungen, die in dieser Arbeit in Betracht gezogen worden sind.

848 Deswegen — anders als im deutschen Recht, vgl. Würdinger Anm. 11 zu § 25 — haftet der Erwerber auch dann, wenn er das Unternehmen sofort weiterveräußert, s. Pisko S. 164.

849 Erfolgt diese Einstellung nicht gleich nach dem Erwerb, so liegt eine „Fortführung" vor.

dem Zweck vornimmt, die Konkurrenz des erworbenen Unternehmens auszuschalten. Es wäre in diesem Fall ungerecht, den Gläubigern das Haftungsobjekt zu entziehen, ohne ihnen den Ausgleich einer Haftung des Erwerbers zuzusprechen, zumal der Erwerber sich in diesem Fall die Erwerbskraft des betreffenden Unternehmens, indirekt durch die Verstärkung seiner eigenen Marktstellung angeeignet hat.

Die ungewollte Betriebseinstellung, welche wegen der Unrentabilität der Fortführung erfolgt, kann entweder auf eine ungeschickte Handlung des Erwerbers oder auf den Zufall (etwa eine Konjunkturschwankung) zurückzuführen sein[850]. Im ersteren Fall kann man von einem „Verschulden" — im weitesten, untechnischen Sinne — des Erwerbers sprechen, welches bei der Abwägung der Interessenlage berücksichtigt werden muß und nicht zum Nachteil der Gläubiger werden darf. Im Falle des Zufalls muß der Erwerber auf Grund des Grundsatzes casum sentit dominus haften.

VII. Es ist schon oben[851] auf gewisse wesentliche Unterschiede zwischen dem absoluten Recht am Unternehmen und dem Eigentum hingewiesen worden. Ein weiterer Unterschied zeigt sich in der in mancher Hinsicht auftauchenden Besitzähnlichkeit des Rechts am Unternehmen: Träger dieses Rechts ist der jeweilige Inhaber des Unternehmens, derjenige, in dessen Namen der Unternehmensbetrieb geführt wird[852]. Maßgebend ist nun die tatsächliche Ausübung der unternehmerischen Tätigkeit; die juristische Grundlage derselben bleibt — ähnlich wie der Titel beim Besitz — gleichgültig.

Diese Auffassung ist zwar nicht herrschend, sie läßt sich aber durch den Gedanken überzeugend begründen, daß das Recht am Unternehmen sowie auch der ganze Komplex der Normen, die es beschützen und regeln, auf dem Gedanken der besonderen wertschöpferischen Bedeutung des Unternehmensganzen und der unternehmerischen Tätigkeit beruhen. Daher die Unabhängigkeit des Rechts am Ganzen von den Rechten an den einzelnen Unternehmenselementen und daher auch die Zuordnung dieses Rechts am Ganzen nach Maßgabe der tatsächlichen Tätigkeitsausübung, nicht nach denselben Zuordnungsgesichtspunkten, die für die einzelnen Elemente maßgebend sind.

---

850 Vorausgesetzt, daß die eine oder die andere Ursache gleich nach dem Erwerb erfolgt und ihre Wirkung ausübt, s. die vorangegangene Fußnote.

851 Siehe S. 167 ff.

852 Grundlegend Isay S. 68. — Im selben Gedankenzusammenhang liegt auch die Tatsache, daß er die Kaufmannseigenschaft erwirbt, falls das betriebene Unternehmen ein kaufmännisches ist, v. Gierke § 16 III 1; vgl. auch Würdinger Anm. 13 zu § 1. Daß die Unternehmenseigenschaft und -inhaberschaft ganz unabhängig von den Eigentumsverhältnissen beurteilt werden muß, betont neuerdings auch Köhler S. 715, 717. — Allgemeiner gesehen liegt diese Trenunng zwischen Eigentümer und Unternehmer im Sinne der heutigen sozialen Entwicklungstendenz, die zu einer Herrschaft der Bürokraten und managers führt. Diese Tendenz hat eine recht ausgeprägte, wenn auch nicht immer sehr genaue Darstellung im bahnbrechenden Buch von Burnham insbes. S. 72—83, 126 gefunden; vgl. auch Krause S. 22—23.

Die Besitzähnlichkeit des Rechts am Unternehmensganzen zeigt ihre praktische Bedeutung bereits im Falle der Anwendung des § 823 I BGB zum Schutz des Unternehmens: auf diese Bestimmung kann sich bereits der tatsächliche Inhaber des Unternehmens, aber auch nur er, berufen. Eine andere wichtige praktische Wirkung dieser Auffassung betrifft gewisse Fälle, die hier als „vorübergehende Veräußerung" eines Unternehmens bezeichnet werden sollen, und die besonders interessieren.

Der Ausdruck „vorübergehende Veräußerung des Unternehmens"[853] will die Fälle der sog. dinglichen Rechte an fremden Unternehmungen (Nießbrauch, Verpfändung[854]) sowie auch der Unternehmensverpachtung decken[855] und wird deswegen vorgezogen, weil der übliche Ausdruck „dingliche Rechte an fremden Unternehmungen" irreführend ist. Es ist nämlich so, daß ein beschränktes dingliches Recht an einem fremden Gegenstand das unbeschränkte dingliche Recht (d. h. das Eigentum) eines anderen an demselben Gegenstand voraussetzt: deswegen bleibt ja der Gegenstand „fremd" und das dingliche Recht „beschränkt"[856]. Das Recht am Unternehmensganzen kann man aber nicht dem Eigentum gleichstellen. Und wenn man die Besitzähnlichkeit dieses Rechts am Unternehmen annimmt, ist ein beschränktes dingliches Recht am gleichen Gegenstand, dessen Beschränkung praktisch nur eine zeitliche wäre, dessen Verwirklichung dagegen eine Besitzübertragung des ganzen Gegenstandes voraussetzt, begrifflich unmöglich.

Ist auf Grund eines Nießbrauchs, einer Verpfändung oder einer Verpachtung der „Besitz" am Unternehmen übergegangen, so ist damit auch das „Recht" am Unternehmensganzen übertragen worden, weil ja das Recht dem jeweiligen tatsächlichen Inhaber zusteht[857]. Die Bestellung eines solchen „beschränkten Rechts" enthält folgende drei verschiedenen Elemente:

a) das absolute (und besitzähnliche) Recht am Unternehmensganzen wird gänzlich veräußert;

b) die einzelnen Unternehmensbestandteile werden — soweit es möglich ist — mit dem betreffenden „beschränkten Recht"[858] belastet; bei ihnen erfolgt die Zuordnung auf Grund der normalen

---

[853] Auch Würdinger Anm. 5a zu § 25 spricht von den Fällen des „Erwerbes auf Zeit". — Vgl. auch Oppikofer, Unternehmen, S. 25, 47.

[854] Falls man die Verpfändung des Unternehmensganzen als juristisch möglich ansieht, vgl. oben S. 28 ff.

[855] Der § 22 II HGB sieht ausdrücklich die Möglichkeit „eines Nießbrauchs, eines Pachtvertrages oder eines ähnlichen Verhältnisses" (eines Pfandrechts?) am Unternehmen vor. — Dasselbe wird im griechischen Recht angenommen, Karawas S. 498.

[856] A. M.: (Ehrenberg)-Pisko S. 229—230.

[857] Isay S. 69; vgl. Hubmann S. 67 — Gieseke S. 46/616 will von einem Nießbrauch oder einer Verpachtung „nur in einem übertragenen Sinne" die Rede sein lassen.

[858] Auf die Einzelheiten kann hier nicht eingegangen werden; vgl. v. Gierke § 16 III.

bürgerlichrechtlichen Kategorien und insofern ist auch ein jus in re aliena möglich;

c) dazu kommt die Verpflichtung des „vorübergehenden Unternehmenserwerbers", das Unternehmen ordnungsgemäß zu bewirtschaften[859] und die Einzelelemente nach Beendigung des betreffenden Verhältnisses zurückzuerstatten[860].

Aus dem bisher Gesagten ergibt sich, daß die Bestellung eines Nießbrauchs, die Verpfändung oder die Verpachtung eines Unternehmens als Veräußerung des Rechts am Unternehmensganzen anzusehen sind. Diese Veräußerung betrifft nur das Unternehmensganze und außerdem ist sie eine vorübergehende, sie dürfte jedoch ausreichen, um die Anwendung der Vorschriften über die Erwerberhaftung auch in diesem Fall zu rechtfertigen[861]. Denn der Unternehmensmehrwert ebenso wie die Unternehmensschulden knüpfen nicht an die einzelnen Unternehmenselemente[862], sondern eben an das Unternehmensganze und werden mit ihm veräußert.

Ist die vorübergehende Veräußerung des Unternehmensganzen als Veräußerung im Sinne der Vorschriften über die Erwerberhaftung anzusehen, so taucht die schwierige Frage auf, wie soll in diesem Fall die Haftung des Erwerbers auf den Bestand des übernommenen Unternehmens beschränkt werden[863]. Der ganze Wert des Unternehmens kann deswegen nicht maßgebend sein, weil die Veräußerung nur eine vorübergehende ist. Was der Erwerber sich endgültig aneignet, ist nur der Ertrag[684] des Unternehmens und auf die Höhe dieses Ertrags muß auch seine Haftung beschränkt bleiben[865].

Ebenso wie die vorübergehende Veräußerung ist auch die nach Beendigung des betreffenden Verhältnisses erfolgende Rückübertragung des absoluten Rechts am Unternehmensganzen als eine neue Veräußerung anzusehen. Der frühere Inhaber des Unternehmens, der

---

[859] Vgl. Ripert Nr. 480.

[860] Diese Verpflichtung hat insofern eine dingliche Wirkung, als die einzelnen Unternehmensbestandteile vom früheren Inhaber prinzipiell vindiziert werden können; die Rückübertragung des absoluten Rechts erfolgt von Rechts wegen und bedarf keiner besonderen Handlung seitens des vorübergehenden Erwerbers. — Einzelheiten über die Rückübertragung s. bei Isay S. 166—175.

[861] So auch Glaser S. 32—33; Krug S. 4; Würdinger Anm. 31 zu § 25; Oppikofer, Unternehmen, S. 47—48. — A. M.: Klang — Wolff S. 359; Pisko S. 152—163. Vgl. auch Wolff S. 357.

[862] Insofern ist das rechtliche Schicksal der Einzelelemente in diesem Zusammenhang belanglos und es braucht nicht weiter nachgeprüft zu werden, ob die Bestellung des beschränkten dinglichen Rechts als „Veräußerung" gelten soll oder nicht.

[863] Das Problem entsteht natürlich nur in denjenigen Rechtsordnungen, die eine Beschränkung der Erwerberhaftung vorschreiben. — Pisko S. 162—163 beruft sich hauptsächlich auf diese Schwierigkeit, um die Anwendung der Vorschriften über die Erwerberhaftung in diesem Fall zu verneinen.

[864] Daß der Ertrag als Nutzung (BGB § 1030) des Unternehmensganzen, nicht der einzelnen Sachen oder Rechte anzusehen ist, s. v. Godin S. 16; (Ehrenberg) -Pisko S. 204.

[865] Die zeitweilige Veräußerung des Unternehmens ist für die Gläubiger nicht so nachteilig wie die endgültige, vgl. Oppikofer, Unternehmen, S. 48.

jetzt wieder den Besitz an demselben erlangt, haftet für die Schulden des „Zwischenzeit"unternehmers[866]. Die Frage aber nach dem Maßstab der Beschränkung seiner Haftung muß hier anders beantwortet werden: er haftet nicht nur mit dem Ertrag, dessen Erzielungsmöglichkeit er wiedererlangt hat, sondern mit dem Bestand des ganzen Unternehmens. Denn einer muß schließlich mit diesem ganzen Bestand haften, auf Grund dessen die Gläubiger ihr Vertrauen dem jeweiligen Unternehmensinhaber zugeteilt haben. Wenn der vorübergehende Unternehmer nicht in diesem Maße haften kann, und zwar deswegen nicht, weil eine solche Haftung entweder einen Eingriff der Gläubiger in sein Privatvermögen bedeuten würde oder, wenn er keins hat, überhaupt unrealisierbar wäre, so muß doch der grundsätzlich berechtigte[867] Unternehmensinhaber in diesem Maße haften: nach Beendigung der vorübergehenden Veräußerung kann wieder das ganze Unternehmen der Befriedigung der Gläubiger dienen.

Man fragt sich, ob es nicht möglich wäre, auch während der vorübergehenden Veräußerung eine Haftung des zur Rückübertragung Berechtigten für die Schulden des vorübergehenden Unternehmers anzunehmen[868]. Eine solche Wirkung der Zugehörigkeit der Schulden zum Unternehmensganzen scheint ebenso zweifelhaft de lege lata wie sie de lege ferenda erwünschenswert wäre[869].

Zehntes Kapitel

Die Unternehmensschulden

I. Die Haftung des Unternehmenserwerbers betrifft nur diejenigen Schulden des Unternehmensveräußerers, die zum veräußerten Unternehmensganzen gehören und insofern als Unternehmensschulden sich von dessen Privatschulden unterscheiden lassen. Dies wird von allen hier in Betracht gezogenen Rechtsordnungen ausdrücklich[870] bestimmt, wobei aber die Zugehörigkeit der Schulden zum Unternehmen durch verschiedene Formulierungen umschrieben wird. Es wird gesprochen von Schulden des Unternehmenspassivs[871], von „im Betrieb des Geschäfts begründeten Verbindlichkeiten"[872], von „Schulden, die der Ausübung des Betriebes anhaften"[873], von Forderungen, „die durch den Betrieb des Handelsgeschäfts verursacht

[866] Würdinger Anm. 31 zu § 25.

[867] Man würde — ungenau! — sagen: der „eigentumsmäßige" Unternehmensinhaber.

[868] Vgl. Grunzweig S. 155—278 mit ausführlichem Bericht über die Auslegung des Art. 18 des franz. Gesetzes vom 17. März 1909, die eine Bejahung dieser Frage nach franz. Recht ermöglicht hat.

[869] Vgl. Oppikofer, Unternehmen, S. 48.

[870] Über die in Frankreich entstandenen Zweifel s. oben S. 125.

[871] OR Art. 181.

[872] HGB § 25 I 1.

[873] Codice civile Art. 2560.

worden sind"[874] oder „die mit dem Betrieb eines Handelsgeschäfts verbunden sind"[875], von „den zum Unternehmen gehörigen Schulden"[876], von „Schulden, die zum Unternehmen gehören"[877].

Der Verschiedenheit dieser Formulierungsweisen dürfte keine juristische Bedeutung zugesprochen werden. Davon abgesehen, daß schon ihre Wortlautunterschiede so gering sind, daß sie keine unterschiedlichen Auslegungen begründen könnten, versuchen alle diese gesetzlichen Bestimmungen demselben Tatbestand, nämlich der Zugehörigkeit gewisser Schulden zum Unternehmensganzen, einen passenden Ausdruck zu geben. Die Schwankungen in der Formulierung sind darauf zurückzuführen, daß die betreffenden Bestimmungen diese Zugehörigkeit in einer Weise auszusprechen versuchen, die nicht im Widerspruch zur juristisch primären Zuordnung dieser Schulden zum Unternehmer steht. Da juristisch der Unternehmer Träger dieser Schulden ist, soll der Ausdruck „Schulden des Unternehmens" vermieden und durch vagere Umschreibungen ersetzt werden.

Will man auf Grund des Tatbestandes, der diesen Bestimmungen zugrunde liegt, den Begriff der Unternehmensschulden genauer feststellen, muß man auf den gesetzgeberischen Zweck der ganzen Einrichtung der Erwerberhaftung zurückgreifen. Wenn dieser Zweck die Sicherung der Unternehmensgläubiger und die damit verbundene Nutzbarmachung des Unternehmensmehrwerts zu Kreditzwecken ist, so sind als Unternehmensschulden diejenigen Schulden des Unternehmers anzusehen, die darauf beruhen, daß der Gläubiger auf den Wert des Unternehmens und auf die Tatsache vertraut, daß diese Schulden in das funktionierende Unternehmen eingegliedert werden sollen[878].

Diese Formulierung, die mit den gesetzlichen Bestimmungen übereinstimmt, bietet nichts mehr als ein allgemeines und weitgehend abstraktes Prinzip, welches als Richtschnur zur Beurteilung der jeweils auftauchenden Fälle dienen könnte. Eine eingehende Untersuchung der Umstände jedes Einzelfalles ist unentbehrlich, kann aber durch weitere gesetzliche Bestimmungen und durch eine genauere theoreti-

[874] Franz. Gesetz vom 17. März 1909, Art. 13 § 4.

[875] Franz. Gesetz vom 17. März 1909, Art. 18 § 1.

[876] ABGB § 1409.

[877] Griech. ZGB. Art. 479.

[878] In den meisten Fällen dürfte eine Verwendung des unter diesen Umständen gewährten Kredits zu außerunternehmerischen (Privat-)Zwecken faktisch unmöglich sein: so z. B. im Falle einer Warenlieferung auf Kredit. Aber auch wenn es sich um ein Gelddarlehen handelt, wird der Kreditgeber Maßnahmen treffen, wodurch er die Verwendung dieses Geldes wird kontrollieren können. Hat der Kreditnehmer den Kredit doch zu Privatzwecken verwendet, so ist trotzdem die betreffende Schuld als Unternehmensschuld anzusehen. Eine andere Lösung würde die Sicherheit des Gläubigers zugrunde gehen lassen. K. Adler S. 21—22 will auf die „Natur des Vertrages" abstellen, die aber nicht immer aufschlußreich sein kann.

sche Behandlung gewisser, besonders problematischer, Grenzfälle erleichtert werden[879].

II. Zur genaueren Bestimmung des Begriffs der Unternehmensschulden sind vielfach die Gesetzesvorschriften herangezogen worden, die den Begriff des Handels(rechts)geschäftes[880] definieren oder das Vorliegen eines solchen Rechtsgeschäftes vermuten lassen. Prinzipiell kann man gegen einen solchen Gebrauch dieser Vorschriften nichts einwenden: die Handelstätigkeit ist eine Unterart der unternehmerischen Tätigkeit ebenso wie das Handelsgeschäft eine Unterart des Unternehmens ist; wenn kraft Gesetzes bestimmt wird, daß ein Rechtsgeschäft (d. h. auch die daraus entstehenden Forderungen und Schulden) zur Tätigkeit eines Kaufmanns gehört und insofern sich in ein Handelsgeschäft eingliedert, dann wird damit kraft eines argumentum a majori ad minus auch die unternehmerische Eigenschaft des betreffenden Rechtsgeschäftes und seine Eingliederung in ein Unternehmen bewiesen. Denn jedes Handelsgeschäft ist ein Unternehmen, und darüber hinaus stellt das Handelsgeschäft den häufigsten und wichtigsten Fall des Unternehmensbegriffes dar, wenigstens was die Probleme der Finanzierung betrifft.

Wenn man prinzipiell gegen die Heranziehung der Vorschriften über die Handelsgeschäfte zur Bestimmung des Unternehmensschuldenbegriffs nichts einzuwenden hat, so hängt doch jeweils von der Ausgestaltung dieser Vorschriften ab, ob sie tatsächlich zu diesem Zweck nutzbar gemacht werden können oder nicht. So muß man feststellen, daß der oft im Schrifttum[881] in diesem Zusammenhang erwähnte § 343 HGB[882] völlig unbrauchbar für die genauere Bestimmung des Begriffs der Unternehmensschulden ist. Es ist nämlich ohne weiteres sicher, daß die Unternehmensschulden sich durch ihre Zugehörigkeit zum Unternehmensganzen kennzeichnen. Was hier gesucht wird, ist eine nähere juristisch adäquate und praktisch verwendbare Definition dieser Zugehörigkeit. Gerade aber der §343 I HGB setzt diese Zugehörigkeit als einen bekannten Begriff voraus

---

[879] Die folgenden Erörterungen beschränken sich auf die deutschen und die griechischen Gesetzesbestimmungen, die Ergebnisse dürften jedoch eine allgemeinere Bedeutung haben: das deutsche und das griechische HGB können hier als Vertreter der zwei großen kontinentaleuropäischen Rechtskreise angesehen werden, das erstere des germanischen, das letztere des romanischen. Das hier erwähnte griechische „Gesetz betreffend die Zuständigkeit der Handelsgerichte“ ist eine Übersetzung des IV. Buches des franz. HGB.

[880] Der Ausdruck „Handels(rechts)geschäft“ wird immer in diesem Absatz im Gegensatz zum „Handelsgeschäft“ im objektiven Sinne (etwa HGB § 25) gebraucht.

[881] Domke S. 54; Simon S. 95.

[882] Eine solche Vorschrift fehlt im griechischen und überhaupt in den romanischen HGB. Der Grund ist ohne weiteres einleuchtend: diese Gesetzgebungen gehen von einer genauen Aufzählung der einzelnen Handels(rechts)geschäfte aus und bestimmen danach den Kaufmannsbegriff, so daß eine weitere (sekundäre) Bestimmung der Handels(rechts)geschäfte überflüssig ist. Das deutsche HGB (§ 1) geht vom Begriff des Kaufmannes aus und in bezug auf diesen definiert es die Handels(rechts)geschäfte.

und anstatt sie zu definieren, versucht er umgekehrt den Begriff des Handels(rechts)geschäftes durch einen Hinweis auf den Begriff der Zugehörigkeit zum Unternehmen zu definieren: Handels(rechts) geschäfte sind alle Geschäfte eines Kaufmanns, die zum Betriebe seines Handelsgewerbes (d. h. zu seinem Unternehmen) gehören.

Obwohl aber die gesetzliche Bestimmung des § 343 HGB nicht zur Definition der Unternehmensschulden beitragen kann, dürfte die Feststellung der Zugehörigkeit einer Schuld zum Unternehmensganzen auf Grund des oben allgemein ausgeführten Kriteriums in den durchaus meisten Fällen nicht besonders schwierig sein[883]. Nur in gewissen Grenzfällen dürfte die Entscheidung zweifelhaft sein und die wichtigsten dieser Grenzfälle werden hier gleich erörtert.

a) Es fragt sich zunächst, ob auch Schulden aus unerlaubten, im Unternehmensbetriebe begangenen Handlungen[884] als Unternehmensschulden anzusehen sind. Die herrschende Meinung[885] bejaht diese Frage und zwar aus dem Grunde der engen Zusammengehörigkeit zwischen dem Betrieb des Unternehmens und diesen Handlungen. Die Schulden aus unerlaubten Handlungen aber setzen kein besonderes Vertrauen des Gläubigers am Unternehmenswert voraus, so daß eine besondere Sicherheit in der Form der Erwerberhaftung nicht nötig ist. Diese Schulden entstehen ohne, ja gegen den Willen des Gläubigers. Eine Veräußerung des Unternehmens ist angesichts dieser Schulden ähnlich wie jede Veräußerung eines wertvollen Gegenstandes anzusehen, aus dem der Verletzte befriedigt werden könnte, sie begründet keine Haftung des Erwerbers. Ist als Zweck der Erwerberhaftung die Förderung der Kreditgewährung an Unternehmungen und als deren rechtskonstruktive Grundlage die Zugehörigkeit der Schulden am Unternehmensganzen anzusehen, so fallen bei dem hier besprochenen Falle beide dieser Merkmale aus: der Anspruch aus einer unerlaubten Handlung bedeutet keine Finanzierung des Unternehmens und die Schuld aus einer solchen Handlung ist schon deswegen kein Element des Unternehmens, weil sie weder faktisch noch begriffsmäßig erforderlich zum Funktionieren desselben ist.

Das Ergebnis dieser Erörterung ist, daß der Unternehmenserwerber nicht für Schulden des Unternehmers aus unerlaubten Handlungen haftbar gemacht werden kann[886]. Doch könnte aus Billigkeitsgründen eine Ausnahme angenommen werden, die auch dem Umstand Rechnung trägt, daß der Unternehmenswert sich dank der betreffenden unerlaubten Handlung erhöht haben könnte. Die Ausnahme muß auf das Kennen oder Kennenmüssen des Erwerbers abstellen und versucht einen Interessenausgleich durchzuführen: kennt

---

[883] Auch die Eintragung der betreffenden Schuld in die Handelsbücher ist ein wichtiger Anhaltspunkt für die Zugehörigkeit derselben zum Unternehmen, Krug S. 5.

[884] Etwa Patentverletzungen oder Verletzungen gegen das UWG.

[885] Cosack S. 68; Friedrich S. 31; Würdinger Anm. 14 zu § 25, wo auch Hinweise auf die Rechtsprechung des RG.

[886] Vgl. Valery S. 274.

nämlich der Erwerber oder muß er kennen, daß der Veräußerer mit einer Schuld aus einer unerlaubten, im Unternehmensbetrieb begangenen Handlung belastet ist, so muß er auch für diese Schuld einstehen. Rechtskonstruktiv ließe sich diese Annahme folgenderweise begründen: den Erwerber trifft ein Verschulden, wenn er wissentlich oder in schuldhafter Unkenntnis ein Unternehmen erwirbt, welches der Befriedigung eines Anspruches aus unerlaubter Handlung dienen soll[887].

b) Weiter taucht die Frage auf, ob Schulden, die zwecks Begründung oder Erwerbs eines Unternehmens aufgenommen worden sind, als Unternehmensschulden zu gelten haben. Die Frage muß im Regelfall verneint werden. Auch in diesem Fall kann der Gläubiger nicht behaupten, er hätte den Kredit „angesichts" des Unternehmensgesamtwerts gewährt. Im Moment der Kreditgewährung war ja das Unternehmen überhaupt noch nicht da, oder doch wenigstens nicht im Besitz des Kreditnehmers. Der Kreditgeber hat sich entweder auf die persönlichen Eigenschaften des Kreditnehmers oder auf sein sonstiges Vermögen verlassen. Sein Kredit gliedert sich nicht in das Unternehmensganze ein und im Falle einer Veräußerung kann er nicht das Unternehmen verfolgen und den Erwerber in Anspruch nehmen[888].

Ein Sonderfall muß jedoch angenommen werden. Erfolgt die Kreditgewährung in der Weise, daß es sich zunächst um ein bedingtes pectum de mutuo dando handelt, während die wirkliche Zahlung seitens des Kreditgebers erst nach — und infolge — der Begründung oder des Erwerbes des Unternehmens erfolgt, so muß man in diesem Fall die dadurch entstandene Schuld als eine Unternehmensschuld ansehen und den Erwerber (oder den weiteren Erwerber) des Unternehmens dafür haften lassen. Durch die Bestimmung des Daseins des Unternehmens — und zwar im Besitz des Kreditnehmers — als einer Bedingung der wirklichen Kreditgewährung kommt hier die Tatsache zum Ausdruck, daß der Kreditgeber sich nur auf den Unternehmenswert verlassen wollte. Dem muß durch die Haftung des Unternehmenserwerbers Rechnung getragen werden.

c) Die Gründe, aus denen die zur Begründung oder zum Erwerb eines Unternehmens eingegangene Schuld prinzipiell nicht als Unternehmensschuld (hinsichtlich der Erwerberhaftung) angesehen werden darf, haben mit der Regelmäßigkeit der betreffenden Schuld nichts zu tun. Denn Unternehmensschulden in dem hier interessierenden Sinne können nicht nur diejenigen Schulden sein, durch welche sich

---

[887] Das Schrifttum äußert sich zu einer solchen Ausnahme — soweit ersichtlich — überhaupt nicht, was aber nur konsequent ist; denn die durchaus herrschende Meinung will den Unternehmenserwerber auf jeden Fall für die Unternehmensschulden aus unerlaubten Handlungen haften lassen.

[888] So auch die herrschende Meinung, s. Cosack S. 68. A. M. vielleicht M. Wolff S. 260 Anm. 35, wenn er formuliert: „es muß ... genügen, wenn die Schuld behufs des Betriebes eingegangen ist"; Würdinger Anm. 14 zu § 25 und die dort erwähnte Entscheidung des RG.

der regel- und gegenstandsmäßige Unternehmensbetrieb abwickelt, sondern auch diejenigen, die nur gelegentlich, ja sogar nur einmal im Rahmen der Unternehmenstätigkeit vorkommen (Hauptbeispiel: die sog. Hilfsgeschäfte des Handels)[889]. Man denke in diesem Zusammenhang an Schulden, die für die Anschaffung des Betriebsinventars eingegangen sind, oder an Schulden, die Aufwänden für Reklame entsprechen.

Nirgendwo verlangt das Gesetz die Regelmäßigkeit als ein Merkmal, das die Schulden zu Unternehmensschulden machen sollte. Und alle Gründe, die die Erwerberhaftung rechtfertigen, sind auch bei diesen „gelegentlichen Schulden" vorhanden: sie sind absolut notwendig für das Funktionieren des Unternehmens und insofern gliedern sie sich in das Unternehmensganze ein, sie beruhen auf einem Vertrauen der Gläubiger am Unternehmenswert, sie sind ein wichtiger Teil der Unternehmensfinanzierung, die durch die Erwerberhaftung gefördert und gesichert werden soll.

d) Zu den gelegentlichen Hilfsgeschäften der unternehmerischen Tätigkeit gehört der Mietvertrag für das Geschäftslokal. Es könnte behauptet werden, daß die daraus entstehenden Schulden des Unternehmers deswegen nicht als Unternehmensschulden anzusehen sind, weil sie aus einem Rechtsgeschäft entstanden sind, welches ein Grundstück betrifft, und solche Rechtsgeschäfte können keine Handels(rechts)geschäfte sein[890]. Gegen dieses Argument ist einzuwenden,

aa) daß Rechtsgeschäfte über Grundstücke auch dann zur unternehmerischen Tätigkeit gehören könnten, wenn sie keine Handels(rechts)geschäfte im technischen Sinne wären, der Begriff des Unternehmens ist ja breiter als der des Handelsgeschäftes[891];

bb) daß Rechtsgeschäfte über Grundstücke, wenn sie im Rahmen der unternehmerischen Tätigkeit abgeschlossen werden, Handelsschulden entstehen lassen können, auch wenn sie direkt nicht als Handels(rechts)geschäfte beurteilt werden, d. h. wenn die für Handels(rechts)geschäfte geltenden Grundsätze (z. B. Formfreiheit) auf sie keine Anwendung finden[892];

cc) daß auch das Prinzip, wonach Rechtsgeschäfte über Grundstücke keine Handels(rechts)geschäfte sind, nicht mehr eine unzweifelhafte Geltung beanspruchen kann[893].

III. Damit die „Handelseigenschaft" eines Rechtsgeschäfts leichter und sicherer festgestellt werden kann, stellen die positiven Rechtsordnungen gewisse Vermutungen auf, die aus anderen feststehenden Tatsachen diese Eigenschaft entnehmen lassen.

Das deutsche HGB enthält zwei solche Vermutungen:

---

889 Ihde S. 20 f.; vgl. v. Godin, Kommentar, Anm. 7, 9 zu § 343.
890 Vgl. oben S. 146.
891 Vgl. S. 146.
892 Ihde S. 21.
893 Schon das HGB hat, anders als das ADHGB (Art. 275), dieses Prinzip nicht mehr proklamiert.

a) nach § 344 I „gelten die von einem Kaufmann vorgenommenen Rechtsgeschäfte im Zweifel als zum Betriebe seines Handelsgewerbes gehörig";

b) nach § 344 II „gelten die von einem Kaufmanne gezeichneten Schuldscheine als im Betriebe seines Handelsgewerbes gezeichnet, sofern nicht aus der Urkunde sich das Gegenteil ergibt".

Die erste dieser Vermutungen ist eine einfache praesumtio juris, während die zweite eine praesumtio juris et de jure ist[894]. Die griechische Handelsgesetzgebung[895] und dementsprechend auch die sonstigen Handelsgesetzgebungen des romanischen Rechtskreises[896] stellen nur die zweite dieser Vermutungen auf und zwar in einem ungefähr ähnlichen Wortlaut: „die von einem Kaufmanne gezeichneten Schuldscheine gelten als wegen seines Handels gemacht, sofern kein anderer Grund auf ihnen ausdrücklich geäußert ist". Die Rechtslehre hat jedoch dieser beschränkten und unwiderlegbaren Vermutung auch die erstere des deutschen Systems entnommen[897] und zwar diese als eine widerlegbare, so daß die Rechtslage in den beiden Systemen gleich ist.

Gegen die Anwendbarkeit dieser Vermutungen zur Feststellung der Zugehörigkeit einer Schuld zum Unternehmensganzen dürften keine Bedenken bestehen[898]. Zwar bestimmen sie direkt nur den kaufmännischen Charakter eines Rechtsgeschäfts, indirekt aber können sie auch für die Beantwortung der hier erörterten Frage nutzbar sein[899]. Die Anwendung dieser Vermutungen läßt nun gewisse Einzelprobleme auftauchen, die hier kurz behandelt werden sollen.

a) die Vermutungen können nach ihrem Wortlaut nur die Zugehörigkeit einer Schuld zur unternehmerischen Gesamttätigkeit des Veräußerers eines Unternehmens, nicht dagegen die Zugehörigkeit der betreffenden Schuld zu diesem Unternehmen besagen[900]. Betreibt ein Kaufmann mehrere Unternehmungen und veräußert er eins von diesen, so kann sich der Gläubiger nicht auf die Vermutung des § 344 HGB berufen und dadurch zu beweisen versuchen, daß der Erwerber für eine gewisse Schuld des Veräußerers haften soll[901]. Bestreitet der Erwerber die Zugehörigkeit der Schuld zum übernommenen Untenehmen, so muß der Gläubiger diese Zugehörigkeit beweisen.

---

[894] Wolff S. 252; v. Godin, Kommentar, Anm. 3 zu § 344. Vgl. auch K. Adler S. 21.

[895] „Gesetz betreffend die Zuständigkeit der Handelsgerichte" (vom 2/14. Mai 1835) Art. 8 Satz 2.

[896] Vgl. oben S. 177 Anm. 879.

[897] Dazu ausführlich Tsirintanis S. 68—70.

[898] So die durchaus herrschende Meinung, Wolff passim; Domke S. 58 Anm. 13; Friedrich S. 11—12; Ihde S. 21—22; Helle S. 60; Krug S. 5. — A. M.: K. Adler S. 21, der sich auf die unten im Text S. 183 f. zu erörternde Konsequenz der eventuellen Mitübertragung von Privatschulden beruft.

[899] Vgl. oben S. 177 ff.

[900] v. Godin, Kommentar, Anm. 1 zu § 344.

[901] Wolff S. 251; Ihde S. 21—22.

Fraglich ist, ob dies auch dann gelten soll, wenn die verschiedenen Unternehmungen unter verschiedenen Firmen betrieben werden und die betreffende Schuld unter der Firma des veräußerten Unternehmens eingegangen ist. Die Frage hat eigentlich nur im Falle des § 344 II HGB eine praktische Bedeutung. Denn angesichts der widerlegbaren Vermutung des § 344 I HGB ist es gleichgültig, ob man die Zugehörigkeit einer unter einer Firma eingegangenen Schuld zu einem unter derselben Firma betriebenen Unternehmen auf Grund dieser Vorschrift vermuten will oder nicht. Sollte in diesem Fall keine praesumtio juris angenommen werden, so wäre doch sicher eine praesumtio facti vorhanden. Da beide widerlegbar sind, wäre das Ergebnis dasselbe. Kann man aber auch eine unwiderlegbare Vermutung im Sinne des § 344 II HGB dafür annehmen, daß der mit der Firma eines Unternehmens gezeichnete Schuldschein[902] im Betrieb dieses Unternehmens gezeichnet ist? Eine solche praesumtio juris et de jure ginge über den Rahmen der gesetzlichen Bestimmung hinaus und darf nicht angenommen werden[903]. Selbstverständlich aber gibt es auch in diesem Fall die widerlegbare praesumtio facti.

b) Gelten die hier erörterten Vermutungen auch dann, wenn der Gläubiger die wirkliche Rechtslage, nämlich die Nichtzugehörigkeit der Schuld zum Unternehmen, kennt? Auch diese Frage ist nur für die unwiderlegbare Vermutung des § 344 II HGB von Bedeutung. Denn im Falle der widerlegbaren Vermutung kann ja der Erwerber immer beweisen, daß die Schuld nicht zum Unternehmen gehört und dies genügt; er braucht nicht den viel schwierigeren Beweis der Kenntnis des Gläubigers zu führen.

Aus Rechtssicherheitserwägungen sollte die Frage bejaht werden. Der Gläubiger, der einen von einem Kaufmann gezeichneten Schuldschein annimmt, verläßt sich darauf, daß die verbriefte Schuld als eine Unternehmensschuld behandelt werden wird, „sofern nicht aus der Urkunde sich das Gegenteil ergibt". Die Verwendung des gewährten Kredits kann er nicht wissen und nur schwer kontrollieren. Und dies davon abgesehen, daß diese Verwendung sich nicht einmal objektiv immer feststellen läßt. Gerade um die Schwierigkeiten einer eingehenden Nachprüfung und Kontrolle zu vermeiden, sichert sich der Gläubiger durch den kaufmännischen Schuldschein[904]. Die entgegengesetzte Meinung,[905] die sich auf den § 242 BGB beruft, würde übrigens in der Praxis zu Streitigkeiten führen und unmögliche Beweisführungen verlangen.

---

[902] Und damit auch die verbriefte Schuld, vgl. Wolff S. 248.

[903] So auch Wolff S. 251. — Ist der Schuldschein mit dem bürgerlichen Namen des Kaufmanns gezeichnet, so muß dies als das sich aus der Urkunde ergebende Gegenteil angesehen werden. Wolff S. 249—250.

[904] All dies hängt mit der verstärkten Formalität jeder verbrieften Schuld zusammen und steht nicht im Widerspruch zu dem oben S. 262 Gesagten; dort spielen die besonderen Gesichtspunkte der Verbriefung und die Vermutung des § 344 II HGB keine Rolle.

[905] Wolff S. 251—252.

c) Es muß weiter und zwar angesichts der beiden Vermutungen des § 344 HGB angemerkt werden, daß diese Vermutungen nur im Verhältnis zu den Gläubigern, nicht im Verhältnis zwischen Veräußerer und Erwerber gelten[906]. Die Vermutungen bezwecken eine Erleichterung der Beweisführung zugunsten des Gläubigers, dem der Beweis über die kaufmännische Eigenschaft einer Schuld besonders schwer fallen würde. Was die Vertragschließenden des Veräußerungsgeschäfts angeht, so würde der Erwerber — dem dieser Beweis auch schwer fallen könnte — im Regelfall kein Interesse daran haben, die Handelseigenschaft einer Schuld zu beweisen. Denn diese Eigenschaft wirkt zu seinen Ungunsten, weil er gerade die Unternehmensschulden auch im Innenverhältnis, wenn nichts anderes vereinbart ist, übernommen hat und tilgen muß[907]. Ist etwas anderes hinsichtlich der Unternehmensschulden vereinbart worden, dann wird sich der Erwerber auf die Vereinbarung, nicht auf die Zugehörigkeit der Schulden zum Unternehmen berufen. Denn die Privatschulden gehen nicht auf ihn über[908].

Praktisch kann im Innenverhältnis nur der Veräußerer ein Interesse an dem Beweis der Zugehörigkeit einer Schuld zum Unternehmensganzen haben, sei es, daß er auf Erfüllung der internen Schuldübernahme klagt, sei es, daß er selbst dem Gläubiger die Schuld hat tilgen müssen und nun vom Erwerber die Rückerstattung der Leistung verlangt, weil dieser die Schuld übernommen hatte. Es bestünde aber kein Grund, dem Veräußerer diesen Beweis durch Vermutungen zu erleichtern. Denn er muß über die nötigen Beweisunterlagen verfügen und den Beweis führen können.

d) Die Formulierung der unwiderlegbaren Vermutung des § 344 II HGB führt zum Ergebnis, daß der Unternehmenserwerber u. U. auch für Privatschulden des Veräußerers wird haften müssen[909] und zwar auch dann, wenn alle Interessierten den Privatcharakter dieser Schulden kennen. Regelmäßig wird sich der Erwerber an den Veräußerer halten und von ihm die Rückerstattung des Geleisteten verlangen können.

Dieses Ergebnis wird mit Recht als eine unerfreuliche Folge der Vermutung des § 344 II HGB angesehen[910]. Es darf allerdings nicht vergessen werden, daß der Anwendungsbereich dieser Vermutung beschränkt auf die verbrieften Schulden ist und daß jede Verbriefung eine gewisse Überbetonung der Kraft der Formalitäten mit sich bringt, oft zum Nachteil der unmittelbaren Gerechtigkeit, aber doch

[906] Domke S. 68 Anm. 8a; Friedrich S. 11—12; Würdinger Anm. 20 zu § 22, Anm. 14 zu § 25; v. Godin, Komentar, Anm. 6, 13 zu § 344.

[907] S. oben S. 68 ff.

[908] Die Vorstellung eines Falles, in dem bei einer Unternehmensveräußerung der Übergang der Unternehmensschulden ausgeschlossen, der Übergang der Privatschulden dagegen vereinbart worden ist, liege im Bereich einer schulmäßigen und wirklichkeitsfremden Phantasie.

[909] Wolff S. 266.

[910] Wolff S. 266; K. Adler S. 21.

in Verfolgung höherer, wenn auch entfernterer Gerechtigkeitsziele[911]. Es wäre unzutreffend, die Anwendbarkeit der beiden Vermutungen zur Bestimmung der Unternehmensschuld im Falle der Unternehmensveräußerung überhaupt zu verneinen, nur weil sonst die unerwünschte Folge des eventuellen Einstehenmüssens des Erwerbers für eine verbriefte Privatschuld des Veräußerers eintreten würde[912].

IV. Es bedarf nun noch der Untersuchung gewisser Schuldenarten, die zwar unternehmerischer Natur sind und insofern übergehen sollten, die aber andererseits Besonderheiten aufweisen, welche ihren Übergang als zweifelhaft erscheinen lassen.

a) Höchstpersönliche Unternehmensschulden gibt es nicht. Dagegen dürfte der Fall im heutigen Wirtschaftsleben selten, aber doch insbesondere bei kleineren Unternehmungen denkbar sein, in dem die Schuld eine enge Verbindung zur Person des Schuldners aufweist: die Leistung erfolgt durch das Unternehmen, die Person aber des Unternehmers (etwa des Meisters) bleibt dabei maßgebend. Wenn gewöhnlich behauptet wird[913], daß diese intuitu personae (debitoris) eingegangenen Schulden nicht mit dem Unternehmen auf den Erwerber übergehen, so ist dies zwar richtig, aber damit ist die Problematik nicht erschöpft. Die Erfüllung dieser Schulden wird bei der Unternehmensveräußerung unmöglich: ihre doppelte Abhängigkeit vom Unternehmen und von der Person des Unternehmers führt dazu, daß weder der frühere Inhaber des Unternehmens noch der Unternehmenserwerber sie erfüllen können, der erstere, weil er das Unternehmen nicht mehr besitzt, der letztere, weil er eine andere Person als diejenige ist, intuitu deren die Schuld begründet worden ist.

Wird die Leistung durch die Unternehmensveräußerung unmöglich, tritt an ihre Stelle der Anspruch auf das Interesse. Was diese Haftung für das Interesse betrifft, so wird sie vom Unternehmenserwerber mitgetragen, so daß eine gesamtschuldnerische Haftung des Veräußerers und des Erwerbers entsteht[914]. Die Haftung für das Interesse ist ein Substitut für die unveräußerbare Schuld, deren Erfüllung durch die Unternehmensveräußerung unmöglich geworden ist. Sie unterliegt demselben rechtlichen Schicksal wie diese.

b) Die Meinung ist geäußert worden[915], bei Unterlassungsverbindlichkeiten entstehe keine gesamtschuldnerische Haftung des Veräußerers und Erwerbers, weil eine solche Haftung zwei Leistungen statt einer dem Gläubiger verschaffen würde; und weiter unterscheidet diese Meinung zwischen unternehmens- und persongebundenen Unterlassungsverbindlichkeiten: die ersteren gehen auf den Erwerber über, die letzteren bleiben beim Veräußerer[916].

---

[911] Dem Gläubiger kann u. U. die Einrede der unerlaubten Rechtsausnützung entgegengestellt werden, Würdinger Anm. 14 zu § 25; v. Godin, Kommentar, Anm. 14 zu § 344.

[912] A. M.: K. Adler S. 21.

[913] Friedrich S. 30.

[914] Friedrich S. 30.

[915] Friedrich S. 31.

Dieser Meinung ist nicht zuzustimmen. Das Argument der „Verdoppelung der Leistung" ist nicht überzeugend. Denn der Anspruch auf eine Unterlassung bezweckt das Ausschalten eines eventuellen Ergebnisses, welches durch das Zusammenwirken von Unternehmer und Unternehmen zu erfolgen droht, welches aber u. U. von dem einen oder dem anderen dieser beiden Faktoren herbeigeführt werden könnte. Wird das Unternehmen veräußert, so kann in diesem letzteren Falle u. U. das unerwünschte Ergebnis entweder vom früheren Inhaber (auf Grund des Faktors: Person) oder vom jetzigen (auf Grund des Faktors: Unternehmen) herbeigeführt werden. Der Gläubiger braucht sich die Herbeiführung weder vom einen noch vom anderen gefallen zu lassen und hat einen Anspruch sowohl gegen den Veräußerer als auch gegen den Erwerber. Die Leistung wird zwar „verdoppelt", das angestrebte wirtschaftliche Ziel bleibt jedoch ein und dasselbe.

Übrigens handelt es sich in diesem Fall nicht um eine gesamtschuldnerische Haftung im technischen Sinne, und zwar eben deswegen nicht, weil die Leistung von dem einen und von dem anderen verlangt werden kann. Wird die Leistung von dem einen oder von dem anderen nicht erbracht, und entsteht dadurch ein Anspruch auf das Interesse, so tritt bezüglich dieses Anspruchs die gesamtschuldnerische Haftung ein. Auch derjenige, der unterlassen hat, kann dann verpflichtet sein, den Schadensersatz zu leisten für den Schaden, der durch die Nichtunterlassung des anderen entstanden ist. In diesem Fall handelt es sich um eine gesamtschuldnerische Haftung, indem das Interesse nur vom einen oder vom anderen verlangt werden kann. Dasselbe gilt in den Fällen, in denen die Herbeiführung des unerwünschten Ergebnisses auf Grund besonderer Umstände nur entweder vom früheren oder vom jetzigen Unternehmensinhaber herbeigeführt werden kann.

c) Bezüglich der Dauerschuldverhältnisse ist behauptet worden[917], daß der Unternehmenserwerber in diese nicht eintritt und für künftige Verbindlichkeiten nicht haftet. Seine Haftung soll sich auf die bei der Veräußerung schon fälligen Schulden beschränken, die auf Grund solcher Rechtsverhältnisse entstanden sind.

Diese Meinung muß entschieden abgelehnt werden[918]. Gerade die Dauerschuldverhältnisse sind die wichtigsten Verwirklichungen des organisatorischen Gedankens[919]. Ihr Übergang auf den Erwerber gewährt die Kontinuität des Unternehmens und ermöglicht ihm das Tragen der sonstigen Passiven. Es gibt keinen Grund, weder im Gesetz noch in der Interessenlage, die künftigen Schulden aus Dauerschuldverhältnissen nicht auf den Unternehmenserwerber übergehen zu lassen. Es ist natürlich eine andere Frage, ob die Unternehmens-

[916] Vgl. die Beispiele bei Friedrich S. 31.
[917] Klang — Wolff S. 355—356 ohne jegliche Begründung.
[918] So auch Friedrich S. 43 ff.; Müller — Erzbach S. 83.
[919] Vgl. Oppikofer, Unternehmen, S. 27.

veräußerung unter besonderen Umständen, die immer in concreto nachgeprüft werden müssen, einen „wichtigen Grund“ zur (fristlosen) Kündigung darstellt.

In diesem Zusammenhang taucht aber eine schwierige Frage auf: wie soll man die Haftung des Veräußerers in diesen Fällen zeitlich begrenzen? Denn es wäre unmöglich, daß der Veräußerer ewig als Mitschuldner haftet, wenn das Dauerschuldverhältnis vielleicht schon jahrelang zwischen Gläubiger und Erwerber sich normal abwickelt. Der § 26 HGB kann direkt nicht helfen, weil in diesem Fall sein Absatz II Satz 2 eingreift: tatsächlich „kann der Gläubiger die Leistung erst in einem späteren Zeitpunkt (als dem der Veräußerung bzw. der Eintragung im Handelsregister oder der Kundmachung) verlangen“. Diese Bestimmung kann aber analog zur Anwendung kommen, wenn angenommen wird, daß diese Verjährung bezüglich der Schuld aus Dauerschuldverhältnissen immer am Tage der Veräußerung beginnt[920].

In den anderen Rechtsordnungen, die keine kurze Verjährung des Anspruchs gegen den früheren Inhaber vorschreiben, könnte man durch ähnliche Analogien zu demselben Ergebnis kommen. In Griechenland z. B. wäre der Artikel 64 HGB heranzuziehen, der eine fünfjährige Verjährung der Ansprüche Dritter gegen die Gesellschafter einer handelsrechtlichen Personalgesellschaft im Falle ihrer Auflösung vorsieht.

[920] Die Kündigungsmöglichkeit und die Befreiung des Veräußerers nach Maßgabe der Kündigungstermine (Friedrich S. 43; nur bezüglich der Arbeitsverhältnisse Sakellaropoulos S. 49—50) sind keine befriedigenden Mittel zur zeitlichen Beschränkung der Veräußererhaftung. Der Vertrag kann nämlich dem Gläubiger so günstig sein (oder geworden sein), daß er nicht ohne Schaden kündigen kann, und dies obwohl er dem Unternehmenserwerber die richtige Vertragserfüllung nicht zutraut.

Literaturverzeichnis

(zugleich Zitierschlüssel)

Abraham: Die Schiffshypothek im deutschen und ausländischen Recht, Stuttgart und Köln, 1950.

E. Adler: Die dritte Teilnovelle zum österreichischen Allgemeinen Bürgerlichen Gesetzbuch. Ein Vergleich mit dem deutschen Bürgerlichen Gesetzbuch (JW, Bd. 54/1916, S. 985 ff., 1245 ff.).

K. Adler: Passivenübergang bei Übernahme eines Handelsgeschäfts (AbR, Bd. 3/1890, S. 1 ff.).

André: La propriété commerciale (Diss. Paris, 1922).

Anonymus: (Über die Rechtsverhältnisse der unter einer Firma betriebenen Handlung) Einige Bemerkungen über den Aufsatz Nr. III im 1sten Heft des 1sten Bandes dieser Zeitschrift (Themis, Bd. 1/1827, S. 498 ff.).

Apostolopoulos: To nomoschedion peri tropopoieseos kai sympleroseos diataxeon tes Politikes Dikonomias aphoroson ten anagastiken ektelesin — (Der Gesetzentwurf zur Änderung und Ergänzung von Vorschriften der Zivilprozeßordnung betreffend die Zwangsvollstreckung), (Themis, Bd. 64/1953, S. 1137 f.).

Azulay: La conception légale du fonds de commerce et ses conséquences (Rapport au III Congrès de Droit Comparé à Londres, Maschinenschrift).

Balis: Genikai archai tu astiku dikaiu (kata ton Kodika) — (Allgemeine Lehre des bürgerlichen Rechts [nach dem Gesetzbuch]) 3. Aufl., Athen, 1947.

Ballinger: Die Rechtsstellung des Unternehmers, Stuttgart und Berlin, 1936.

Beauchet: Histoire du droit privé de la République Athénienne, Bd. II, Paris, 1897.

Becher: Das Recht am Good will (NJW, Bd. 4/1951, S. 540 ff.).

Behrend: Lehrbuch des Handelsrechts, Bd. I, Abt. 1, Berlin und Leipzig, 1886.

Benettini: Compendio di diritto civile secondo il nuovo Codice con il testo integralo di esso, Bd. V, Milano, 1943.

Beseler: Beiträge zur Kritik der römischen Rechtsquellen, H. 2, Tübingen, 1911.

Bigiavi: La „piccola impresa", Milano, 1947.

Binder: Vermögensrecht und Gegenstand (AbR, Bd. 34/1910, S. 209 ff.).

Binder, Rechtsstellung: Die Rechtsstellung des Erben nach dem deutschen bürgerlichen Gesetzbuch, Leipzig, 1901.

Birck: Die Betriebsunterbrechungsversicherung, 2. Aufl., Berlin, 1938.

Blomeyer: Kreditsicherung durch Übertragung von Anwartschaften aus bedingter Übereignung (NJW, Bd. 4/1951, S. 548).

Böhm: Art. „Wert" in Posener, Rechtslexikon, Bd. II, S. 853 f., Berlin, 1909.

Boehmer: Grundlagen der bürgerlichen Rechtsordnung, Bd. II, Abt. 2, Tübingen, 1953.

Bötticher: Die Intervention des Sicherungseigentümers: § 771 oder § 805 ZPO? (MDR, Bd. 4/1950, S. 705 ff.).

Bondi-Winckler: Die Praxis der Finanzierung bei Errichtung, Erweiterung, Verbesserung, Fusionierung und Sanierung von Aktiengesellschaften, Kommanditgesellschaften auf Aktien, Gesellschaften mit beschränkter Haftung, Bergwerken sowie Kolonialgesellschaften, 7. Aufl. (bearb. von Wolff-Birkenbihl), Berlin, 1929.

Borchardt: Die Handelsgesetze des Erdballs, Bd. XI, Berlin, 1909.
Bossert: Die Betriebsverlustversicherung (Diss. Erlangen, 1911), Nürnberg, 1911.
Bovensiepen: Der Minderkaufmann und sein Recht, Halle a. S., 1905.
Brecher: Das Unternehmen als Rechtsgegenstand. Rechtstheoretische Grundlegung, Bonn, 1953.
Bruckhuisen: Begriff und rechtliche Natur des Handelsgeschäftes als eines kaufmännischen Unternehmens (Diss. Erlangen, 1914), Nürnberg, 1914.
Bruck-Möller: Kommentar zum Versicherungsvertragsgesetz und zu den Allgemeinen Versicherungsbedingungen unter Einschluß des Versicherungsvermittlerrechts, Lief. 1, 8. Aufl., Berlin, 1953.
Burnham: The Managerial Revolution, 3. Aufl., New York, 1945.
Butz: Die Verpfändung von Handelsgeschäften nach dem französischen Recht, insbesondere nach dem Gesetz vom 17. März 1909, (Diss. Erlangen, 1913), Borna/Leipzig, 1914.
Carnelutti: Usucapione della proprietà industriale, Milano, 1938.
Casanova: Impresa e società (Nuova Rivista, Bd. 2/1949, S. 1 ff.).
Casanova, Note: Note sulla piccola impresa (Nuova Rivista, Bd. 3/1950, S. 112 ff.).
Cendrier: Le fonds de commerce, 2. Aufl., Paris, 1922.
Cosack: Lehrbuch des Handelsrechts, 4. Aufl., Stuttgart, 1898.
Dalsheim: Das Bankgeheimnis der privaten Bankinstituten und die neueste Finanzgesetzgebung, Berlin, 1922.
Daniels: Firmenveräußerung und Unternehmensrecht. Eine Untersuchung zum Inhaltswandel des § 23 HGB, Mannheim, Berlin und Leipzig, 1929.
Declareuil: Rome et l'organisation du droit, Paris, 1924.
Dillavou-Howard: Principles of Business Law, 4. Aufl., New York, 1951.
Dörr: Sittenwidrige Sicherungsübereignungen (ZKW, Bd. 5/1952, S. 589).
Domke: Die Veräußerung von Handelsgeschäften. Ein rechtsvergleichender Beitrag zur Lehre vom kaufmännischen Unternehmen, Marburg, 1922.
Eckhardt: Betrieb und Unternehmer. Ein Beitrag zur juristischen Terminologie (ZHR, Bd. 94/1929, S. 1 ff.).
Ehrenberg: Handbuch des gesamten Handelsrechts, Bd. I, Leipzig, 1913.
(Ehrenberg)-Pisko: Das kaufmännische Unternehmen, in Handbuch des gesamten Handelsrechts, Bd. II, Leipzig, 1918.
(Ehrenberg)-Rehme: Geschichte des Handelsrechts, in Handbuch des gesamten Handelsrechts, Bd. I, Leipzig, 1913.
Eichler: Die Rechtslehre vom Vertrauen, Tübingen, 1950.
Elster: Art. „Sondervermögen und Sachinbegriff" in Somlo-Elster, Handwörterbuch der Rechtswissenschaft, Bd. V, Berlin und Leipzig, 1929, S. 524 ff.
Elster, Vermögen: Art. „Vermögen und Vermögensrecht" in Somlo-Elster, Handwörterbuch der Rechtswissenschaft, Bd. VI, S. 452 ff., Berlin und Leipzig, 1929.
Enneccerus-Lehmann: Recht der Schuldverhältnisse, 13. Bearbeitung, Tübingen, 1950.
Enneccerus-Nipperdey: Allgemeiner Teil des bürgerlichen Rechts, 14. Aufl., Hlbbd. I, Tübingen, 1952.
Escarra: Principes de droit commercial, Paris, 1934.
Esser: Lehrbuch des Schuldrechts, Karlsruhe, 1949.
Fanelli: Introduzione alla teoria giuridica dell'impresa, Milano, 1950.
Fehr: Art. „Unternehmen" in Somlo-Elster, Handwörterbuch der Rechtswissenschaft, Bd. VI, Berlin und Leipzig, 1929.
Ferri: Manuale di diritto commerciale, Torino, 1950.
Fick: Das schweizerische Obligationenrecht vom 30. März 1911, Zürich, 1911.
Fischerhof: Das Investitionshilfegesetz als Lenkungsgesetz (NJW, Bd. 5/1952, S. 919 ff.)
Friedrich: Geschäftspassiven bei Unternehmensveräußerung (Diss. Rostock, 1934).
Friedrichs: Art. „Wert" in Somlo-Elster, Handwörterbuch der Rechtswissenschaft, Bd. VI, S. 881 ff., Berlin und Leipzig, 1929.

Fuchs: Über die fiduziarische Berechtigung (Diss. Marburg), Schmalkalden, 1915.
Garrigues: Aspetto giuridico dell'impresa (Nuova Rivista, Bd. 2/1949, S. 51 ff.).
Geller: Das Unternehmen und seine Beziehungen zu Firma, Schild und Warenzeichen, München und Leipzig, 1913.
Germann: Zur Generalklausel des Wettbewerbsgesetzes, Zürich, 1944.
Ghidini: Disciplina giuridica dell'impresa, Milano, 1950.
Ghidini, Registro: Il registro delle imprese, Milano, 1943.
Otto v. Gierke: Die soziale Aufgabe des Privatrechts, Berlin, 1889.
v. Gierke: Handelsrecht und Schiffahrtsrecht, 6. Aufl., Berlin, 1949.
v. Gierke, Handelsunternehmen: Das Handelsunternehmen (ZHR, Bd. 111/1948, S. 1 ff.).
Gieseke: Der Rechtsbegriff des Unternehmens und seine Folgen, in Beiträge zum Handels- und Wirtschaftsrecht, hggb. von Ernst Wolff, S. 36/607 ff., Berlin und Tübingen, 1950.
Gieseke, Diritto: Diritto e difesa dell'impresa in diritto tedesco (Nuova Rivista, Bd. 2/1949, S. 113 ff.).
Girard: Manuel élémentaire de droit romain, 7. Aufl., Paris, 1924.
Glaser: Die Verpfändung des Unternehmens (Diss. Jena, 1927), Düren-Rhld., 1928.
Gmür-Becker: Kommentar zum schweizerischen Zivilgesetzbuch, Bd. VI, Bern, 1913.
v. Godin: Nutzungsrecht an Unternehmen und Unternehmensbeteiligungen, Berlin, 1949.
v. Godin, Kommentar: Kommentar zum Handelsgesetzbuch, früher hggb. von Mitgliedern des Reichsgerichts, Bd. III, Lief. 1, Berlin, 1953.
L. Goldschmidt: Universalgeschichte des Handelsrechts, Bd. I, Lief. 1 des Handbuchs des Handelsrechts, 3. Aufl., Stuttgart, 1891.
R. Goldschmidt: La noción juridica del fondo de comercio y sus consecuencias (Referat im III. internationalen Kongreß für Rechtsvergleichung, London, 1950 — Maschinenschrift).
Grunzweig: Le fonds de commerce et son passif propre. Etude de législation et de jurisprudence françaises et belges, Bruxelles und Paris, 1938.
Gültner: Findet § 419 BGB. auf die Übernahme eines Handelsgeschäfts Anwendung? (Diss. Jena, 1935), Würzburg, 1936.
Hadjidakis: Misthotos, epicheiresis kai ekmetalleusis — (Arbeitnehmer, Unternehmen und Betrieb), (Zeitschrift für Arbeitsrecht, Bd. 2/1943, S. 292 ff.).
Hassenpflug: Eine unter einer Firma betriebene Handlung ist als das Rechtssubjekt hinsichtlich aller aus Handlungsgeschäften entstehenden Rechte und Verbindlichkeiten anzusehen (Themis, Bd. 1/1827, S. 59 ff.)
Hax: Die Betriebsunterbrechungsversicherung. Betriebswirtschaftliche Grundlagen und versicherungstechnische Gestaltung, Köln und Opladen, 1949.
Heck: Grundriß des Sachenrechts, Tübingen, 1930.
Heck, Schuldrecht: Grundriß des Schuldrechts, Tübingen, 1929.
Hedemann: Sachenrecht des bürgerlichen Gesetzbuches, 2. Aufl., Berlin, 1950.
Hedemann, Schuldrecht: Schuldrecht des bürgerlichen Gesetzbuches, 3. Aufl., Berlin, 1949.
Hedemann, Wirtschaftsrecht: Deutsches Wirtschaftsrecht, Berlin, 1939.
Hedemann, Das bürgerliche Recht: Das bürgerliche Recht und die neue Zeit, Jena, 1919.
Hedemann, Werden und Wachsen: Werden und Wachsen im bürgerlichen Recht, Berlin, 1913.
Helle: Die Haftung des Handelsvermögens bei einer Geschäftsveräußerung (Diss. Jena, 1916).
Hellwig: Die Verträge auf Leistung an Dritte, Leipzig, 1909.
Herold-Hilgermann-Bernicken: Das Kreditgeschäft der Banken, 12. Aufl. des Werkes von Rozumek (s. unten), 1950.
Heyman: Handelsrecht mit Wertpapierrecht und Seerecht, 2. Aufl., Berlin, Potsdam und Wien, 1944.

Hoffmann: Der Verkauf eines Handelsgeschäfts und seine rechtliche Wirkung (Diss. Erlangen, 1936), Coburg, 1936.
Hohlfeld: Gedanken zur Neugestaltung des deutschen Unternehmungsrechts, Berlin, 1935.
Hubmann: Das Recht am Unternehmen (ZHR, Bd. 117/1954, S. 41 ff.).
Hueck: Deutsches Arbeitsrecht, 2. Aufl., Berlin, 1944.
Hufnagel: Kreditsicherung durch Vorausabtretung künftiger Forderungen (NJW, Bd. 5/1952, S. 490 f.).
Ihde: Die Haftung des Erwerbers eines Handelsgeschäfts für die Schulden des Veräußerers nach früherem und jetzigem Recht (Diss. Rostock, 1903).
Isay: Das Recht am Unternehmen, Berlin, 1910.
Jaeger: Kommentar zur Konkursordnung und den Einführungsgesetzen, 6./7. Aufl., Bd. I, Bd. II, Berlin und Leipzig, 1931, 1936.
Jans: Das Recht am Unternehmen und die Wirtschaftsordnung (Diss. Köln, 1935), Düsseldorf, 1936.
Jessen: Unternehmen und Unternehmensrecht (ZHR, Bd. 96/1931, S. 37 ff.).
Jörs-Kunkel-Wenger: Römisches Recht, 3. Aufl., 1949.
Jonas-Pohle: Die Zivilprozeßordnung in der Fassung der Bekanntmachung vom 8. November 1933, 16. Aufl., Tübingen, 1939.
Josserand: De l'esprit des droits et de leur relativité. Théorie dite de l'„Abus des Droits", 2. Aufl., Paris, 1939.
Kaeferlein: Der Bankkredit und seine Sicherungen, 5. Aufl., Nürnberg, 1925.
Karawas: Emporikon Dikeion — (Handelsrecht), Bd. I, H. 2, Saloniki, 1950.
Katzaroff: Zum Problem der Einmanngesellschaft (ZHR, Bd. 101/1935), S. 98 ff.).
Kerr: Business Law. Principles and Cases, 2. Aufl., New York, 1939.
Kiwe: Die sicherungsweise Abtretung offener Buchforderungen, Wien, 1928.
Klang-Wolff: Kommentar zum Allgemeinen Bürgerlichen Gesetzbuch, 2. Aufl., Bd. VI, Wien, 1951.
Klee: Eigentumsvorbehalt und Sicherungsübereignung (MDR, Bd. 5/1951, S. 455 f.).
A. Koch: Kredit im Recht. Eine systematische Darstellung unter besonderer Berücksichtigung der Bankpraxis, Jena, 1925.
H. Koch: Rechtsform der Sozialisierung unter besonderer Berücksichtigung der Sozialisierung in Hessen, in Tagung Deutscher Juristen, Bad Godesberg, 30. September — 1. Oktober 1947, S. 63 ff., 1947.
Köhler: „Betrieb" und „Unternehmen" in wirtschaftsverfassungsrechtlicher Sicht (Juristenzeitung, Bd. 8/1953, S. 713 ff.).
Kohler: Das Vermögen als sachenrechtliche Einheit (AbR, Bd. 22/1903, S. 1 ff.).
E. Krämer: Die Technik der Betriebsunterbrechungsversicherung (Diss. Frankfurt, 1941).
H. P. Kraemer: Die Betriebsunterbrechungsversicherung nach den geltenden Versicherungsbedingungen, 1949.
Krause: Unternehmer und Unternehmung. Betrachtungen zur Rechtsgrundlage des Unternehmertums, Mannheim, 1954.
Krug: Übergang von Geschäftsforderungen und Geschäftsschulden bei Übergang eines Handelsgeschäfts unter Lebenden und von Todeswegen (Diss. Jena, 1903), Gotha, 1903.
Kussmann: Lexikon des BGB, Berlin, 1950.
Ladenburg: Rechtsfolgen der Übernahme eines bestehenden Handelsgeschäfts (Buschs Archiv, Bd. 34/1876, S. 25 ff.).
Lange: Gekoppelte Sicherungsübereignung (NJW, Bd. 4/1951, S. 751 f.).
Lehmann: Allgemeiner Teil des Bürgerlichen Gesetzbuches, 6. Aufl., Berlin, 1949.
Lehmann, Abtretung: Die Abtretung von Verträgen, in Beiträge zum Bürgerlichen Recht hggb. von Ernst Wolff, Berlin und Tübingen, 1950.
Lehmann, Gläubigerschutz: Gläubigerschutz, Mannheim, Berlin u. Leipzig, 1926.
Lemke: Der Personalkredit an Großhandel und Industrie und seine Vermittelung durch die Banken, Berlin und Leipzig, 1922.

Ligeropoulos: Hypotheke kai epiphylaxis kyriotetos epi kineton os symbadizontes nomikoi tropoi anaptyxeos tes emporobiomechanikes pisteos — (Hypothek und Eigentumsvorbehalt an beweglichen Sachen als konkurrierende juristische Formen zur Entwicklung des Handels- und Industriekredits), Athen, 1930.
Ligeropoulos, Kündigung: He kataggelia tes symbaseos ergasias kata to nomothetikon diatagma 424/1941 — (Die Kündigung des Arbeitsvertrages nach der Verordnung 424 von 1941), Athen, 1942.
Ligeropoulos, Probleme: Zetemata ek tu arthru 670 tu emporiku nomu — (Probleme aus dem Artikel 670 des Handelsgesetzbuches), Athen, 1934.
Loukopoulos: To trapezitikon aporreton — (Das Bankgeheimnis), Athen, 1950.
Mantzoulinos: O nearos A. N. 1998/1939 peri sematon — (Das neue Zwangsgesetz 1998/1939 betreffend die Warenzeichen), (Zeitung Griechischer Juristen, Bd. 6/1939).
Marxheimer: Nebenunternehmungen im Handelsrecht insbesondere die Zweigniederlassung und das landwirtschaftliche Nebengewerbe, Marburg i. H., 1913.
Mellerowicz: Der Wert der Unternehmung als Ganzes, Essen, 1952.
Mentzel: Kommentar zur Reichskonkursordnung, 5. Aufl., Berlin, 1937.
Meszleny: Das Vermögen im bürgerlichen Gesetzbuch für das deutsche Reich und im schweizerischen Zivilgesetzbuch. Skizze einer neuen Vermögenslehre, Bern, 1908.
Michailidis-Nouaros: Hermeneia tu astiku kodikos — (Kommentar zum Zivilgesetzbuch) Bd. II, Halbband 2, H. 3, Athen, 1950.
Möller: Summen- und Einzelschaden. Beiträge zur Erneuerung der Schadenslehre vom Wirtschaftsrecht aus, Hamburg, 1937.
Möller, Schesis: Peri tes scheseos tu demosiu kai tu idiotiku dikaiu, idios de tu emporiku — (Über die Beziehung des öffentlichen zum Privat- und insbesondere zum Handelsrecht), Athen, 1954.
Montier: Commentaire théorique et pratique de la loi du 29 juin 1935 relative au réglement du prix de vente des fonds de commerce, Paris, (o. J).
Montier-Faucon: De la vente et du nantissement des fonds de commerce, 4. Aufl., Paris, 1938.
Montier-Montier: De la purge des inscriptions sur fonds de commerce, Paris, 1938.
Montier-Montier, Droit de suite: Du droit de suite sur les fonds de commerce, Paris, 1938.
Montier-Montier, Acte: de l'acte de vente de fonds de commerce sous le régime de la loi du 29 juin 1935, Paris, 1939.
Mommsen: Die Haftung des Firmenübernehmers für die Firmenschulden und die Behandlung dieser Kontroverse seitens des Leipziger Oberhandelsgerichts (Buschs Archiv, Bd. 32/1875, S. 201 ff.).
Morel: Des droits des créanciers chirographaires en cas d'aliénation d'un fonds de commerce (Loi du 17 mars 1909), (Annales, Bd. 26/1912, S. 103 ff. und 177 ff.).
Mossa: Nozione del fondo di commercio e della impresa commerciale e sue prospettive avvenire (Nuova Rivista, Bd. 3/1950, S. 101 ff.).
Mossa, Appendice: Appendice alla Relazione sul fondo di commercio e sulla impresa e tesi comclusive (im III. internationalen Kongreß für Rechtsvergleichung, London, 1950 — Maschinenschrift).
Mossa, Prospettive: Prospettive dell'impresa in diritto italiano e tedesco (Nuova Rivista, Bd. 6/1953, S. 87 ff.).
Mühlenbruch: Über die s. g. juris und facti universitates (AcP, Bd. 17/1834, S. 321 ff.).
Müllendorf: Das Lombardgeschäft, Marburg, 1910.
Müller-Erzbach: Deutsches Handelsrecht, 2./3. Aufl., Tübingen, 1928.
Müller-Erzbach, Erhaltung: Die Erhaltung des Unternehmens (ZHR, Bd. 61/1908, S. 357 ff.).
Müller-Erzbach, Schutz: Der Schutz der Unternehmerarbeit (ZHR, Bd. 64/1909, S. 64 ff.).

Müller-Erzbach, Das Unpersönliche: Das Unpersönliche des Welthandels (ZHR, Bd. 86/1923, S. 86 ff.).
Müller-Erzbach, Unternehmen: Das Unternehmen und die Unternehmer- und Abnehmerfreiheit. Die Elemente des Zusammenlebens und ihr Einfluß auf die Rechtsbildung (Sonderabdruck aus „Juristenzeitung", S. 193 ff., 1952.).
Münzel: Eigentumsvorbehalt und Sicherungsübereignung (MDR, Bd. 5/1951, S. 129 ff.).
Nikisch: Arbeitsrecht, Tübingen, 1951.
Obst: Das Bankgeschäft, 9. Aufl., Bd. I und II, Stuttgart, 1930.
Oertmann: Bürgerliches Gesetzbuch. Zweites Buch: Recht der Schuldverhältnisse, 3./4. Aufl., Berlin, 1910.
v. Ohmeyer: Das Unternehmen als Rechtsobjekt. Mit einer systematischen Darstellung der Spruchpraxis betreffend die Exekution auf Unternehmen, Wien, 1906.
Oppikofer: Das Unternehmensrecht in geschichtlicher, vergleichender und rechtspolitischer Betrachtung, Tübingen, 1927.
Oppikofer, Unternehmen: Art. „Das kaufmännische Unternehmen" in Schlegelbergers Rechtsvergleichende Handwörterbuch, Bd. 7, Lief. 1, S. 25 ff., Berlin, 1939.
Palandt: Bürgerliches Gesetzbuch, 11. Aufl., München und Berlin, 1953.
Passow: Betrieb, Unternehmen, Konzern, Jena, 1925.
Paul: Diskontierungsgeschäfte und Treuhand. Ein Beitrag zum Kreditsicherungsrecht, Frankfurt, 1937.
Péquignot: La médecine et le monde moderne („Les Temps Modernes", Bd. 9/1953, S. 769 ff.).
Perdikas: Hen neon meson anagastikes ekteleseos he anagastike diacheirisis emporikes epicheiriseos — (Ein neues Zwangsvollstreckungsmittel die Zwangsverwaltung von Handelsunternehmungen), (Themis, Bd. 65/1954, S. 84 ff.).
Petropoulos: Historia kai Eisegeseis tu romaïku dikaiu — (Geschichte und Institutionen des Römischen Rechts), Athen, 1944.
Philomenko: Vorwort zum Werk von Grunzweig (s. oben).
Pisko: Der Einfluß der dritten Teilnovelle zum österreichischen Allgemeinen Bürgerlichen Gesetzbuch auf das Handelsrecht (ZHR, Bd. 80/1917, S. 70 ff. und 161 ff.).
Planck-Strohal-Siber: Kommentar zum Bürgerlichen Gesetzbuch, Bd. II, 1. Hälfte, 4. Aufl., Berlin, 1914.
Planiol-Ripert-Boulanger: Traité élémentaire de droit civil, Bd. II, 4. Aufl., Paris, 1952.
Prölss: Versicherungsvertraggesetz, 7. Aufl., München und Berlin, 1952.
Raape: Die Verfallklausel bei Pfand und Sicherungsübereignung, Berlin, 1913.
Rammos: Der Gerichtsstand und das Ausländer-Forum nach vergleichendem Recht, Athen, 1930.
Rautmann: Kreditsicherung durch Übertragung von Anwartschaften aus bedingter Übereignung (NJW, Bd. 4/1951, S. 298 ff.).
Ravà: La nozione giuridica di impresa, Milano, 1949.
Regelsberger: Über die Haftung des Firmenerwerbers für die unter der Firma von einem früheren Inhaber eingegangenen Verbindlichkeiten (ZHR, Bd. 14/1870, S. 1 ff.).
Rehm-Berliner-Fromm: Gesetz über die Beaufsichtigung der privaten Versicherungsunternehmungen und Bausparkassen, 4. Aufl., München, 1932.
Reinhardt: Die gesellschaftsrechtlichen Fragen der Gestaltung der Unternehmensformen, in Die Gestaltung der Unternehmungsformen unter den Gesichtspunkten der Wirtschafts- und Sozialverfassung (Verhandlungen des neununddreißigsten, außerordentlichen deutschen Juristentags), S. B 5 ff., Tübingen, 1952.
Reinicke: Kreditsicherung durch Übertragung von Anwartschaften aus bedingter Übereignung (NJW, Bd. 4/1951, S. 547 f.).

Reinicke, Eigentumsvorbehalt: Eigentumsvorbehalt und Sicherungsübereignung (MDR, Bd. 5/1951, S. 333 f.).

Ripert: Traité élémentaire de droit commercial, 2. Aufl., Paris, 1951.

Ripert, Aspects: Aspects juridiques du capitalisme moderne, 2. Aufl., Paris, 1951.

Rokas: To emporikon dikaion os dikaion ton emporikon synallagon — (Das Handelsrecht als Recht des Handelsverkehrs), Athen, 1953.

Rokas, Sicherungsübereignung: He metabibasis tes kyriotetos tu ploiu pros exasphalisin apaiteseos — (Die Sicherungsübereignung des Schiffes), (Archiv für das private Recht, Bd. 11/1944, S. 1 ff.).

Romeuf: L'entreprise dans la vie économique, Paris, 1951.

Roubier: Droits intellectuels et droits de clientèle (Revue Trimestielle, Bd. 1935, S. 250 ff.).

Rozumek: Das Kreditgeschäft im Bankbetriebe, 6. Aufl., Hamburg, Berlin und Leipzig, o. J. (1927?).

Ruth: in AcP, Bd. 129/1928, S. 106 ff. (Besprechung von Oppikofers „Unternehmensrecht").

Saage: Das neue Vertragshilfegesetz (MDR, 1952, S. 257 ff.).

Sakellaropoulos: Metabole tu prosopu tu ergodotu — (Wechsel in der Person des Arbeitgebers), Saloniki, 1943.

Savatier: Les métamorphoses économiques et sociales du droit civil d'aujourd'hui, Paris, 1948.

Schacher: Die Kapitalbeschaffung der Aktiengesellschaften an den Märkten des Inlandes und des Auslandes, Frankenstein, Schles., 1926.

v. Schanz: Art. „Kredit" in Elsters Wörterbuch der Volkswirtschaft, Bd. II, 3. Aufl., Jena, 1919.

Schilling: Die Einmanngesellschaft und das Einzelunternehmen mbH. (Juristenzeitung, Bd. 8/1953, S. 161 ff.).

Schmalenbach: Finanzierungen, 4. Aufl., Leipzig, 1928.

Schmidt: Die Obliegenheiten. Studien auf dem Gebiet des Rechtszwanges im Zivilrecht unter besonderer Berücksichtigung des Privatversicherungsrechts, Karlsruhe, 1953.

Schultze-v. Lasaulx: Die Zukunft des Kaufmannsbegriffes in der deutschen Rechtsordnung, Stuttgart, 1939.

Sieg: Ausstrahlungen der Haftpflichtversicherung. Geschichtliche, materiellrechtliche und prozessuale Studien zur Stellung des Drittgeschädigten, Hamburg, 1952.

Simitis: He emporike kai biomechanike epicheiresis — (Das Handels- und Industrieunternehmen), (Archiv für das private Recht, Bd. 4/1937, S. 30 ff.).

Simon: Über die Haftung des Erwerbers eines Einzelgeschäfts für die vor Erwerb desselben entstandenen Handlungsschulden (ZHR, Bd. 24/1879, S. 91 ff.).

Soergel: Bürgerliches Gesetzbuch, Bd. II, 8. Aufl., 1952. (Der Bearbeiter des betreffenden Abschnittes in Klammer).

Sohm: Vermögensrecht, Gegenstand, Verfügung (AbR, Bd. 28/1906, S. 173 ff.).

Sohm-Miteis-Wenger: Institutionen, Geschichte und System des römischen Rechts, 17. Aufl., München und Leipzig, 1923.

Sourlas: Metabibasis periusias e epicheireseos — (Vermögens- oder Unternehmensübertragung), (Rechtsprechungsarchiv, Bd. 4/1953, S. 121 ff.).

Staudinger-Kober: Kommentar zum Bürgerlichen Gesetzbuch und dem Einführungsgesetz, Bd. III, Teil 2, 10. Aufl., München, Berlin und Leipzig, 1936.

Staudinger-Riezler: Kommentar zum Bürgerlichen Gesetzbuch und dem Einführungsgesetz, Bd. I, 10. Aufl., München, Berlin und Leipzig, 1936.

Strohal: Das deutsche Erbrecht auf Grundlage des Bürgerlichen Gesetzbuches, Bd. I, 3. Aufl., Berlin, 1903.

Travaux de la Commission: Travaux de la Commission de réforme du Code de Commerce et du droit des sociétés, Bd. III, Paris, o. J. (1951?).

Tsimaras: He epicheiresis eis to plaision tu dikaiu — (Das Unternehmen im Rahmen des Rechts), (Monatsschrift der Handels- und Industriekammer zu Saloniki, 1949.

Tsirintanis: Stoicheia emporiku dikaiu — (Grundriß des Handelsrechts), 3. Aufl., H. 1, Athen, 1952.
Tsirintanis, Studien: Meletai emporiku dikaiu — (Handelsrechtliche Studien), Bd. I, Athen, 1949.
v. Tuhr-Siegwart: Allgemeiner Teil des schweizerischen Obligationenrechts, Halbband 2, 2. Aufl., Zürich, 1944.
Valery: Maison de commerce et fonds de commerce (Annales, Bd. 16/1902, S. 209 ff. und 269 ff.).
Wahl: Vertragsansprüche Dritter im französischen Recht unter Vergleichung mit dem deutschen Recht dargestellt an Hand der Fälle der action directe, Berlin und Leipzig, 1935.
Weinberg: Fragen des Gläubigerschutzes unter besonderer Berücksichtigung des Registerpfandes, Berlin und Leipzig, 1926.
Weinhausen: Die Sicherungsübereignung, Berlin, 1928.
Wenediktow: Il diritto di proprietà socialista (Nuova Rivista, Bd. 2/1949, S. 126 ff.).
Westermann: Lehrbuch des Sachenrechts, 2. Aufl., 1953.
Whigam-Jones-Moody: Essentials of Commercial Law, 2. Aufl., 1935.
Wieacker: Sachbegriff, Sacheinheit und Sachzuordnung (AcP, Bd. 148/1943, S. 57 ff.).
Wolff: § 344 Absatz 2 des Handelsgesetzbuches vom 10. Mai 1897 und seine Tragweite insbesondere bei Veräußerung des Handelsgeschäfts (ZHR, Bd. 47/1898, S. 247 ff.).
Würdinger: Kommentar zum Handelsgesetzbuch, früher hggb. von Mitgliedern des Reichsgerichts, Bd. I, Lief. 1 und 2, 2. Aufl., Berlin, 1952.
Würdinger, Anwartschaft: Die privatrechtliche Anwartschaft als Rechtsbegriff, München, 1928.
Wüstendörfer: Neuzeitliches Seehandelsrecht mit besonderer Berücksichtigung des angloamerikanischen und des internationalen Rechts, Tübingen, 1950.
Zahn: Grenzen der Kreditsicherung durch Sicherungsübereignung, Berlin, 1937.
Zepos: Enochikon dikaion — (Schuldrecht), Athen, 1947—1951.
de Zulueta: The Roman Law of Sale, Reprint, Oxford, 1949.

Abkürzungsverzeichnis

AbR	=	Archiv für bürgerliches Recht
AcP	=	Archiv für civilistische Praxis
Annales	=	Annales de droit commercial (et industriel, français, étranger et international)
Busch's Archiv	=	Archiv für Theorie und Praxis des allgemeinen deutschen Handels- und Wechselrechts
JW	=	Juristische Wochenschrift
MDR	=	Monatsschrift des Deutschen Rechts
NJW	=	Neue Juristische Wochenschrift
Nuova Rivista	=	Nuova Rivista di diritto di commercio, diritto economico e diritto sociale
ZHR	=	Zeitschrift für das gesamte Handelsrecht
ZKW	=	Zeitschrift für das gesamte Kreditwesen.

MIX
Papier | Fördert gute Waldnutzung
FSC® C083411

Kolibri 360 GmbH
Ferdinand-Jühlke-Straße 7
99095 Erfurt, Deutschland
produktsicherheit@kolibri360.de